大学生心理成长实用教程

刘宁宁 / 主 编
王盈盈 / 副主编

北京师范大学出版集团
BEIJING NORMAL UNIVERSITY PUBLISHING GROUP
北京师范大学出版社

图书在版编目(CIP)数据

大学生心理成长实用教程/刘宁宁主编. —北京：北京师范大学出版社，2018.8(2023.8 重印)
ISBN 978-7-303-24008-1

Ⅰ.①大… Ⅱ.①刘… Ⅲ.①大学生—心理健康—健康教育—高等学校—教材 Ⅳ.①G444

中国版本图书馆 CIP 数据核字(2018)第 180186 号

图书意见反馈：gaozhifk@bnupg.com 010-58805079
营销中心电话：010-58802755 58800035
北师大出版社教师教育分社微信公众号 京师教师教育

DAXUESHENG XINLI CHENGZHANG SHIYONG JIAOCHENG
出版发行：北京师范大学出版社 www.bnupg.com
北京市西城区新街口外大街 12-3 号
邮政编码：100088
印 刷：三河市兴达印务有限公司
经 销：全国新华书店
开 本：787 mm×1092 mm 1/16
印 张：15
字 数：280 千字
版 次：2018 年 8 月第 1 版
印 次：2023 年 8 月第 6 次印刷
定 价：32.00 元

策划编辑：何 琳 责任编辑：王星星 葛子森
美术编辑：陈 涛 焦 丽 装帧设计：陈 涛 焦 丽
责任校对：韩兆涛 责任印制：马 洁

致同学的一封信

亲爱的同学们：

欢迎你们参加“心理成长课”。

从今天起，你们将开始学习一门新的课程——心理成长课。与你们已经学习或正在学习的任何一门课程都不同，它的全部内容都是关于你们自己的！

你们进入大学，即进入了人生中最美好的岁月，也开始了一个崭新的成长和变化的时期。在乡村、在城市、在全国、在全世界，每一个大学生都有着共同的体验。身体的发育、心灵的丰富、情感的动荡，让人时而欢欣，时而忧虑，时而振奋，时而孤独。飞速发展的城市，日益发达的信息网络，不断壮大的市场……不管你们是否愿意、有无准备，你们都将面临日新月异的变化，也将面临更具挑战与更加复杂的困惑。“心理成长课”关心你的一切，它将成为你的朋友，分享你的情感，探讨你的困惑，给予你实际的帮助，引导你去寻找自己的答案。而且，所有这一切都将由你们自己完成。“心理成长课”提供融洽的活动氛围、丰富的心理学理论、充分的参与机会、独特的体验。在课程老师的协助下，你们将一起讨论、交流思想和情感、总结和分享收获。每一个人都有机会表达自己的意见；每一个人都有机会得到他人的关注；每一个人都有机会倾诉自己的烦恼；每一个人都有机会展示自己的才华……

希望你们能勇敢地跨出自己的舒适区，走出自己的世界，积极地投入我们的心理成长课程，用自己的眼睛、自己的力量，重新认识自己、了解他人。祝健康成长！

一位心理课老教师

目录 CONTENTS

扫描二维码，获得本书各章“心理学堂”等延伸阅读材料

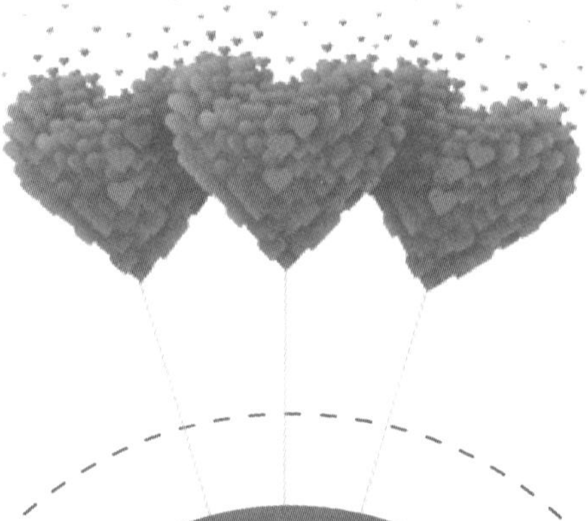

第一章

大学生活

人生是要活的，必须活得兴致勃勃，充满好奇心，无论如何也决不要背对着生活。

——安娜·罗斯福

自我评估

请依据个人的真实情况进行评估，以下描述符合自己的记 1 分，不符合的记 0 分。

1. 我清楚地知道自己的大学生活目标。
2. 我清楚地知道我的幸福感来源于哪里。
3. 我清楚地知道自己的心理健康水平。
4. 我是一个活在当下的人。
5. 我不会不停地去缅怀过去的人和事情。
6. 我能依照自己的兴趣安排好自己的时间。
7. 我能非常享受自己一个人的时间。
8. 我坚定地追求自己想要的东西。
9. 我能够包容其他人和我不一样的地方。
10. 对于别人的嘲笑，我能一笑了之。

成长故事

李刚来到学校的时候，认真地规划了自己的大学生活：要努力学习，争取能够专升本；要好好表现，争取能够进入本专业的对口单位实习；要和同学们处好关系，当上班委，还要争取入党。每当看到这份计划，他都感觉自己的小宇宙被燃烧了，浑身有着使不完的劲儿。开学第一周，李刚认真听讲，努力记笔记，夜自修还在看书；第二周，他好好学习，参加专业对口单位实习……第五周，他的状态发生了变化。“啊，好累啊，稍微休息一下吧，”“嗯，好像旁边的同学都在玩这个游戏，感觉还不错的样子，我也试试……”“天啊，已经第十周了啊，要期中考了啊，前面落了好多功课啊，我要重新开始了。可是好多不懂啊，好难啊，怎么办啊？算了，反正都这样了，还是继续玩游戏吧。”“咦，这个是什么？校园贷，看来可以借到不少钱，可以去买武器装备。嗯，要不要试试……”期末到了，李刚从积极进取到因旷课太多而退学并且欠了不少钱。这其中到底发生了什么？

第一节　你的生活目标是什么

一　健康和幸福

健康是一种选择，一种生活方式，一个过程，是你的身体、心理和精神的整合，是一个需要终身关注自身各种机能的过程，而这一切最终考验的是你自己对爱的接受。人们需要创造一种有益于他们关心生理自我，理性挑战自我，充分表达自己的情绪，发现有价值的人际关系以及寻找生命意义的生活方式。在心理治疗进展大会上，赫伯特·本森说健康和幸福就像是一把三条腿的凳子，第一条腿是药物，第二条腿是手术，第三条腿是自己照顾自己。虽然前两条腿功效显著，但是它们对 60％～90％困扰健康的问题是无效的。解决这些问题还要依靠自己照顾自己。

幸福是指人们在无忧无虑和随心所欲地体验自己理想的精神生活与物质生活时获得满足的心理感受。幸福是人们对自己理想生活感到满足的主观感觉，是自然而然且发自内心的感受，而不是客观标准。有些同学觉得自己能考上理想的学校和专业是幸福，有些同学觉得每天能够睡到自然醒就是幸福。而面对严峻的疫情防控，那些为大家舍小家的医护人员义无反顾，挺身而出，成了逆向而行的孤胆英雄，在生死时速的生命通道上，毅然担起了治病救人，救死扶伤的社会重任，实现自己定义的幸福。每个人都有着自己的答案，同一个人在不同的人生阶段也会有不同的答案。在这个追寻幸福感的过程中，学会放松、明了核心信仰、拥抱心灵，这些对照顾自己都是至关重要的。幸福感受到很多因素的共同影响，幸福感需要在生活方式的细节方面加以注重：我们怎样工作和玩乐，怎样放松自己，我们怎样吃以及吃什么，我们如何去思考以及感受，我们如何保持健康、保持良好的人际关系、保持价值观和信仰、保持精力充沛和运动。

(一)睡眠

睡眠是保持身体健康的基础，良好的睡眠有助于恢复体力。睡觉的时候身体会恢复到更好的状态，帮助我们从白天经历的劳累中恢复过来，并给我们提供能量来有效地应付第二天要面对的事情。正常睡眠时间是 6～9 小时。有科学研究提醒我们，很多人破坏了睡眠周期，常见的是长时间熬夜工作或者用闹钟把自己叫醒。充足的睡眠对放松是非常重要的，我们需要发现自己的个人睡眠周期。“高质量睡眠的关键是能够识别出我们的自然睡眠模式，然后尽可能地坚持保证足够的睡眠。”睡眠专家告诉我们，不同个体的睡眠时间是不同的，重要的是我们要关注自己的身体，然后根据需要调整睡眠习惯。

（二）运动

规律并且适当的运动对于保持健康是非常重要的。运动是减少压力消极作用的一个自然方法，有助于预防疾病、延年益寿。身体活动对心血管保健和增强心理功能都有价值。对很多人来说，制订一个运动量足够而又令人愉快的运动计划是很重要的，刚开始的时候，可以考虑10～15分钟的运动时间，然后再逐渐增加运动时间。运动计划成功的秘诀是选择自己喜欢的运动形式，为你的运动计划设立一个健康的目标，逐渐增加你对计划的参与度。如果你完成了为自己设定的目标，就要为自己坚持计划而奖励自己。要欣赏自己已经完成的部分，避免为还没有做的事情惩罚自己。

（三）饮食和营养

勃勒纳提出：“饮食，就像健康一样，是一种精神状态。饮食是你自己与你选择的食物之间的关系。也许更重要的，饮食是你对所吃的食物的想法和感受。”在亚利桑那州立大学的综合医学项目中，威尔鼓励人们在疾病出现以前就改变生活习惯，吃好是健康生活方式的一个方面。他主张，健康的决定因素有很多，如遗传、环境、心理，还有精神因素，饮食也是我们能够控制的一个因素。我们不能控制自己的基因，不能控制空气质量，更不能完全避免日常生活中的压力，但是，我们能够决定吃什么、不吃什么。通过学习如何吃得明智、如何控制体重、如何保持健康，你就可以保持健康。

（四）学习独处

如果我们不花时间独处，让各种活动占据生活，那么就会远离真实的自己。独处给予我们检验生活和沉思的机会。它让我们有时间去思索一些深刻的问题。例如，“我是否曾经不了解自己？”“我是否曾被忙碌的生活打扰和过度兴奋？”我们可以在独处的时候探索自己的内心，更新对自我的观念，将其作为选择和指引我们生活的核心，同时也学会相信自我内心的力量来指引人生的道路，而不是受环境和他人期望的左右。如果我们坦然接受独处的时刻，那么我们参加活动和建立关系是出于身心的自由，而不是出于恐惧。

（五）为自己的学习负责

进入大学，意味着你可以不再为了高考去学习了，你开始走上了一个为自己学习负责的道路，你需要去理清你为什么学习、要学习什么、什么是适合你的学习风格，把你更想做的事情作为学习的催化剂。当你说“我正在做我想做的事情”时，这对你意味着什么？你的人生意义可能会被你的学习、生活重新定义。我们要注意的是人们最擅长学什么以及最适合的学习方法是不尽相同的。比如，听觉敏感的人更容易从别人的讲话中汲取知识，而视觉敏感的人更容易从看到的学习材料中更有效地获取知识。建议你可以做一下基斯的多元智力量表(RIMI)，对你采取何种学习方式可以起到指导作用。

二 心理健康和大学生心理健康标准

(一)心理健康

心理健康的人能够善待自己，善待他人，适应环境，情绪正常，人格和谐。心理健康的人并非没有痛苦和烦恼，而是他们能适时地从痛苦和烦恼中解脱出来，积极地寻求改变不利现状的新途径。他们能够深切领悟人生冲突的严峻性和不可回避性，也能深刻体察人性的善恶。他们是那些能够自由、适度地表达、展现自己个性的人，并且能够和环境和谐地相处。他们善于不断地学习，利用各种资源，不断地充实自己。他们也会享受美好人生，同时也明白知足常乐的道理。他们不会“钻牛角尖”，而是善于从不同角度看待问题。

心理健康是一个相对的概念，区分心理正常和异常尚无一个适用于任何人、任何情境的绝对标准。因为人的心理世界是复杂多样的，即使一个健康的人，也可能有时候会出现突发性、暂时性的心理异常。心理健康和心理疾病是两个既独立又相互关联的概念，这说明它可以同时存在于一个人的身上，心理健康的人也有可能出现心理问题，这就像是身体健康和生理疾病一样，人难免会发烧和感冒，但是在经过自己的护理和专业的调理后都能恢复健康。心理健康水平较低的同学一样可以通过自身的努力、外界的帮助和专业的指导提升心理健康水平。

(二)大学生心理健康标准

第一，保持较浓厚的学习兴趣和较强的求知欲望。珍惜学习机会，求知欲强烈，能克服学习中的困难，能从学习中体验到满足与快乐。

第二，能保持正确的自我意识，接纳自我。能了解自己，接受自己，自我评价客观，自信乐观，不苛求自己。

第三，能协调与控制情绪，保持良好的心境。能够主动调节情绪，将消极情绪转变为积极情绪；能适度表达和控制情绪。

第四，能保持和谐的人际关系，乐于与人交往。能用尊重、信任、包容的态度与人相处，乐于助人，乐于分享。

第五，能保持完整统一的人格品质。具有积极进取的人生观，把自己的需要、愿望、目标和行为统一起来。

第六，能保持良好的环境适应能力。能够正确认识环境，对环境做出客观的认识和评价；能够处理好个人与环境的关系。

第七，心理行为符合年龄特征。应具有与年龄和角色相应的心理行为特征。

第八，意志健全。能适时地做出决定并运用切实的方式面对和解决所遇到的问题、困难与挫折。

第二节　你的大学目标是什么

当我们理清自己的生活目标后，请思考一下你进入大学后的目标是什么。不可否认，以后所从事的工作都是先从学校学习开始的。同样是上大学，一些人是因为想通过大学学习为自我发展创造机会，能多掌握知识；一些人主要是想在大学里认识志同道合的朋友，一起努力创业；还有一些人是因为上学就可以不做其他选择。澄清自己大学生活的目标并不仅仅有助于你将来的职业生涯规划，更重要的是你会为这些目标付出怎样的努力。

请写下你对你的大学的目标是什么。你会为此做哪些努力？

____

____

____

____

一　发现时间观念

一个人把时间花在哪里，很大程度上将决定这个人成为什么样的人。在著作《津巴多时间心理学》中，津巴多指出，人和人的差别在于时间观念有很大不同，这里指的时间观念，包括我们对于时间变化、未来事件、节奏和时间所带来的内心压力的感知。它是我们对于过去、现在和将来感知的总和。我们很少感知到自己的时间观念，但它却驾驭着我们的每一个决策。津巴多认为一个理想的时间观念具有以下几个特征：①过去积极的时间观念强烈；②有适度的未来时间导向；③有适度的享受当下的时间导向；④过去消极的时间观念弱；⑤现在悲观主义时间导向弱。

课堂活动

过去消极的时间观念

阅读下面的每个项目，诚实地回答，这符合你的情况吗？如果符合，请打“√”。

问题	得分
1. 我常常想，有些事情我本不该那么做。	
2. 我的决定大多受到我周围人或事物的影响。	
3. 过去的痛苦经历时常在我的脑海中再现。	
4. 我已经为自己过去的胡作非为和自暴自弃付出代价了。	
5. 但愿我在过去做的那些错事能一笔勾销。	
6. 事情极少像我所期望的那样发生。	
7. 我很难忘记青少年时期不开心的画面。	
8. 即使我对现状很满意，我仍然忍不住将它与过去相似的经历做比较。	
9. 我会想那些过去发生在我身上的不好的行为。	
10. 我会想那些在我生活中已经错过的美好事物。	

很多时候，你对于过去发生事件的态度比事件本身更重要，因为是这些态度塑造了现在的你，它们也会影响到你现在的想法、感受和行为。过去发生的事情，无论是快乐的还是痛苦的，都是不可改变的，但对于它们的看法是可以改变的。有着理想时间观念的人不会压抑或逃避记忆中过去发生的消极事件，他们会关注事件当中积极的方面，或用积极的态度去看待它们。每个人都经历过一些痛苦的事情，有着理想时间观念的人却以积极的方式回忆这种痛苦，这也使他们变得富有活力和乐观向上，生活更加幸福。

其实幸福不是一个结果，而是一个需要不断追求的过程，幸福的过去要靠不断重建自己的记忆来形成。心理学家马丁·塞利格曼被称为“积极心理学之父”，他在著作《持续的幸福》中提供了与重建过去有关的日常练习：感恩回访；生活中的三件好事；创造性地使用显著优点等(表 1-1)。

表 1-1 积极心理干预练习

	练习名称	描述
控制组（安慰剂）	早期回忆	被试每天晚上写自己的童年记忆，持续一周
实验组	感恩回访	被试给曾经帮助过自己但自己没有好好感谢过的人写一封感谢的信，具体写出他对你说过的话、为你做过的事以及这些是如何影响到你的人生的
	生活中的三件好事	被试每天晚上写当天发生在自己身上的三件好事，写出它们发生的原因以及为何它们是好事，持续一周
	你最棒的时刻	被试写自己最棒的时候，并仔细思考那个时候自己有何种优点，持续一周
	创造性地使用显著优点	被试参加显著优点调查，知道自己的三个显著优点，并在日常生活中创造性地使用这些优点，持续一周
	知晓显著优点	被试参加显著优点调查，知道自己的三个显著优点

在提供的 5 个快乐练习实验组和 1 个安慰剂控制组中，在实验前、实验结束时和实验结束一周后、一个月后、三个月后、六个月后，研究者对被试的抑郁和快乐程度分别进行测量。研究发现，生活中的三件好事、创造性地使用显著优点两个小组的成员，与控制组相比，抑郁程度有明显改善，快乐程度有明显提高；其他小组的成员在实验结束后立即测试时显示出有明显的改变，但经过三个月，会基本回到同控制组一样的水平。因此，在日常生活中认识自己的人格优势，或者通过良好的干预方法强化这些优势，对于人们建立积极的态度，过快乐的生活非常有帮助。

理想时间观念者会享受现在，但他们并不奉行及时行乐。他们会关照现在，懂得适度享受丰富多彩的生活，他们也会训练自己活在当下，不被过去与未来烦扰。他们对于未来会制订合适的计划，合理地安排时间，预先为走向成功的途中可能会遇到的弯路与陷阱做好准备，他们较少延期完成工作，也不会同时背上双倍的工作负担，因为他们会在结束旧任务后才开始新任务。未来导向者接受的教育更多，他们能持之以恒，并从失败中学习。他们阅读时不会要求自己必须读完，也无须记住，他们是在不断改变自己的现实状态和认知结构，在生活中产生有效行动，在头脑中建构属于自己知识的连接，这才是真正的系统学习。互联网的发展让信息获取更便捷，但信息获取只是学习的一环。从认知的角度看，学习是一个信息加工的过程。通俗地讲，你的学习效果不是由你阅读量多少来决定的，而是由你吸收以及存储的能量来决定的。你应该带着问题去阅读，结合实际去行动，根据观察结果去反思，这样的学习才会给你带来价值。

心理游戏

时间运用调查

1. 你一天中最有效的时间段是什么时候？
2. 你睡眠最有效的时间段是什么时候？
3. 你每天读书、学习的时间是多少？
4. 你每天浪费多少时间？用来做哪些事情？
5. 如果你每天有额外的两小时，你喜欢做哪件事情？
6. 你曾经记录你的时间状况吗？
7. 你是否对事情的紧迫性与重要性进行过分类？
8. 你是否总有时间做最重要的事情？
9. 你能够按计划在规定的时间内完成工作吗？

二 确立目标的原则

当我们明确自己的时间观念，并尝试建立理想的时间观念后，我们就要开始学习专注当下：现在的我对于现在的生活有着什么样的目标，我希望自己可以做到哪些事情，完成哪些任务，锻炼哪些能力。这就需要我们学习如何确立目标。一个理想的目标，并不是说它本身有多完美，而是它可以促进我们的行动，激发我们的动力，而不是仅仅存在于我们的目标任务书里。因此，一个好的目标需要包括以下这几个方面。

①目标的现实性(符合环境需要，切合实际)。

②目标的可实现性(具备达到目标的条件)。

③目标的可衡量性(易于看到进展和实现)。

④目标的限时性(采取行动的紧迫性，时间管理尤其重要)。

⑤目标的具体性(明确、清晰)。

⑥一定要设定时间表(便于推动和执行)。

在理想状态下，我们要解决一个问题，必须先把问题界定清楚。一个定义良好的问题包括四个部分：现状，目标，可能的操作、行动，可能的限制、障碍、困难。清楚界定目标和现状后，我们必须分析所有的限制。限制有三种：可以克服的困难自我、自我的心理设限和无法逾越的客观限制。

请重新翻看你在本节开头所确定的大学生活目标，学习用理想的设定原则进一步具体化目标，同时写下你认为在实现目标过程中存在哪些限制。

三 接受改变的过程

改变的过程，是在行动中探索和发现。我们若把它视作一次旅行，它更像是一次说走就走的“自由行”，甚至目的地都是不确定的，而我们却更多地把它看作有明确目标、有详细路线图、有旅行社和导游的“跟团游”。这种思维方式会影响生活的方方面面，是一种“二维”方式，是把改变看作单一变量的线性变化。一个人的成长和改变的过程是充满色彩的，可以划分为三个阶段——酝酿与准备阶段、探索与发现阶段、巩固与升华阶段。

①酝酿与准备阶段：在这一阶段我们开始反思自己是否应该做出改变，我们也会搜集信息来探寻改变的投入产出比，寻求可能的改变策略，我们甚至会采取很多行为来进行准备工作，也会采取行动尝试真的做出改变。

②探索与发现阶段：在这一阶段我们会密集采取大量的已知行动，在此过程中发现问题，思考更多的行动方案，然后继续新一轮的密集行动，这个过程可能会不断迭代，调整数次，最终趋向于稳定在一个方案中。

③巩固与升华阶段：在这一阶段我们不断思考自己在整个变化过程中的收益，进一步让我们的改变发生根深蒂固的变化。我们不用再花太多的精力去调整方案，也不用花太多力气就可以持续下来，因为这种改变已融入我们的生活方式甚至价值观中，真正成为我们的一部分。

每个阶段所花费的时间都是未知的，那些宣称 21 天、30 天、90 天等改变你的方法，都是迎合了你的机械思维倾向，实际上这个过程可以在调整时使用有机思维，分析目标和行动时使用线性思维，这使得他们可以花费更短的时间达成更深远的变化。

非对抗，意味着原来的二元对立消失，勤奋与懒惰，效率与拖延，好习惯与坏习惯，工作与生活，自律与短视、逃避、冲动，它们之间不再水火不容，而要和谐相处，改变的方式不再是加强一方压制另一方，而是跳出原来的矛盾以全新的视角看待问题，很简单，因为它们都站在了我们的对立面。

人们在改变时，往往是从逃离现状开始的。他们对现状中不想要的、不喜欢的总能够有很具体、很深刻的认识，现状让他们苦恼、烦闷、焦虑不安，当痛到极致，他们开始意识到自己要有所改变，改变的目标就是摆脱现状，但到哪里去、变成什么样却从未细想过。有些人想让自己“有得选”，其实只是自己应付不来眼前的苟且；有些人想让自己“拿得出手”，其实就是不想做没成就感的事情；有些人说要变得“更真实”，其实只是不想再忍气吞声；还有些人说要“慢下来”，其实只是奔跑累了，力不从心。

不想要什么，是一种规避性动机；想要什么，是一种成长性动机。如果说规避性动机促使我们开始做出改变，那么只有成长性动机才能帮助我们完成改变。

当你想做出改变时，你必须把这项改变转化成一种明确、具体的行为，这样才能清楚自己是否真的做到了，或者是否真的走上了正确的改变道路。这里我们提到的行为是指一系列的行动，这些行动使自己与所处环境产生了互动。不难发现，行动是看得见、摸得着、做得出的，它是改变的唯一外部体现。不管你想有怎样的改变，最终都要让自己产生若干行动。这些行动的持续发生使你的行为变得稳定，而新行为的稳定标志着改变的达成。改变公式就是：改变＝一项具体行为＝行动 1……n。

设计出新行为只能算成功了一半，你还必须分析与之竞争的旧行为，并设计一些行为来规避、削弱、消除它们。如果你的新行为简单有趣，那么它的对手可能会很少；但如果新行为困难且枯燥，那么几乎所有其他行为都是具有诱惑力的。竞争性的行为不一定都是娱乐休闲性质的，也有可能是另一种困难的工作，它们带有令人“废寝忘食”的性质，可以“抢夺”做其他事情的精力。我们需要规避、削弱和消除与之竞争的旧行为。

究竟什么样的指标是适合用来衡量改变的呢？应设计一些行动，用来增加目标行动发生的可能性，减少竞争行为发生的可能性，这种可能性可以很好地反映一项改变的进展程度。改变的过程就是目标行动发生概率从低到高的过程，可以说，对于任何的改变，目标行动发生的概率都是非常好且非常基础的衡量指标。

成功的改变，必须持有一种成长型的思维模式，把改变视作一个持续的过程。在此过程中，把要改变的东西视作可以通过后天努力培养的。就像锻炼肌肉一样，刚开始你能坚持的练习数量可能很有限，但随着你不断练习，你能坚持的练习数量将会逐步提高，而练习概率就是你改变水平的反映。

现在，你已经找到了目标行动发生的概率作为衡量你改变的指标，而且你也有了最初的一系列行动方案，但这仍是不够的。在行动过程中你会碰到很多始料未及的困难，你必须能够对它们做出及时的反应，灵活地调整行动方案，并继续行动等待下一个困难的到来。

改变的最大障碍就是对自己行为的错误认知。自我观察提供促使我们逐步完善的反馈信息。你在练习投篮，如果球总是向左偏，那么你必须先知道原因，然后才能相应地调整。我们在改变的过程中，对自己进步的即时评估至关重要，因为在改变自己的时候，绝大多数进步并不是突然发生的，而是循序渐进的。没有经过仔细地观察和记录，你就不会注意到细微的进步或顽固的错误。自我观察需要我们记录每周行动的频率，记录行动的数量，记录行动的效果，记录所见、所思和所感。随着记录的深入，你会发现，仅仅记录目标行动的发生是不够的，记录它的发生过程可能更为重要。

最初不切实际的目标，源于我们对于“实际”知之甚少，缺乏足够的行动体验和自我观察，也缺少足够的反思，因此目标应该被视作一种反馈，我们应该多设定短期的目标来加强自己反思和调整的机会。在改变的道路上，只有判断的失误，没有彻底的失败。

一款改变的游戏，玩的是体验，制造的是感觉。自我效能感是在改变过程中最重要的一种感觉，它代表了你感觉自己是否有能力达成想要的改变。这种感觉极大地影响了我们愿意去尝试哪些事情，影响了我们坚持到底的动力，决定了我们付出多大努力、坚持多长时间。

我们过去的成功经历可以很好地提升我们的自我效能感。每当你在某个方面体验到成功，你完成这类任务的自我效能感就会增加，这甚至会鼓励你去尝试新的改变。失败的经验则会起反作用，如果一再体验到失败，你会开始自我怀疑，认为自己无法改变，无法达成目标。这时，你缺乏的并不是能力，而是强有力的自我效能感。

一些小的工具和方法可以增加你的动力，帮你在自我效能感还不够强大时为成功加码，尤其是当你改变的热情开始消退时。随着时间推移，你会开始忽略自己的目标，会分心，会遗忘，会停止尝试，会放弃，这时可以运用一些小技巧来提醒自己，以起到事半功倍的效果。比如，用卡片提醒自己，和他人谈论自己的改变和奖励等。

自我成长

1. 健康对不同的人来说是不同的事情。当你思考这个问题的时候，你应该去想在你的生活中你最看重的是什么。看看你现在正在做的哪些事情能使你保持健康状态。你是如何区分这些事情的优先级的？

2. 在你的日记中记下一周里所有对身体有益或有害的活动。你可以列出你吃了什么、是否吸烟或喝酒、睡觉的方式以及你为锻炼和休息所做的工作。然后仔细研究这个列表，从中选出一个或者多个愿意继续的项目。

3. 改变是由明确的目标、坚定的行动、灵活的计划等因素造就的。请列出目前你最想改变的事情，然后据此设计自己的目标和行动方案，请留意可能影响你的因素。

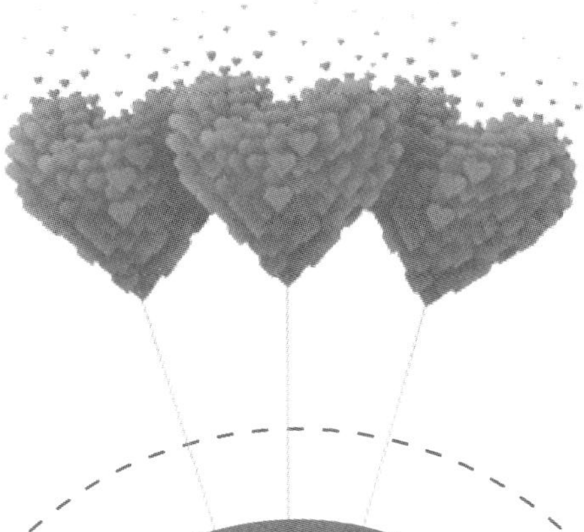

第二章

寻找自我

过去属于死神，未来属于你自己。

——雪莱

自我评估

请依据个人真实情况记分。这些描述符合自己的记 1 分，不符合的记 0 分。

1. 回忆过去，我仍能体会到自己在那个时候的安全感、被接纳感和被爱的感觉。

2.“应该”和“必须”这样的问题经常会困扰着我，使我无法按照自己希望的方式生活。

3. 我的家庭对我的为人处世以及在重大问题的抉择上带来了很多积极的影响。

4. 我觉得自己是一个能够独立思考的人，而不是一个在情感上仍然依赖着父母的人。

5. 我很满意现在的外貌和身材，不认为自己需要去做一些重大的改变。

6. 我生活的大部分时间都花在了我自己真正喜欢的事情上。

7. 对于身边的同学和朋友，我能够从他们的角度来看待问题，而不是用统一的标准来衡量。

8. 我认为我可以给自己很多安全感，而不是从其他人身上去寻找安全感。

9. 对于未来的挑战，我会要求自己积极应战，尽自己的努力，而不是要求事事完美。

10. 虽然我有着各种各样的局限，但是我还是很喜欢真实的自己。

成长故事

在我小的时候，我是被爷爷奶奶带大的。他们虽然很疼我，但是因为年纪太大了，很多事情没有精力来教我和管我。那个时候我就是一个野孩子，无法无天，想干什么就干什么，认为自己就是世界的中心。一直到将要上小学的时候，爸爸妈妈把我接了过去，想给我提供好的教育。可是我和他们并不亲近，很多心里话都没有办法和他们说，而且他们因为赚钱，老是在外面忙碌，根本没有心思管我的学习和生活，遇到事情就只会给我钱，也不问问我心里是怎么想的。等我念到初中的时候，家里多了一个妹妹，我的地位就更低了。幸好我有三个很好的朋友，他们一直在我身边陪着我。可是到了大学后，因为和他们的距离远了，原先亲密的关系也变得疏离了。所以，现在我很孤独，不知道该怎么办，想和寝室同学搞好关系，用各种各样的零食去讨好他们，可是反而被他们看不起，认为我除了钱没有什么其他长处。如果我不去理他们，又被认为有钱就任性，可以完全不用理人。

第一节　我是一个怎样的人

一　自我的定义

你是谁？你如何成为自己所称的“我自己”？美国心理学家威廉·詹姆士描述了自我知觉的二元性：第一，自我是由对自己的看法与信念组成的；第二，自我是一个活跃的信息处理器。我们称自己的已知面为自我概念，也就是自我的内容（对于“自己是谁”这个问题的了解），并称自我的知悉者这一方面为自我觉知，也就是以自我为思考对象的行为。把自我的这两个层面结合起来，就建立了一种连贯的认同感。自我是一本书，同时也是这本书的读者；书中有长期累积下来的引人入胜的内容，而读者则是一位在任何时刻都能自由读取章节、任意增添章节的人。

二　自我定义的文化差异

1993 年 6 月，小和田雅子，一名 29 岁的日本女性，嫁给了日本的德仁皇太子。小和田雅子是外务省的一位杰出的职业外交官，曾就读于哈佛大学及牛津大学。她会说五国语言，外交事业如日中天。她嫁入皇室的举动，让许多观察家大跌眼镜，因为这意味着她必须放弃她的事业。她放弃了独立的生活，选择嫁入皇家，辅佐太子，并花费许多时间参加严格的皇室庆典。尽管有人希望她能够将现代化带入王室，但是，“到现在为止，王妃对王室所做的改变还不及王室对她的改变大”。

对于雅子嫁入皇室的决定，你的看法如何？你的回答多少会反映出你的自我概念的本质以及你自小成长在其中的文化。在许多西方的文化中，人们拥有独立的自我观，这是一种以自己内在的想法、感受和行动来定义的自我。西方人所学会的是不牵涉其他人来定义自我，并重视独立与独特性。因此，雅子决定嫁给皇太子，让许多西方观察家感到不解。他们认为她被一个落后的、有性别歧视的社会用婚姻法限制住了，并认为这个社会相当不重视她能够成为一个拥有独立生活的个体的价值。

相反，许多非西方文化则拥有相互依存的自我观——以自己和他人的关系来定义自我，并认识到自己的行为经常会受到他人想法、感受及行动的左右。在这种文化中，联结性和相互依存性会受到赞扬，独立性和独特性则不被认同。对很多日本人以及其他的亚洲人来说，雅子决定放弃事业的举动一点儿也不令人惊讶，他们反而认为这是一个好的、自然而然的决定，因为这是她和他人结合以及对他人负责的自然结果。

三 自我的功能

每一个人的自我意识发挥着以下功能：第一，自我的组织功能，帮助我们组织对社会世界的了解，影响我们所注意到的、所思考的以及所标记的信息；第二，自我的管理功能，它就像一个公司的首席执行官那样，规范着人们的行为、选择以及对将来的打算。

心理游戏

独立与相互依赖性量表

标识出你对这些陈述的同意或反对的程度。

	强烈反对						强烈赞成
1. 我的快乐取决于周围其他人的快乐。	1	2	3	4	5	6	7
2. 我会为了团体的利益而牺牲个人的利益。	1	2	3	4	5	6	7
3. 对我来说，尊重团体的决定很重要。	1	2	3	4	5	6	7
4. 要是我的兄弟姐妹失败了，我会觉得自己也要负责。	1	2	3	4	5	6	7
5. 即使我很不赞同团体成员的决定，我还是避免起争执。	1	2	3	4	5	6	7
6. 对于因为受到称赞或奖励而受人注目，我可以坦然地面对。	1	2	3	4	5	6	7
7. 能够自己照料自己，对我来说是第一要务。	1	2	3	4	5	6	7
8. 我偏好以直接、坦白的态度面对自己刚认识的人。	1	2	3	4	5	6	7
9. 我喜欢当个独特的、在很多地方都与众不同的人。	1	2	3	4	5	6	7
10. 独立于其他人之外而存在的自我认同，对我来说非常重要。	1	2	3	4	5	6	7

取你对问题1～5题的答案的平均分，可以估计你的相互依赖性程度；取你对问题6～10题的答案的平均分，可以估计你的独立性程度。你得到的哪个分数更高呢？

四 认识自己的途径

(一)通过内省认识自己

从自我的内容上进行区分，自我意识分为生理自我、社会自我和心理自我三个方面。

生理自我是个体对自身生理状态的认识和评价，即指个体对自己身高、体重、容貌、身材、性别等的认识以及生理病痛、温饱饥饿、劳累疲乏的感受等。它是个体自我意识中最先发展的部分，是影响学生对自我满意度的重要因素。

心理自我是个体对自身心理状态的认识和评价，即个体对自己的知识、能力、情绪、兴趣、爱好、性格、气质等的认识和体验。如果一个人对自己评价低，嫌自己能力差、智商不高、情绪起伏太大、自制力差、不成熟，就会否定自己，产生消极的情感体验。

社会自我是个体对自己与周围关系的认识和评价，即个体对自己在群体中的地位、作用以及自己和他人相互关系的认识、评价与体验。如果一个人认为自己不善于交流和沟通，周围的人不喜欢自己、不接纳自己，自己没有知心朋友，就会感到很孤独、很寂寞。

心理游戏

“我是谁”

1. 请闭上眼睛，放慢呼吸，想一想，在自己眼里你是一个什么样的人，然后睁开眼睛，在纸上以“我”开头写出关于自己的20个句子。

我________________________________

我________________________________

…………

当发现“我是一个学生”或“我是一个男生”这样的句子时，要求尽量选择能反映个人特点的，真正代表独一无二的你的语句。

2. 请仔细查看这些句子，将你所陈述的内容做下列归类。

A. 身体状况(属于你的体貌特征的，如年龄、形体等)的有几项；

B. 情绪状况(反映你常持有的情绪态度)的有几项；

C. 才智状况(表现你的智力、能力)的有几项；

D. 社会关系状况(属于品德、与人关系等方面)的有几项。

选出 5 个你觉得最能代表自己的特征，同时也愿意和同学们分享的特征。

3. 请仔细查看这些句子，选出 3 个你觉得自己最想改变的特征，同时写下你想通过什么样的方式来改变自己。

4. 请评估一下你对自己的陈述是积极的、肯定的还是消极否定的。在每句话的后面标上加号(表示肯定满意)或减号(表示不满意、否定)，看看你的加号与减号的数量各是多少。

如果你的加号数量大于减号数量，说明你的自我接纳状况良好。相反，如果你的减号数量将近一半甚至超过一半，这显示你可能不能很好地接纳自己。这时你需要好好地去发现，是什么影响了你对自己的喜爱，在哪一方面过低评价了自己，是什么原因造成的，可以用哪些方法来改善。

从头到脚的清单

请完成下列清单，好好思考你喜欢和不喜欢自己的哪些部分，哪些可以改变，哪些不可以改变。请加入任何你认为重要而这里没有的身体部位。

身体部位　　喜欢　　不喜欢　　可以改变　　不可以改变

头发__________

眼睛__________

鼻子__________

嘴唇__________

牙齿__________

脸型__________

气色、皮肤__________

耳朵__________

肩膀__________

手臂__________

胸部__________

腰、肚子__________

臀部__________

腿、膝盖__________

脚、脚踝__________

身高____

体重____

其他____

健康的身体和积极的身体意象会给个体带来愉快，也有助于个体做自己想做的事情。你可以问一下自己，是否身体阻止你做你愿意做的事情。如果是，那么你可以研究一下为了改变这种情况，你愿意做些什么。自我评判换位、自我责备都不是能够带来改变的有效方法。接受身体、决定你能做和你想要做什么来增强体质才是改变的开始。

我们很少遇到对自己的身体外形真正满意的人。说"我不喜欢自己的体形"的人和持续与控制体重做斗争的人之间还是存在显著差异的。了解身体并不简单。评判自我、告诉自己是无可救药的、对自己改善的速度失去耐心都不是了解身体的有效方法。一旦这样评价自己，你就限制了正向的反馈。任何不支持自我知觉的反馈只会让你高兴一阵，但不会持久。影响身体意象改变最重要的部分是你自己的感觉，这是任何改变的开始。你对身体的看法和所做的决定与生活中其他领域的选择关系密切。我们认为，人们对身体的看法和他们所认为的别人的看法对个体的影响非常重要。一些人认为自己没有吸引力、不吸引人或者身体不好，这些自我知觉可能会对生活中的其他领域产生强烈的影响。也许有些人认为其他人会因为自己的外貌而不愿意接近自己。如果你认为自己非常没有吸引力，你可能会告诉自己，别人会因为看到你的缺点而不愿意和你在一起，你给他们传递的信息促成了他人对你的反应，别人会认为你是一个孤僻的、冷漠的、批判的人。即使你想和别人接近，也可能担心被别人拒绝。

从自我观念的角度出发，自我意识可以分为现实自我、投射自我和理想自我。

现实自我指个体对自己受环境熏陶，在与环境相互作用中所表现出的综合的现实状况和实际行为的意识。它是自我现实的、社会存在的真实反映。

投射自我(镜中自我)是想象中他人对自己的看法和评价。它与现实自我可能存在差距，也就是说，自己对自己的看法和想象中别人对自己的看法往往是有差距的。但是投射自我对于现实自我的形成起着重要的作用。人们总是把他人对自己的看法和评价作为重要参考，来形成自我概念。

理想自我指个体经由理想或为满足内心需要而在意念中建立起来的有关自己的理想化形象。理想自我的内容尽管也是客观社会现实的反映，包括对来自他人和社会规范的要求以及它们是否满足个体需要的反映，但这些内容整合而成的理想自我却是观念的、非实际存在的。

现实自我和理想自我的形成与社会环境的影响密切相关。现实自我产生于自我同社会环境的相互作用中，理想自我则产生于这种相互作用中——他人和社会广泛的要求内化后在个体头脑中整合而成的自我的理想形象。

由于人们总是按照理想自我来塑造自己，理想自我是现实自我努力的方向，而且一般人特别是青年人往往认为理想中的自己就是现实的自己，因此，现实自我总是带有不可摆脱的理想自我的痕迹。在正常情况下，当理想自我的形成建立在理智认识或他人和社会规范的自觉内化之上时，理想自我可以在现实自我和社会环境之间起积极的调节作用，指导现实自我积极地适应和作用于社会环境。这时，理想自我、现实自我和社会环境的要求可以在新的水平和方向上协调一致，使自我得到健康发展。

心理游戏

人际关系中的我

准备：每人准备一张表格、一支笔。

父亲眼中的我	母亲眼中的我	兄弟姐妹眼中的我
朋友眼中的我	恋人眼中的我	自己理想中的我

(二)通过观察自己的行为认识自己

假设你的一个朋友问你有多喜欢健美操，你犹豫了一下，因为你以前从来都不去健身房，但是最近开始喜欢在那里流汗的感觉。你说："我也不知道，但是昨天在那里做操的时候，我发现自己跳的时间越来越长了。"这时你运用了一种重要的自我认识资源：观察自己的行为。

自我觉知理论认为，当我们的态度和感受处于不确定或模棱两可的状态时，我们会通过观察自己的行为或该行为发生时的情境，来推论自己的态度和感受。第一，只有在不确定自己的感受如何时，我们才会通过观察自己的行为来推论自己的感受。要是你知道自己肯定喜欢健美操，那么你就不需要通过观察自己的行为来推论了。第二，人们会判断自己的行为是真实地反映了自己的感受还是受到了情境的影响。如果你去健身房是因为你寝室同学一定要拽着你去，那么你就不太可能说自己喜欢了。

我们任何的行为背后有着动机。动机主要有两种：内在动机和外在动机。内在动机是指因为喜欢某项活动或觉得该活动有趣(不是因为外在的奖赏或压力)而想从事该活动的欲望。外在动机是指因为外在的奖赏或压力(不是因为喜欢该活动或觉得该活动有趣)而想从事某项活动的欲望。比如，西乔治大学的教授决定对较为贫困的孩子提供较为丰厚的奖励，他发起了名为“从学习中赚钱”的计划。在该计划中，低收入家庭的孩子们每读一本书就可以获得两美元的收入。奖励是一种非常有用的激励因素，这项计划也的确让孩子能够多读书，但是，我们也会看到奖励对于他们内在的想法，就是他们读书是为了赚钱还是因为他们觉得读书本身是一项很有意义的活动。

(三)通过他人认识自己

认识自我不是在单独的背景下发展的，而是在周围人的作用下形成的。如果我们从来不与他人接触，那么我们的自我形象就会是模糊的，因为我们不会把自己看作是与别人有区别的。社会比较理论认为，当我们对自己所有品质中某些不确定的认知评价而且没有客观的标准可以使用时，我们就会将自己与他人进行比较。通常，我们选择将自己和与自己相似的人相比较，因为这最为有用。在相应的品质方面，将自己与比自己更强的人相比较，可以帮助我们定义优秀的标准，将自己与比自己更差的人相比较，可以使我们对自己当前的状态感觉更好。

第二节　青春期的课题——同一性

一　同一性是什么

青春期的个体开始展示出一种鲜明的自我意识，来评价自己在社会和生活中所处的位置。在青春期，诸如“我是谁”和“我属于这个世界上哪个地方?”这样的问题开始居于首位。

为什么同一性问题在青春期变得如此重要？一个原因是青少年的智力发展变

得更为成人化。他们可以通过与他人的比较来认识自己，能够意识到自己是独特的个体，不仅独立于他们的父母，还独立于其他所有人。青春期显著的生理变化使青少年敏锐地意识到自己的身体变化，并意识到他人正在以他们不习惯的方式对他们做出反应。无论什么原因，在这个时间段，青少年的自我概念和自尊常常发生至关重要的变化。总的来说是他们对自身的同一性的看法产生了变化。

有人这样描述自己："其他人认为我是无忧无虑的，不用去担忧什么事情。但实际上，我常常会紧张不安和情绪化。"对别人的观点和自己的观点的区分代表了青春期的一种发展进步。在童年时，我们已经根据一系列关于自己的看法塑造了自己的特质，而在这些看法中，我们尚未区分哪些是自己的，哪些是别人的，然而青少年却能够做出这种区分。当他们试图描述自己是谁时，他们能把自己的观点和他人的观点综合起来考虑。

青少年对自己是谁的理解日益加深，而其中一个方面就是以更广阔的视角看待自己。他们可以同时看到自己的不同方面，而且这种关于自己的观点变得更有组织性和一致性。他们以心理学家的视角看待自己，不仅将特质看作具体的实体，还看作抽象概念。例如，相比年幼儿童，青少年更可能根据自己的意识形态（如说"我是一个环保主义者"）而不是生理方面的特性（如说"我是我们班里跑得最快的人"）来描述自己。

然而，在某种意义上，这种更广的、更为多面的自我概念让人喜忧参半，尤其是在青春期开始的几年。那个时候，青少年可能为他们个性的复杂性所困扰。例如，在青春期早期，青少年可能想以一种特定的方式来看待自己（"我是一个好交际的人，喜欢和他人待在一起"）。当他们的行为与他们的观点不一致的时候，他们可能变得忧虑（"尽管我想变得好交际，但有的时候，我不能忍受待在朋友的周围，只想一个人待着"）。然而，在青春期末期，他们发现自己能够更容易接受不同情境引发不同的行为和感受这一现象。

二　同一性形成：变化或危机

当青少年面对青春期同一性危机时，对同一性的寻求不可避免地使一些青少年体验到真切的心理混乱。在青春期，他们试图弄清楚自己的独特性，努力发现自己独特的优点和缺点，以及在未来生活中能扮演的最好角色。这种发现过程常常包括尝试不同的角色或选择，以发现这些角色和选择是否符合自己的能力和观点。在这个过程中，青少年通过在个性、职业等各个方面缩窄自己的选择来试图理解自己是谁。心理学家埃里克森称这个阶段为同一性对同一性混乱阶段。

在他的观点中，青少年如果在寻求同一性的过程中遇到阻碍，可能会以某些方式脱离同一性形成过程。他们可能扮演社会所不接受的角色，作为表达他们所不想成为的那种人的一种方式，或是在形成和维持亲密关系上出现困难。另外，那些成功地形成了适当同一性的人为自己设置了一条路线，为未来的心理发展奠定了基础。他们了解自己独特的能力，并相信这些能力，然后发展出对自己是谁的准确感知。他们已准备铺设出一条充分利用他们独特能力的道路。

在这个阶段，正如一个大学生会被父母和朋友反复询问“你学的是什么专业”和“你毕业了打算做什么”时所体会的那样，这个阶段的社会压力是很高的。同时，青少年越来越依赖他们的朋友和同伴作为信息来源。他们对成年人的依赖程度有所下降。很多青少年追求一种“心理的延缓偿付期”，他们推迟承担即将面临的成人责任，探索各种角色和可能性。例如，很多大学生用一个学期或一年时间旅游、工作或寻求其他的方式来考察他们的优先选择。

心理学家詹姆斯·马西娅认为可以根据危机或承诺来看待同一性：存在或缺失。危机是同一性发展的一个阶段，在这个阶段，青少年有意识地在多种选择中做出抉择。承诺是一种对行动或思想意识过程的心理投资。我们可以看到以下两个青少年的差异：一名青少年在不同的活动中换来换去，没有哪个活动的持续时间长于几个星期；而另一名青少年则完全投入社会志愿者服务活动。她提出了四种青少年同一性类型。

①同一性获得。处于这种同一性阶段的青少年已经成功地探索及思考过他们是谁和自己想做什么的问题。在思考各种选择的危机阶段后，这些同学已经确定了某一特定同一性。已经达到这个阶段的青少年往往心理是最健康的，相比其他阶段的青少年，他们的成就顶级更高，道德推理也更强。

②同一性早认。这些同学还没有经历过对各种选择进行探索的危机阶段，就已经形成了同一性。他们接受的是别人为他们做出的最好的决定。比如，一个男生很早就决定了自己将来要进入家族企业工作，而一个女生因为母亲的要求决定自己以后要从事的是医生这个职业。尽管这些人不一定不开心，但他们往往极度需要社会赞许。

③同一性延缓。虽然这个阶段的青少年在一定程度上进行了各种选择的探索，但是他们仍然还没有做出承诺。心理学家认为，一方面，他们表现出相对较高的焦虑，并体验着心理冲突；另一方面，他们往往是活跃和有魅力的，寻求与他人发展亲密关系。他们正在努力解决同一性问题，但只有经过一番努力后才能达到同一性。

④同一性扩散。处于这个阶段的青少年既不探索也不去思考各种选择。他们容易变来变去，从一个事情上转到另一个事情上。看上去他们似乎无忧无虑，但对承诺的缺乏损害了他们建立亲密关系的能力。实际上，他们通常表现出社会性退缩。

值得注意的是，青少年并不局限于这四种分类，有些人以循环的方式在同一性延缓和同一性获得两个状态之间摇摆。比如，有个同学一开始是过早认同，没有太多探索就想去从事一个工作，但是后来又反复想去寻求各种可能性。

心理游戏

认清你最本质的价值观

下面随机罗列了一些词汇，有名词、动词和词组。请通读一遍，圈出那些你感觉对你很重要的词或词组。要特别注意那些好像专门跳出来找你的词，还有那些你感觉不错的词。注意，请选择你真正想选的词，而不是你应该选的词。请圈出那些表达了你最本质东西的词。

富有	完成	需要	冒险	灵敏	改变	激起	清晰	有才华	收集	助手
造诣	体贴	吸引	加强	敬畏	认可	好笑	警惕	觉悟	约束	联系
融入	高兴	连接	热情	存在	敏感	神经	美丽	福气	勇敢	建设
冷静	能力	原因	教练	舒适	团体	同情	结束	设想	和谐	联接
满意	控制	胆量	危险	无畏	精致	愉快	可靠	设计	发觉	奉献
指引	识别	辨别	戏剧	梦想	教育	优雅	强调	鼓励	努力	资助
激发	精力	能源	享受	愉悦	报名	娱乐	精彩	兴奋	实验	专家
解释	推动	家庭	培养	自由	有趣	赌博	魅力	管理	优美	伟大
感激	极致	引导	休闲	健康	神圣	老实	遵守	幽默	想象	印象
改善	联系	影响	通知	巧妙	好奇	鼓舞	命令	完善	廉正	发明
笑	学习	爱	壮丽	权力	部长	模特	前进	观察	开明	谱曲
新颖	战胜	耐心	和平	人民	感觉	完美	严格	劝说	计划	游戏
好玩	高兴	准备	盛行	堆积	寻求	明亮	实现	精练	统治	虔诚
迷信	反应	负责	危险	浪漫	规则	满足	分数	安全	看到	寻找
轰动	知觉	性感	安详	服务	规范	性	忠诚	空间	闪亮	思索
精神	率真	运动	刺激	加强	特权	支持	误会	尝试	关怀	未知
体贴	颤抖	促成	贡献	创造	发现	经历	感受	微醉	激动	领导
养育	讲述	教授	团结	获胜	接触	转型	胜利	可信	真理	转变
揭示	理解	差异	独立	风险	值钱	劝诱				

当你把你需要的词或词组圈起来之后，再把你认为重要的、没有出现在这张表上的词或词组加进去：

现在，你已经选出了所有对你很重要的词或词组。请重新审视这些词，把选出的这些词缩减到 10 个。

最后，请再仔细审视这 10 个词，并体会当你看到这些词的时候，自己内心的感受。请在这 10 个词中选择 4 个词来代表你内心最核心的价值观。

当你审视这 4 个词的时候，请回答下面的问题。

①通过这个心理游戏，你对自己有了怎样的了解？

②这些价值观在你的生活中是如何体现出来的？

③哪个价值观仍需要以其他方式加深体现？

④回顾你的生活，这些价值观是如何影响你的行为的？

⑤如果某人拥有这些价值观，你会如何描述他？

第三节　自尊：我有多喜欢自己

一旦我们认识了自己，我们会面临两个事实，第一，我们通常会尝试通过自我表现和印象管理的过程来控制在他人面前表现出来的自我。社会生活就像是一个剧院，我们在其中向他人展示自己。自我妨碍策略是将行为、特性或情境事件先排列一下，如果后面我们的表现不是很好，就以此作为借口。然而，预先准备的借口存在的一个问题是我们自己可能会相信这些借口，所以在任务中就不会那么努力了。比如，你某门课期末考试前的那个晚上的情形。如果那是一门很难的课程，并且你很想考好，那么一个明智的做法就是吃一顿好的，学习一会儿，然后早一点儿去睡个好觉。而自我妨碍的策略是熬一个晚上，去玩一会儿，然后第二天早上睡眼惺忪，昏头昏脑地晃到教室去考试。如果你考得不好，你可以说这是因为自己没有很认真去准备，而不是因为自己不够聪明，这样你就很好地保护了自己。第二，“知道自己是谁”和“喜欢自己是谁”是两回事。虽然青少年在理解他们是谁(他们的自我概念)方面越来越准确，但这种知识并不能保证他们更喜欢自己(他们的自尊)。事实上，他们在理解自己方面越来越准确的知识使得他们可以全面地看待自己，如实描绘自己。他们根据这种知觉去行事，正是这种知觉引导他们发展出自尊。

同样地，这种认知复杂性不但使青少年能区分自我的各个方面，也引导着他们用不同的方式来评价这些方面。例如，一位年轻人可能在学业表现方面有高自尊，但在与他人的关系方面有低自尊。或者可能相反，正如这位处于青春期的女孩所说的：“我有多喜欢自己这样的人呢？好吧，我喜欢自己的一些方面，不喜欢其他的一些方面。我喜欢的是自己受大家欢迎，因为拥有朋友对我来说非常重要。但在学校中，我不如那些非常聪明的孩子。不过，这也没什么大不了的，因为如果你太聪明，你就会失去你的朋友。所以，聪明并不那么重要，除了对于父母而言。当我做得并不像他们所期望的那样好时，我觉得自己令他们失望了。”

我们可以选择去挑战自己内心的批评声音，那些阻碍我们喜爱自己的声音，如下文所述。

①不许犯错。“既然我害怕做出错误的决定，那么我就简单点，索性不做决定好了。既然我已经做出一个错误的选择，那么我索性就不做任何重要的决定，因为我害怕再次失败。我最好做到完美，因为我不能犯任何错误。”

②你不重要。“看看别人家的孩子，他们都比你好，你怎么会这么差，和我们一点都不像。看看你做的这些事情，只有傻瓜才会去做。你怎么老是在做这些没有意义的事情。”

③别相信其他人。“这个世界上只有自己是最可靠的，其他人只会伤害你，所以你不要去相信任何人。不要去和其他人太亲近了，他们只会利用你。你只能依靠你自己。”

④你要完美。“做任何事情都要做得最好，这样才能证明你的价值。只有把所有的事情都做好了，才能说明你存在这个世界上的价值。你要比任何人都做得好，这样才行。”

请补充你内心还存在哪些批评的声音：

____

____

____

____

只有在自己的内心找到和平，才能和自己、和自己的重要他人和平相处。其实每个人在成长之后都有自己的选择，我们可以决定我们想成为什么样的人，不再被过去的声音羁绊。只要我们学习着为现在的自己负起责任，我们就可以成为主宰自己的人。

心理游戏

请根据提示完成句子，

对我来说，成为一个独立负责的人就意味着________________

我从父母那里获得的最有价值的东西是________________

从父母那里获得的东西中，我最不喜欢也最想改变的是____________

如果我能改变过去的一件事情，我希望是________________

我对独立最担心的是________________

我发现有时候很难做自己，这种情况往往是________________

我觉得最自由的情况是________________

自我成长

1. 照片往往比语言说明的东西更多。寻找一些对你来说很重要的照片，看着这些照片，你有什么样的感受？这些照片中发生的事情对你来说意味着什么？它们又是如何影响着你现在的生活的？对你而言，现在的你和照片中的你发生了什么样的变化？你想和照片中的你说些什么呢？

2. 注意你生活中的一些重要转折点。请按照事情发生的时间顺序罗列那些曾经影响你，并且在未来也将会影响你的重要成功、失败、冲突等事件。在完成后，请记录你在这些重要事件中所做出的选择，以及在这些事件中你的学习和收获。

3. 请回想在你生命中有重要影响的人，他们是谁？请写下这些人给你带来了哪些影响。他们是如何影响着你成为现在的自己的？以你现在的眼光，请重新客观评价那些曾经给你带来重要影响的人。

4. 贺驰曼和缪特描述了一个简单的自我意象训练法，同学们可以从这些节选的问题的思考中有所收获：今天早晨起床照镜子的时候，你看到了什么，跟自己说了什么？当你在选今天要穿的衣服时，有什么想法和感受？如果看电视或广告模特，你会觉得自己有些不足吗？你会把体重计上的数字作为一天自我身体感受的晴雨表吗？

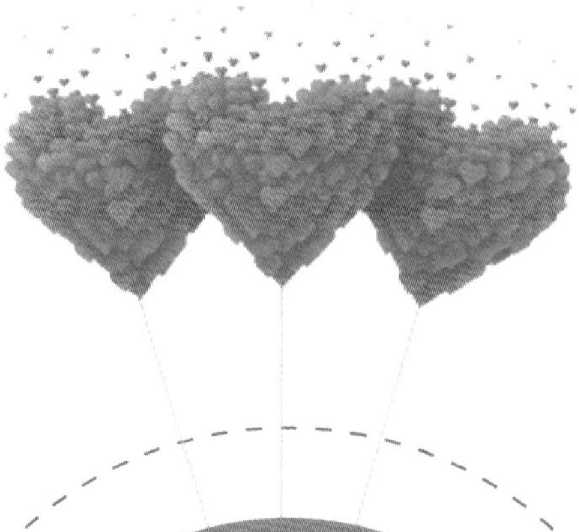

第三章

走进情绪

一个人如果能够控制自己的激情、烦恼和恐惧，那他就胜过国王。

——约翰·米尔顿

自我评估

请依据个人的真实情况记分。这些描述符合自己的记 1 分，不符合的记 0 分。

1. 我有能力克服各种困难。
2. 一生中，我一直觉得我能达到自己所期望的目标。
3. 我小学时敬佩的老师，到现在仍然令我敬佩。
4. 在大街上，我常常避开我不愿意打招呼的人。
5. 当我聚精会神地欣赏音乐时，如果有人在旁边高谈阔论，我不会受到影响。
6. 我不论到什么地方，都能清楚地辨别方向。
7. 我热爱所学的专业和所从事的工作。
8. 季节气候的变化一般不影响我的情绪。
9. 即使是关在铁笼里的猛兽，我见了也会惴惴不安。
10. 很多时候，我不知道自己为什么会生气。

成长故事

过完寒假了，梅梅去商场为宿舍的每个室友精心挑选礼物。到了返校的时候，她把礼物拿出来给每个人发礼物，有寝室长的礼物，有君君的礼物，有小淘的礼物，有睡在上铺的若若的礼物……得到了礼物，大家都非常高兴。可就在这个时候，她忽然发现自己没有礼物。这个时候她感到有些失落，责备自己，“怎么就没有想到也给自己买个礼物呢”，进而抱怨室友：我都给她们买了礼物，怎么她们中间就没有一个人想到给我买礼物呢，特别是若若，我们感情最好，她怎么也没想到给我买礼物。想到这里，她意识到自己有些生气了。她抬起头来，发现大家都没有注意到她。最后，自己平复了一下心情，离开寝室，去水房洗衣服了。

每一个活生生的人，一定都会有情绪。你的内心是否藏着一个炸药桶，一点就爆？你的情绪，是否分分钟就能让你爆发？你想要掌握住自己的小情绪吗？那么让我们一起来揭开情绪的面纱。

第一节　什么是情绪

情绪是离我们最近又离我们最远的东西。最近，是指我们无时无刻不被情绪影响；最远，则是我们几乎只能体会到情绪的表层。很多时候，我们把情绪带来的反应当作了情绪本身。了解自己的情绪是了解自己的指南针。

以下是一位大一学生在微信朋友圈发的状态："今天又是雾霾天，郁闷，太阳好几天不见了，天空阴沉让人也觉得压抑、焦虑。一照镜子，眼袋深重，怒了！"从这条朋友圈状态可以看出这位同学因为天气的原因让自己感觉到了不舒心的状态。在这里，情绪的产生是由于天气没有满足自身的需求，因此情绪与需求是否满足是紧密联系的。

一　情绪的定义

情绪是指人对客观事物是否符合自身的需要产生的体验和伴随的身心变化。当客观事物符合并满足自身的需要时个体会产生积极的体验，而当客观事物不符合或不能满足自身的需要时则会产生消极的体验。情绪是一种主观的感受。当你体验到开心、高兴、满意、舒适等积极情绪时，你的需要和愿望就得到了满足；当你体验到愤怒、绝望、伤心、悲哀等消极情绪时，你的愿望就没有得到满足。当你体验消极情绪时，你可以停下来，倾听内心的声音，追问这些情绪的含义是什么，自己的什么需要和愿望没有得到满足与照顾。

表 3-1 可以供你参考，当你体验到某种情绪的时候，看看是什么样的需要没有得到满足。

情绪是每一个人无法回避的心理状态，因为每一种情绪发生的时候不仅有内心的体验，还有与之相伴的生理反应和无法掩饰的外在表现。美国心理学家伊扎德(C. E. Izard)认为，情绪包括生理层面的生理唤醒、认知层面上的主观体验、表达层面上的外部表现。当我们说觉察情绪时，是自己要注意觉察情绪的生理变化，如呼吸、心跳、肌肉紧张等，如果要洞察他人的情绪，则需要观察他人的表情(情绪的外部表现)。当情绪产生时，这三个层面共同活动，构成一个完整的情绪过程。

表 3-1　常见情绪的心理需要和具体情形

需要	具体情形	情绪词汇
面对愿望	失去拥有的东西	伤心、悲伤、悲痛、哀伤
	没有得到希望的东西	沮丧、失望、难过
	想得到，但存在不确定性	焦虑、不安
	想得到，觉得无法得到	忧郁、忧愁、郁闷、抑郁
面对威胁厌恶	无法回避威胁情境	恐惧、害怕、惊恐
	将面对威胁情境	紧张
	面对厌恶情境时	厌恶、恶心
追求目标	由于人为原因受阻	生气、气愤、愤怒
	进展缓慢或者停滞	烦躁、苦恼
	事件有损自我形象	耻辱
	事件归咎于自己造成的	自罪感、罪恶
	不自信，与他人互动缺乏自信	害羞
	对他人超过自己感到不满意	嫉妒
	把他人置于自我之上	恭敬
	把他人置于自我之下	傲慢

(一)生理唤醒

当个体产生情绪体验的时候，身体内部也会发生相应的生理反应。在情绪活动中，个体的呼吸系统、血液循环系统，骨骼、肌肉组织、内外腺体以及代谢过程活动都会发生程度不同的改变，这就是情绪的生理唤醒。任何一种情绪都伴随着一定程度的生理唤醒。例如，在激动、紧张的情绪状态中，呼吸加速、加深，心搏加速、加强……因此，当个体觉察到自己的生理变化时，便会意识到自己处于某种情绪状态中。

(二)主观体验

通过情绪的定义可以看出，当不同情绪产生的时候，个体内心会产生不同的心理体验，这就是主观体验。人有许多主观体验，对同样的事物，不同的人因为需要不同，也会产生不同的主观体验。情绪的主观体验反映的是个体内心世界的丰富多彩。如果你对情绪词汇的理解有混淆，就需要结合情绪的含义进行澄清，比如，紧张是面对一个有威胁情境时候的感觉，害怕是面对危险但又无法逃避威胁时的感觉。

（三）外部表现

情绪总是伴随着相应的外部表现一起出现，如开心的时候会眉开眼笑、手舞足蹈，愤怒时会紧握拳头、大声咆哮。情绪的外部表现就是表情，是他人可以观察到的部分。察言观色就是指观察他人的表情，并通过他人的表情来觉察他人的内心世界。情绪的外部表现主要分为面部表情、体态表情和言语表情。

①面部表情：脸部的表情动作称为面部表情。面部表情最能精细地显示不同性质的情绪，因此是鉴别情绪的主要标志。眉飞色舞、眉开眼笑、眉目传情、愁眉苦脸、怒目而视、目瞪口呆、咬牙切齿、张口结舌等，都是指面部的表情（图 3-1）。

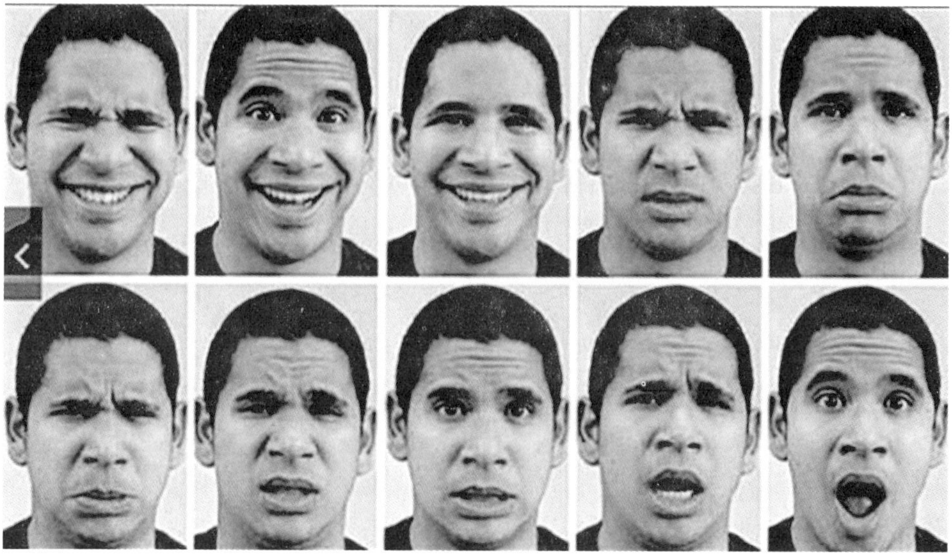

图 3-1 不同情绪的面部表情

②体态表情：躯干和四肢的表情动作称为体态表情，如欢乐时手舞足蹈、捧腹大笑；骄傲时趾高气扬、挺胸阔步；慌张时手足无措；紧张时坐立不安等。手势是一种重要的体态表情，它协同或补充表达言语内容的情绪信息。例如，鼓掌表示兴奋，搓手表示焦虑，摊手表示无奈，捶胸表示痛苦。

③言语表情：当人处于某种情绪状态中时，说话的音调、节奏和速度也出现相应的改变，这些表现称为言语表情，如悲哀时音调低沉、语速缓慢；喜悦时音调高昂、语速较快；愤怒时声音高尖且有颤抖。此外，请求、感叹、惊讶、烦闷、讥讽、鄙视等也都有一定的音调变化。

有研究显示，人在传递信息时，借助语言内容传递的信息只占7%，其他38%依赖语调表情(言语表情)，55%来自非言语表情(如面部表情、体态表情等)。可见，想要获得良好的沟通，仅仅听懂别人的话语(言语内容)或用语言表达是远远不够的，还要学会通过语调表情、面部表情、体态表情来推测和判断他人的情绪状态，用自己的全身心表达自己，在人际沟通和交往中是非常重要的。

二 情绪的功能

每天，快乐、满足、平和、宁静、振奋、悲伤、恐惧、愤怒、爱恋、惊讶、厌恶、羞耻等情绪就像影子一样与人相随。如果让你在以上这些情绪里做选择，你会选择哪些？也许你会说当然选择快乐、满足等正性情绪，因为它们是好的，而负性情绪是不好的。其实这是一种误解，任何一种情绪都有其自身的功能，对生命都有意义。快乐可以让人体验到轻松，带给人们生活的惬意；喜悦可以让人体验到幸福，带给人们生活和工作的动力；好奇能激发人去冒险、去探索，而愤怒会让人学习保护自己；恐惧会让人脱离危险；焦虑会转化成一个人争取放松的动机；忧伤会激发人去深入思考；悲痛可以帮助人记忆。任何一种情绪，只要违背了产生规则，或者单一持续，或者过度体验，都可能成为情绪“灾难”。我们需要正性情绪来敞亮自己的心情，也需要负性情绪来丰盈我们的成长。

我们来看看平时我们是如何处理悲伤的：有一些常常遭到他人拒绝的个体，心理学家们认为他们拥有“抑郁生成基膜”。当我们拥有“抑郁生成基膜”时，我们常常会悲观地看待自己、看待整个世界、看待未来。心理学家武志红指出，悲伤意味着接受，当我们能在情感上表达悲伤才有好起来的可能性。我们跟着悲伤学到了重要但是令人难以接受的一个事实：我们不是时时刻刻都需要快乐，要允许自己感受悲伤。更重要的是，面对、处理悲伤可以帮助我们更好地应对未来可能出现的情绪危机，认识到自己有能力处理与痛苦和失败相关的感受，这意味着我们在情绪上可以充分地做好准备去应对可能出现的创伤、痛苦和悲伤。

心理游戏

我演你猜

准备6张情绪卡片，卡片上分别写上喜、怒、哀、惧、爱、恶(厌恶)。两个学生为一组随机抽出一张卡片，其中一个同学用表情、动作等非语言信息表达卡片上所写的情绪，不能用言语表达，另一个同学猜测对面的同学要表达什么情绪。请同学表演6张情绪卡片上所写的内容。最后，讨论一下情绪是否有好坏之分，为什么？

三 情绪与健康

早在2000年前，我国古代医学家们就发现了人的情绪与健康有着重要的关系，即喜、怒、忧、思、悲、恐、惊是疾病发生的致病因素，总结出“七情过度百病生”的说法，也就是“喜伤心、怒伤肝、忧伤肺、思伤脾、恐伤肾”。

据统计，目前与情绪有关的病已达到200多种，在所有患病人群中，70%以上都和情绪有关，如恐惧、焦虑、内疚、压抑、愤怒、沮丧，每个人的身体里都有一张关于情绪的地图。研究指出，70%以上的人会遭受情绪对身体器官的“攻击”。“癌症”与长时间的怨恨有关，常受批评的人容易得关节炎……

很大一部分疾病是由情绪造成的，小部分才是由外力造成的。身体像是我们的记事本，藏着所有的记忆、创伤和故事，它通常以疾病的形式提醒着我们。情绪以一种信息的形式在神经和经络间传导，当某种情绪过大，传导神经就会受到破坏，堵在那里，从而形成一个记忆。

如果不想得病，就请做自己情绪的主人。同样，我们需要像照顾身体一样去照顾自己的情绪。人的情绪调节就像一个气球有一个慢慢被负面情绪“气体”充满，然后又不伤人也不伤己的“放气”过程。

现在人们最爱说的一个字就是“累”，不仅累身更累心。生存压力让很多人越来越情绪化，有些情绪连自己都没意识到，但身体却早早地发出了“报警信号”。当人的情绪变化时，正如之前所说的，往往伴随着一系列生理变化。比如，恐怖会让人瞳孔变大、口渴、出汗、脸色发白，而情绪低落或过度紧张时，人会越来越讨厌自己的长相，觉得怎么穿、怎么梳妆都不顺心，然后就会发现自己头发爱出油、鼻翼出油、心烦冒汗，甚至下体分泌物异常或有味。精神科专家表示，不管是正面情绪还是负面情绪，长时间处在某种情绪中不能自拔，都会对健康产生不利影响。

情绪是身体的报警信号，我们需要读懂这些信号。不同的情绪对应着不同的身体疾病。比如，恐惧、焦虑会导致腹部疼痛；批评、内疚引发关节炎；压抑导致哮喘；经常愤怒的人容易有口臭，还容易发生脓肿；恐惧会引发晕车和痛经。

胃肠道被认为是最能表达情绪的器官，心理上的点滴波动它们都能“未卜先知”。在所有的心身疾病中，胃肠疾病是排名第一位的，如胃溃疡和十二指肠溃疡，全球约有10%的人一生中患过该病。很多人都有这样的经验：一遇到紧张焦虑的状况就会胃疼或腹泻，压力大的时候根本吃不下饭。司机、警察、记者、急诊科医生等患胃溃疡的比例最大。

其次是皮肤。紧张时头皮发痒、烦躁时头皮屑增加、睡不好时掉头发，还有反复无常的荨麻疹、湿疹、痤疮，都可能是长期不良情绪带来的后果。最后就是内分泌系统，女性的卵巢、乳腺和男性的前列腺最容易受到不良情绪的冲击。

大量临床医学研究表明，小到感冒，大到冠心病和癌症，都与情绪有着密不可分的关系。内心矛盾、压抑、经常感到不安全和不愉快的人免疫力低下，经常感冒，一着急就喉咙痛；紧张的人则会头痛、血压高，容易患心血管疾病；经常忍气吞声的人得癌症的概率是一般人的3倍。

第二节　情商是什么

情绪在人类生活中所扮演的角色很重要，也使得人跟人之间有了相通之处。心理学家丹尼尔·戈尔曼用情绪智商来描述我们理解和控制自己情绪的能力，以及对他人的感觉保持敏感的能力。研究显示，情绪智商不仅与个人的自尊、生活满意度以及自我接纳方面有积极的影响，对于个人和人际关系的成功也起着重要的作用。

如果有人问你：“请问你现在的情绪是?”你的答案会是什么呢?

如果你觉得这个造句填词太难，作答根本毫无头绪，那就令人担忧。因为情商高手的基本功夫，就是具备精确察觉自我情绪状态的能力。这个“自我察觉”情绪的能力，是一切情商功力的基础，就如同要练成少林武功，你得先学会蹲马步才行。唯有我们拥有随时随地了解自己当下情绪的能力，才能对症下药，做出合宜的情绪管理动作，否则的话，连病因都搞不清楚，怎么可能找到正确的解药呢?

情商能帮助我们区别一些相似的、容易混淆的感受(如当我们感觉对某个人很生气时，实际上我们是感到痛苦与伤心)，也帮助我们利用情绪信息，指导我们的思想和行为(如当我们感到害怕时，我们需要立刻逃离危险的情境)，还能在他人需要慰藉时，指导我们给予他人帮助和支持(如当别人需要一个拥抱时，我们能够张开双臂)。除此之外，与别人沟通、了解互相的需求、对别人移情、有效解决问题等，都需要情商的帮助。与其他的“智力”不同的是，“情绪智力”是可以通过学习来提高的。

可以这么说，在情商方面，没有情绪自觉，就没有情绪管理。因此，就请你一起来扮演私家侦探，找出自己的真正情绪。

课堂活动

情绪龙虎榜

请从下表中选出你生活中10种重要的情绪，并在其后打上“√”。在这10种情绪中，有较多表达的情绪以↑表示，较少表达的以↓表示，没有表达的以×表示。

序号	情绪		↑×↓	序号	情绪		↑×↓
1	愤怒			11	被安慰		
2	愉快			12	失望		
3	冷漠			13	尴尬		
4	兴奋			14	轻松		
5	烦恼			15	紧张		
6	满足			16	放松		
7	内疚			17	羞怯		
8	自信			18	热情		
9	害怕			19	急躁		
10	安全			20	镇定		

请思考：你敢于表达自己的情绪吗？你愿意表达的情绪更多的是正面的还是负面的？什么原因使你难以去表达情绪？你如何克服这些困难？你觉得自己是否需要向人表达情绪，包括负面情绪？

一　辨别你的情绪

回答“你觉得如何?”这个问题，对于某些人来说不像一般人那么容易。那些以情感为导向的人非常了解他们自己的情绪状态，当他们在做重要决定的时候也能善于使用有关情绪状态的信息。相比之下，低情绪导向的人通常不了解自己的情绪状态，而且他们倾向于拒绝将感觉当作有用的、重要的信息。

除了觉察自己的情绪，有关研究也证实能够辨认自己的情绪是很有价值的。研究者发现，能够指明自己经历的负面情绪(“焦虑”“生气”“惭愧”“内疚”等)的大学生能够发展出处理这些情绪的最佳策略。这说明能够辨别和指认情绪是情绪智商的主要元素。

你感觉到某种情绪，并不意味着你会把它说出来。同样，说到一种感觉也不意味着你必须遵照它行动。事实上，将生气表现出来的人——无论是猛烈抨击还是在沙袋上打拳泄愤——会比没有把生气发泄出来的人感觉更糟糕。

了解有感觉和发泄情绪之间的差异有助于在困境中建设性地表达你自己。比方说，假如你发现自己对一个朋友感到心烦，就可以进一步探究你为什么如此心烦。共享你的感觉（“有时候，我对你如此抓狂以至于我想挥你一拳”）可能会让你明了答案所在，然后解决它。但是如果你假装没烦恼，或者将脾气发泄在别人身上，不仅不会减少你的愤恨，反而会导致关系恶化。

课堂活动

辨认你的情绪

记录你的情绪在三天里的变化。确保你在每天晚上都花一些时间回忆自己一天的情绪感受、其他人的参与情况以及情绪发生时的具体情境等。在三天时间快结束的时候，你可以通过回答下列问题，了解情绪在你的沟通中起到的作用。

①你是如何辨认出你所感受到的情绪的：通过生理上的刺激、非语言行为或者其他的认知过程？

②你在辨认自己的情绪时有任何困难吗？

③你最常有的情绪是什么？是单一的情绪还是多种情绪混合在一起？强度是温和的还是强烈的？

④你在什么样的情境下会表现或者隐藏自己的感觉？什么样的因素会影响你的决定？表现或者隐藏的又是哪种类型的感觉？影响你情绪的人有哪些？当时的情况是怎么样的（发生的时间、地点等）？影响你情绪的话题（金钱、性或者其他）呢？

⑤你在第④步里描述的沟通类型造成了什么样的后果？你对这些后果满意吗？如果不满意，你有什么改善建议？

二 扩充你的情绪词汇

大多数人都苦于情绪词汇匮乏，问他们现在感觉如何，得到的答案几乎总是那几句话：还好，不错，马马虎虎，等等。现在，花一点时间看看你能写出多少描写感觉的词。在你尽己所能书写完之后，可以查阅相关资料，看看都漏掉了什么。

许多沟通者认为他们在表达情绪，但实际上他们的陈述只是对情绪的一种伪装。例如，常常能听到有人很有情绪地说"我觉得该去看这场秀"或者"我觉得我们见面太频繁了"。但事实上，这些描述没有任何情绪的内容。在第一个句子里，"觉得"这个词真正代表的含义是"我想去看这场秀"，而第二句的"觉得"代表着"我认为我们见面太频繁了"。如果加上真正的感觉字眼，你就会发现原本的说法缺乏对情绪的表达——"我很无聊，所以我想去看这场秀""我认为我们见面太频繁了，这让我有种局限感"——无聊和局限感才是表达情绪的词汇。依赖少量的字词描述感觉，就像受限于少量的字词描述颜色一样。过度使用"很棒"这类措辞去描绘你在不同情境下的感觉又难免失真、夸大。

你可以用不同的方式，说出同一种感觉：①使用单一字词，如"我在生气"或"兴奋""忧郁""好奇"等；②描述你发生了什么，如"我腹痛如绞，胃好像打结了""我得意极了，像是站在世界的顶端"；③描述你想要做什么，如"我想要逃跑""我想要给你一个拥抱""我觉得想放弃"。

有时候沟通者低估他们感觉的强度，如"我有一点点不愉快"或"我颇为兴奋"或"我有点困惑"。当然，不是所有的感觉都是强烈的，我们感受到的悲伤与快乐的程度确实不同。不过，有些人会习惯性地淡化自己的感受，你有没有这种情况？

有时候沟通者以一种暗示的方式表达感觉，尤其经常发生在说话者透露实际感觉为不舒服的时候。有些暗码常见于语言表达中，说话者多少会巧妙地暗示在信息中。例如，以间接的方式表达"我很孤单"，也许就变成了"我猜这个周末没什么事情，假如你也不忙，可以发短信息给我，我们一起出去逛逛"。类似信息的表达是非常婉转的，以至于别人可能听不出你的真实想法。由于这个原因，传送暗示信息的人面临着失去让对方了解自己的感觉以及满足需求的机会。

假如你下定决心要表达你的感觉，你必须清楚地确认你和你的伙伴都了解你的感觉。你需要表达出这种感觉只适用于一个特定的情境，而不是针对整个关系。比如，你应该说"当你不守信用时，我会怨恨你"而不要说"我怨恨你"；"当你讲到你的钱时，我觉得很无聊"，而不是"我和你在一起很无聊"。

三　分享多样的感觉

通常情况下，你所表达的感觉不是你唯一感受到的。举例而言，你可能常常表达你的生气而忽略了生气之前的困惑、失望、挫折、悲伤或尴尬。这是为什么呢？你可以借助以下的例子思考。在每个例子中问自己两个问题：我有什么感觉？我又会表达什么感觉？

①一个住在市郊的朋友向你保证六点钟就会到你家，然而他到九点都没有来，你猜想他一定是发生了意外。就在你拿起电话要打给警察局和医院查问的时候，你的朋友竟然若无其事地出现在了门口，还随便搪塞了一个太晚出发的理由。

②朋友在她的朋友圈里发布了一张你的照片。一方面你因为朋友展现了对你的喜爱而高兴，另一方面由于这张照片的光线实在不是很好，你希望朋友可以提前问问你。

在上诉情况中，你可能混杂着几种情绪。以第一个为例，你对他到达的第一个反应可能是“谢天谢地，还好他没事”，然后你会很生气，“他为什么不打电话通知我他会迟到?”而第二个例子可能会使你陷入几种不同的情绪中：有些高兴，有些尴尬，还有些恼怒。

尽管我们感觉到的情绪是混合的，但我们通常只会表达出来其中一种，而且还是最负面的那种情绪。在上面两个例子中，你可能只会表达出生气，而让对方没有机会来了解你的全部感受。试着想想看，如果你在这些或者其他的情境中表达出了所有情绪，对方的反应将会如何不同。

四 评估何时何地表达感觉

即使涌上心头的强烈情绪已经褪去了，选择最适宜表达这个信息的时机依然重要。如果你正被某些别的事情所逼迫，感到心烦或困扰，你最好延缓表达自己情绪的时机。处理情绪往往会花费你很多时间和心力，疲惫和分心只会使这件事情更难处理。同样，你应该用相同的态度，确认你的信息接收者在你开始之前已经准备好要听完你所有要说的话了。

在某些情况下，你可能选择永远不表达出自己的情绪。比如说你被同寝室的同学抓住询问你对她男友的看法，虽然你觉得这个男人一般，没有什么特别的地方，可是看着好友兴奋期待的脸，你只能说“还不错啦!”如果你感觉到了强烈的情绪体验但是又不便口头表达出来(有难言之隐)，那么写出你的感受与想法，这对你的心理、生理包括情绪的健康，都是有好处的。

五 对自己的感觉负责

确保你使用的语言反映出了你对自己的感觉是负责任的，这个事实很重要。避免说“你让我生气”，而是改说“我在生气”；避免说“你伤害了我的感觉”，而是改说“当你那样做的时候，我觉得很受伤”。你很快会察觉到，别人并没有让你喜欢或讨厌他们，所以，一味认定别人是造成你喜欢或不喜欢他们的原因，就否认了每一个人为自己的情绪所要负的责任。

课堂练习

和自己对话

完成下列步骤，你就可以更好地了解想法是如何塑造了你的感觉。

1. 当你思考的时候，花几分钟时间听听你内心的声音。现在闭上你的眼睛听一听。你听到了吗？它可能正在说：“什么声音啊？我没有听到任何声音……”再试一次，注意听这个声音在说些什么。

2. 现在考虑下列情境，想象一下你会对每种情境做出何种反应。你的内在声音是如何诠释的？每一种诠释又会引发什么样的情绪？

a. 当你坐在一辆公共汽车上，坐在教室里或者走在街上，你发现一个很有魅力的人一直在偷瞄你。

b. 在一场讲座，教授问全部同学：“对于这个观点，你们是怎么想的呢?”然后看着你。

c. 你正在向朋友们描述你的假期，然后有个人打哈欠了。

d. 你在街上遇到一个朋友，就走上前问她最近怎么样。“还好”，她只留下两个字就匆匆离开了。

3. 现在回想你感到强烈情绪的三个最近的时刻。针对每一个情境，回忆当时的事件、你的诠释以及你的情绪反应。

六 情绪 ABC 理论

(一)ABC 的定义

美国心理学家埃利斯认为：情绪的产生不是因为某个事件，而是由人们对事件的解释和评价引起的。他把这个观点称为“情绪 ABC 理论”。A 代表诱发事件(activating events)；B 代表信念(beliefs)，是指个体在遇到诱发事件后而产生的信念，也就是对这一事件的看法、解释和评价；C 代表结果(consequences)。

按照情绪的 ABC 理论，情绪是由不合理认知(或信念)所引起的，即事件/情景(A)—认知/信念(B)—情绪/行为反应(C)。艾利斯提出人绝少能够纯粹、客观地认识事件 A，人们总是会根据大量的已经存有的信念、期待、价值观、意愿、欲求、动机、偏好等来解释和看待 A。因此，每个人对 A 的解释都是主观性的，这样也就会造成每个人产生不同的 C。简而言之，事件本身的发生并不是引起情绪反应的直接原因，个人对刺激情境的认知、解释和评价才是引起情绪反应的直接原因。所以，同样一件事情对于不同的人，会引起不同的情绪体验。德国 19 世纪著名哲学家叔本华也曾经提出“事物本身并不影响人，人们只受对事物看法的影响”。这样的例子很多。比如，在沙漠里迷路的两个人面对同样的半杯水，有人会觉得只剩下半杯水了，而有人却会觉得太好了，还有半杯水。

小君有一次向同学借了一辆电瓶车载着室友去超市买东西，可是当他买完东西出来一看：电瓶车不见了！他随即在脑海里自言自语道：完了，电瓶车被偷了，我怎么这么倒霉，这种倒霉事怎么老发生在我身上，从小我就丢东西，谁这么缺德偷电瓶车，我要赔偿同学车了。这些想法像是垃圾桶被打翻一样倾泻而出，人会变得非常沮丧又生气。室友却认为会不会是谁把车挪到别的地方去了，在这样的信念下室友的情绪相对来说更平和、放松，然后把精力放在寻找车上。

在上述案例中：

诱发性事件(A)：电瓶车不见了。

信念 1(B1)：电瓶车被偷了，我这么倒霉。⟶情绪及行为结果(C1)：沮丧又生气。

信念 2(B2)：可能车被谁挪动了。⟶情绪及行为结果(C2)：平和、放松，找车。

(二)21 种不合理的信念

烦恼、忧虑甚至是悲观绝望，皆源于歪曲的认知方式。歪曲的认知方式导致人们对周围发生的事情和自我的看法极其片面，缺乏足够根据。这样的观念给自己带来无谓的烦恼和困惑。如果想要让自己开心和快乐起来，识别你的歪曲认知方式是第一步。

①理想化：根据自己的主观愿望而不是实际情况对自己和周围的人提出要求。这种观念往往以“应该”“必须”或“不能”等词语表现出来，如“我应该成功”“我必须考第一名”“我上台说话不能紧张”等。

②最高标准：用过高的、不现实的标准来要求自己，以取得第一、达到最佳等标准来要求自己，生活中只关心那些超过自己的人，忽略不及自己的人，如“他比我成功得多”“他们都做得比我好，所以我是一个彻头彻尾的失败者”“我大学同学比我过得好，所以我是一个失败者”等。

③读心术：在缺乏客观证据的情况下猜测他人的想法和意图，主观以为自己洞悉他人的想法，如“他认为我是一个失败者”“他一定看不起我”“她是在嘲笑我”等。

④担忧假设性问题：自己在头脑中想象出现各种问题的可能性，并对这些问题感到担忧，总是问“如果……发生了，该怎么办”的问题，如“如果我不能控制紧张怎么办”“如果考试时忘了带准考证怎么办”等。

⑤选择性负面关注：对生活中发生的许多事情，只注意到自己做得不好的、对自己评价不利的事情，而忽略那些积极的、正面的事情，如“我又被老师批评了，老师不喜欢我”(忽略了老师也表扬过我)，“我昨天晚上又没有睡好，前几天也没有睡好”(忽略了有些时候睡得比较好)等。

⑥任意推论：推理依据和结论之间没有严密的逻辑关系，对事物随意地做出推论，如：“常言道字如其人，这人字写得很差，为人处世也会很差”。

⑦过度引申：将以往生活中遭遇过的特殊事件推断为今后会经常发生，如“我上次发言讲错话，我一会儿讲话肯定还会出错”“我今天被老师批评了，今后老师还会批评我”等。

⑧以偏概全：根据自己部分的、消极的信息(不利信息)，在忽略了其他积极信息的情况下，对自己或他人某个方面的品质和潜能做出消极预测，如“这次数学考虑失败，说明我在数学方面很差”等。

⑨灾难化：认为自己现在的处境或者即将发生的事情太糟糕了，处在一个最悲惨的境地之中而难以承受，如“要是她不爱我的话，我觉得活着没有意思”“如果高考失败，我将无法活下去”“在众人面前被老师批评是天下最糟糕的事情”等。

⑩内归因：将消极事件归咎于自己，认为是自己的原因导致事件的发生，忽略了客观环境和他人的责任，如“他们不高兴是因为我做得不好”“她不爱我是因为我不够好”等。

⑪外归因：认为是他人导致了你目前所遇到的问题，是他人给你带来了麻烦和灾难，他人应该为你的困难和问题负责，而忽略了自己在这件事情中可能负有的责任，如“我父母没有关系导致我找不到工作”“就是由于父母不关心我，我才走上了叛逆的道路”等。

⑫贴标签：根据部分信息就对自己或者他人进行整体评价，往往是负面的、消极的评价，经常用“某人是什么样的人”这样的句式，如“我是一个不受欢迎的

人”“他是一个极讨厌的人”“我是一个失败者”等。

⑬随意比较：不客观分析各方面的具体情况，随意地对人与人之间的高低优劣进行比较，如“我若处在他的职位上，肯定会比他出色”等。

⑭情感推理：根据自己的感受(情绪)来解释现实和预测未来，如“我感觉沮丧，所以我的爱情不会幸福”“我心情郁闷，所以我高考一定会失败”等。

⑮后悔倾向：后悔自己过去没有采取正确的行动，认为自己应该做得更好，如“我不应该那么说”“如果我努力的话，我会考上理想的大学”“要是过去这样做的话，那我的病早就好了”等。

⑯消极预测未来：没有充分思考和分析，就对自己的未来感到悲观，如“我不会通过那场考试”“我的爱情不会幸福”“没有人会愿意和我谈恋爱”等。

⑰苦算命运：对自己的未来感到悲观，认为已经命中注定，无法改变，如“看来我这一辈子不会有什么出息”等。

⑱委曲求全：宁愿让自己受委屈，愿意忍让，达到息事宁人的目的或成全别人，如“我不能惹他不高兴”“他人不高兴和生气是一件很麻烦的事情”“得罪人是一件不道德的事情”等。

⑲拒绝相反证据：拒绝任何与你的消极想法矛盾的证据或者观点，如“那不是真实的”“肯定有问题”等。

⑳低估正面信息：认为即使自己取得了成功，但这些成功(积极的事情)是微不足道的，算不了什么的，如“(考试焦虑的学生认为)这次考高分不算什么”，“(睡眠障碍的人认为)我昨晚睡得好不算什么”等。

㉑黑白思维：以简单化的、非黑即白的方式来判断和思考问题，用完全肯定或者完全否定的方式下结论，如“这完全是浪费时间”“没有人喜欢我”“我的室友对我一点儿也不好”“我没有一次取得成功”等。

情绪是一种生命的能力，看不见也摸不着，却伴随着我们每一个人。认识我们的情绪，调节我们的情绪，是大学生在校期间需要学习和面对的事情，也是我们每一个人终身都要学习和面对的事情。

自我成长

情绪日记

请你记录一天的情绪，并觉察自己这一天的情绪以及情绪的作用。

1. 今天起床到现在，你都产生过哪些情绪？请写下来。

2. 选择其中最强烈的一个，想一想它是怎样产生的？

3. 再想一想。产生这个情绪后，你做了什么，说了什么？你的行为产生了什么后果？

4. 再想一想，这个后果是建设性的（有益健康、工作、人际关系），还是破坏性的（有害健康、工作、人际关系）？

注：好的情绪要与人分享，糟糕的情绪要与人分担。在表达负性情绪时要注意一个原则，即就事论事，对事不对人。

情绪日记是觉察情绪并对其进行梳理的过程。坚持记录，并对情绪的周期及变化原因做分析总结，不仅能够增加情绪的觉察与识别能力，而且能够洞悉情绪与事件、想法之间的因果关系。

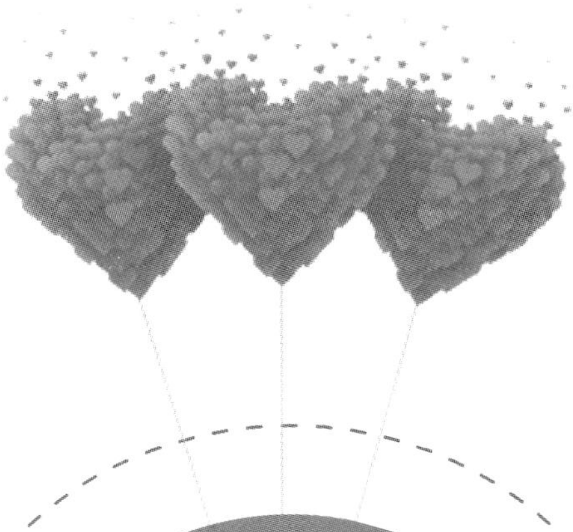

第四章

看透人格

智慧的基础——就是认识自己。

——纪伯伦

自我评估

请依据个人的真实情况记分。这些描述中符合自己的记1分，不符合的记0分。

1. 虽然我对自己充满好奇，但是我并不了解自己，有时候我甚至不知道自己为什么会这样。

2. 我对于了解自己非常感兴趣，总会通过各种方式来了解自己。

3. 我觉得做梦是一个了解自己潜意识的好方法，而且我能记住大部分。

4. 我觉得我的梦和我自己有很大联系，因此我有记录梦的习惯。

5. 我很喜欢通过各种各样的心理测验来了解自己。

6. 对于心理测验的结果，我非常相信，我觉得那是告诉我我不知道的地方。

7. 我老是会去相信别人的话，尤其是别人告诉我我是一个什么样的人，这个我特别在意。

8. 我觉得自己身上有很多需要了解的地方，想找个咨询师聊一聊。

9. 我打算采取一些实际行动，做一些自己想要的改变。

10. 我对未来的自己有着自己设想，我会去朝着这个目标而努力。

成长故事

吴可自认为是典型的内向性格的文艺女，喜欢沉浸在自己的小世界里。对于她来说，和别人交往是一件比较耗费精力的事情。她不喜欢去猜测别人的想法，可是却又在意别人对自己的看法。吴可觉得与其被别人影响，还不如沉浸在自己的世界里，不被别人影响。可是来到的大学后，她发现自己以后想要从事的外贸单证员工作是一项需要和人打交道的工作，这可怎么办？不想踏出自己的安全区域，可是又想去把这个工作做好，这太两难了。于是，她给自己一年的期限去努力，在这一年里，她要努力去学习如何与人交往，如果实在太难太累，一年后她就转专业；如果一年后，她觉得还不错，就去做一个优秀的外贸单证员。关键是，这一年无论多辛苦多累，都要去试一试。

第一节 人格是什么

我们的行为是由我们所处的情境决定的，也是由我们是什么类型的人所决定的。这是心理学理论与研究中一个由来已久的问题。今天心理学家的共识是，情境和个人共同决定着行为。可以肯定，我们不会对所有情境做出相同的反应。根据我们所处的环境，我们可能做出开朗、羞怯、攻击、友好、抑郁、恐惧、激动等不同反应。但同样明显的是，即使处于同一个情境，每个人的行为也是不一样的。

人格可以定义为源于个体身上的稳定行为方式和内部过程。请注意，它包括两部分内容。第一部分是稳定的行为方式。人格研究者认为它们指的是个体差异。请记住人格是稳定的。我们可以跨时间、跨情境地来审查这些稳定的行为方式。我们可以预期，今天活泼开朗的人明天也是活泼开朗的，在学业中喜欢竞争的人在生活中也会喜欢竞争。当我们说“这就像是她干的事情”“他就是他”的时候，就是在说明这种人格上的稳定性。但同样需要注意的是，并不是说一个外向的人无论在什么时间，无论在严肃的场合还是放松的场合都是兴高采烈、情绪高涨的。人格的稳定性并不等于是说人是一成不变的。人格的稳定性不仅仅是人们的行为方式中有某种稳定性。第二部分是内部过程。内部过程是从人的内心发生，影响着人怎样行为和怎样感觉所有情绪、动机和认知过程。人格心理学家对诸如抑郁、信息加工、愉快、拒绝等感兴趣。这些心理过程中，有些是所有人共有的。例如，有些理论家认为我们每个人体验焦虑时都有相似的感受力或相似的应对恐惧事件的过程。但是，对我们怎样利用这些过程，这些过程怎样与个体差异相互作用，起决定作用的是我们个人的人格。

根据这个定义，稳定的行为方式和内部心理过程都是在个体身上发生的，这不等于说外部环境对人格没有影响。父母教养孩子的方式影响着孩子将来变成什么类型的成人。我们体验到的情绪通常也是对我们经历的事件的反应。关键是，某种行为的产生并不仅仅是情境的作用，也是我们每个人的内部过程，即对这个情境的不同表达方式和应对方式。

第二节 探索人格

稳定的行为方式和内部心理过程产生的根源是什么？这是人格心理学家提出的基本问题。人格心理学家从不同角度对这个问题做出了回答。人格理论流派非常多，相对比较系统和完整的有精神分析学派、特质学派、生物学派、人本主义学派、行为主义和社会学习学派以及认知学派。虽然对于人格的某一问题，不同流派之间往往只是在强调重点上存在不同，但是这些流派都在理解“我是谁”这一问题上提供了一些有价值的东西。

一 精神分析学派探索——梦

精神分析始祖弗洛伊德认为无意识是人类心理中最大、最主要的部分。他认为无意识的力量决定了个体的人格和行为。弗洛伊德认为，无意识是人格中未被个体觉察的部分。它包括婴儿时期所隐藏的希望、愿望、要求和需求。由于它们具有令人烦忧的本质，因而被隐藏于有意识的觉知背后。弗洛伊德认为，无意识是我们很多日常行为发生的原因。

弗洛伊德把梦称作“通往无意识的捷径”。1900 年，他出版了《释梦》一书，提出了第一个用于解释梦的意义的心理学理论。他认为梦为本我冲动提供了自我表现的舞台。实际上，梦是一种愿望的实现，即梦代表着我们期望的东西和事件。但并不是说应该把每个梦都看作无意识的想法和愿望，这是它们被压抑的首要原因。因此，弗洛伊德认为这些想法在梦中以伪装的方式表现出来。弗洛伊德区分了梦的显意（做梦人看到的和记得的东西）和隐意（真实的含义）。这就是为什么我们经常会感到那些愚蠢、荒谬的梦很可笑。那些梦对我们来说似乎毫无意义，但对于一个精神分析的治疗师而言，它们却包含了推测无意识的极有价值的线索。弗洛伊德释梦的关键在于，明确我们的许多无意识想法都是以象征性的方式进行表达的。他认为，只是做梦人自己不知道这一点，所以做梦人认为他不知道梦的含义。

心理游戏

请记录一个对自己来说很重要的梦或者是重复出现的梦又或是记得最清晰的梦，仔细回想这个梦的细节，然后记录下来。

____

____

____

梦是可以揭示一些对我们有重要意义的事件的线索，它帮助我们了解我们的挣扎、欲望、目的、目标、冲突以及兴趣。梦可以让我们深入了解自己的过去、现在、将来之间的联系及其尝试构建的意义。做梦可以帮助我们解决压力、度过失去和伤痛、释放愤怒并为痛苦的人生状态画上句点。梦提供了一条了解自我与他人关系的途径。

了解你的梦的一种好方法就是把它们记录在日记中。在每天早晨醒后立刻把梦记下来，把梦告诉一个你信任的人，可以让梦的意义更明确、更有用。如果你记录下梦中的事件，可能会发现梦境和清醒的生活之间有着怎样的相关，以及梦的内容怎样随着时间的推移而保持稳定或发生变化。但是，需要注意的是有些人相对于其他人更难记住自己的梦。当你在快速眼动期间或者快速眼动将要结束的时候被唤醒，你会更容易记住这个梦。如果你想记住自己的梦，你可以考虑调整闹钟的时间。同样，对梦的态度更加积极的人更容易记住自己的梦。也就是说，如果你在记录梦的日志中表现出对梦的兴趣，你会更容易记住自己的梦。

梦可以揭示过去和现在的一些痛苦挣扎。梦同样也会告诉我们将来努力的方向。因此，不妨在清醒的时候也去做做梦。堂吉诃德说过，要敢于"幻想那些不可能的美梦"。阻碍自己成长的一个最大的障碍就是不敢去设想那些可能的未来。由于自己没有去幻想并实现自己的梦，这是多么可惜的事情。我们太多人都不敢去追求那些不可能的梦想，最终只能限制了自己的潜力。勇敢做梦吧，鼓足勇气去追梦！

二 特质学派探索——"大五"人格

几十年来，人格结构一直是特质学派人格研究领域一个经久不衰的主题。研究者们在对人格进行因素分析时有了一个惊人的、相当一致的发现。一些不同的研究群体从许多不同的人格研究资料中发现了五个人格维度的证据。不同的研究者使用不同的名称，但用得最多的是"神经质"(neuroticism)、"外向性"(extraversion)、"求新性"(openness)、"亲和性"(agreeableness)和"尽责性"(conscientiousness)。这五个维度的第一个字母能组成OCEAN(海洋)一词——人类人格的"海洋"。

神经质维度依据人们情绪的稳定性和调节情况而将其置于一个连续体的某处。那些经常感到忧伤、情绪容易波动的人在神经质维度的测量上会得高分。在神经质维度上得分高的人比那些在该维度上得分低的人更容易因为日常生活的压力而感到心烦意乱。在神经质维度上得分低的人多表现为平静、自我调适良好，不易于出现极端和不良的情绪反应。

外向性维度，一端是极端外向，另一端是极端内向。外向者爱好交际，通常表现为精力充沛、乐观、友好和自信。内向者的这些表现不突出，他们表现为含蓄而非不友好，自主而非追随他人，稳健而非迟缓。

求新性是指对经验持开放、探求态度。这包括活跃的想象力，对新观念的自发接受、发散性思维和智力方面的好奇心。在这个维度上得高分者是不依习俗的、独立的思想者。得低分者则多数比较传统，喜欢熟悉的事物胜过喜欢新事物。

亲和性维度上得分比较高的人往往乐于助人、可信赖和富有同情心，注重合作而不强调竞争。而那些得分低的人多抱有敌意，为人多疑，喜欢为了他们的利益和信念而争斗。

尽责性指我们如何控制自己、如何自律。得分高的人做事有条理、有计划，并能持之以恒。得分低的人马虎大意，容易见异思迁，不可靠。

对“大五”模型的批评主要集中于以下几点：首先，这个模型未必能准确地涵盖人格的复杂性和微妙性；其次，有些研究发现，并不是所有的结果都与五因素的结构相吻合；最后，这个模型缺乏相应的理论基础。

心理游戏

测测你的人格尽责性

指出下面每个项目与你的符合程度。使用 9 点量表做出回答，1＝非常不正确，9＝非常正确。

仔细____	粗心 * ____	尽责____	缺乏组织能力 * ____
有效率____	无计划 * ____	缺乏坚持性 * ____	效率低 * ____
不切实际 * ____	整洁____	疏忽大意 * ____	有组织能力____
有实际经验____	守时____	邋遢 * ____	坚定____
有条理____	有始有终____	不可靠 * ____	缺乏条理 * ____

计分方法：把带星号的十个项目反向计分(这些项目 1＝9，2＝8，3＝7，4＝6，5＝5，6＝4，7＝3，8＝2，9＝1)，然后把这 20 个项目的得分相加。阿特尔和格拉齐亚诺(Arthur & Graziano)在 1996 年报告大学生样本的平均分为 123.11，标准差为 23.99。

量表：“大五”人格因素尽责性指标(Big Five Factor Markers for Conscientiousness)

来源：L. R. Goldberg，“The Development of Markers for the Big-Five Factor Structure,”*Psychology Assessment*，1992，4(1)，PP. 26-42.

三 生物学派探索——气质

心理学家越来越认识到，不能把人格与生物因素分开，这与人格特点受遗传影响的观点是吻合的。近来有证据表明，人们并不是都具有同样的生理机能，不同的人在脑电活动、激素水平、心率和其他一些生理特点上都会有差异。对人格心理学家来说，更重要的是，这些生物差异会转换成行为差异。近年来，心理学家也越来越认识到，人们的人格特点和其他特点一样，也是经过世代的发展演变而来的。生物学派的心理学家探究人格特点的进化功能，对理解人格特点也很有帮助。

气质是起广泛作用的人格倾向，而不是具体的人格特质。心理学家把一般行为倾向称为气质，奥尔波特把气质描述为“个体情绪属性的特征性现象”。如今研究者通常把气质视为能通过多种途径表达，且依赖个体经验发展为不同人格特质的行为和情绪类型。这些一般倾向怎样发展为稳定的人格特质，取决于一个人的遗传因素和成长的环境因素间复杂的相互作用。

研究者赞同，气质是在新生儿身上就可见到的一般行为方式，但是他们对所观察到的不同气质尚不能做出一致的描述和分类。一个被人们普遍接受的气质模型划分出三个气质维度，即情绪性（emotionality，E）、活动性（activity，A）和交际性（sociability，S）。在这个模型中，情绪性指一个人情绪反应的强度。爱哭、易受惊吓、爱发脾气的孩子，其气质的情绪性水平高。如果是成年人，就容易心烦意乱，可能是个“急性子”。活动性水平高的小孩动来动去，爱玩活动量大的游戏，让他在稍长一段时间内安静地坐好，他会烦躁不安。高活动性气质的成年人总是非常活跃或忙忙碌碌，喜欢活动，不喜欢安静，大部分时间都很忙碌。交际性指一个人的人缘及与人相处的特点。好交际的孩子会去寻找玩伴，喜欢也容易对别人做出反应。好交际的成年人有许多朋友，喜欢社会交往。你可以做做下面的问卷，看看你在这三个气质维度上表现如何。

心理游戏

气质

根据下面的标准对每一题评出等级：1＝根本不像我，2＝有些不像我，3＝既像我又不像我，4＝有些像我，5＝非常像我。

1. 我喜欢跟人打交道。（交际性）

2. 我常常显得匆匆忙忙。（活动性）

3. 我容易受惊吓。(恐惧)
4. 我常常悲伤。(抑郁)
5. 不高兴的时候,我立刻让人们知道。(生气)
6. 我是个孤独者。(交际性)
7. 我喜欢总是忙忙碌碌。(活动性)
8. 我被看作一个热血的、急脾气的人。(生气)
9. 我经常有挫折感。(抑郁)
10. 我的生活是快节奏的。(活动性)
11. 每天的日常事务让我感到麻烦又厌倦。(抑郁)
12. 我经常感到不安全。(恐惧)
13. 许多事情让我心烦。(生气)
14. 当害怕时,我会慌乱。(恐惧)
15. 我喜欢和别人一起工作而不愿意一个人工作。(交际性)
16. 我很容易心烦意乱。(抑郁)
17. 我经常感到我的能量在爆发。(活动性)
18. 要想使我发疯不容易。(生气)
19. 比起同龄人来,我很少害怕。(恐惧)
20. 我发现人比其他任何东西更刺激。(交际性)

计算总分前,先把第6、18和19题反向计分(5=1,4=2,3=3,2=4,1=5),然后根据括号里的提示,分清每一题目属于哪一个亚结构。(注意,研究者把情绪性维度划分成了三部分。)把每一亚结构的题目得分加起来,得到你的5个分数。为了更好地理解这些分数的含义,你可以把你的得分与测试编制者所得到的成人样本平均分相比较。平均分数如下,如表4-1。

表4-1 成人样本气质测试的平均分情况

	女性	男性
情绪性		
抑郁	10.08	9.72
恐惧	10.60	8.92
生气	10.28	10.08
活动性	13.40	12.80
交际性	15.24	14.60

量表:成人EAS气质测量(The EAS Temperament Survey for Adults)

来源:A. H. Buss and R. Plomin,“Temperament: Early developing personality traits,” Hillsdale, NJ: Erlbaum, 1984.

气质类型测试

请针对每个问题从“很符合、比较符合、中间状态、比较不符、完全不符合”五个答案中选择一个适合自己的，并在答题卡中填写对应的英文字母A、B、C、D、E。

1. 做事力求稳妥，一般不做无把握的事。
2. 遇到可气的事就怒不可遏，想把心里话全说出来才痛快。
3. 宁可一个人干事，不愿很多人在一起。
4. 到一个新环境很快就能适应。
5. 厌恶那些强烈的刺激，如尖叫、噪声、危险镜头等。
6. 和人争吵时，总是先发制人，喜欢挑剔别人。
7. 喜欢安静的环境。
8. 我善于和人交往。
9. 羡慕那种善于克制自己感情的人。
10. 生活有规律，很少违反作息制度。
11. 在多数情况下情绪是乐观的。
12. 碰到陌生人觉得很拘束。
13. 遇到令人气愤的事，能很好地自我克制。
14. 做事总是有旺盛的精力。
15. 遇到问题总是举棋不定，优柔寡断。
16. 在人群中从不觉得过分约束。
17. 在情绪高昂的时候，觉得干什么都有趣，在情绪低落的时候，又觉得什么都没有意思。
18. 当注意力集中于一事物时，别的事很难使我分心。
19. 理解问题总比别人快。
20. 碰到危险情境，常有一种极度恐怖感。
21. 对学习、工作怀有很高的热情。
22. 能够长时间做枯燥、单调的工作。
23. 符合自己兴趣的事情，干起来劲头十足，否则就不想干。
24. 一点小事就能引起情绪波动。
25. 讨厌做那种需要耐心、细致的工作。
26. 与人交往不卑不亢。
27. 喜欢参加热烈的活动。
28. 爱看感情细腻，描写人物内心活动的文学作品。
29. 工作学习时间长了，常感到厌倦。

30. 不喜欢长时间谈论一个问题，愿意实际动手干。
31. 宁愿侃侃而谈，不愿窃窃私语。
32. 别人总是说我闷闷不乐。
33. 理解问题常比别人慢些。
34. 疲倦时只要短暂的休息就能精神抖擞，重新投入工作。
35. 心里有话宁愿自己想，不愿说出来。
36. 认准一个目标就希望尽快实现，不达目的，誓不罢休。
37. 学习、工作同样一段时间后，常比别人更疲倦。
38. 做事有些莽撞，常常不考虑后果。
39. 老师或他人讲授新知识、技术时，总希望他讲得慢些，多重复几遍。
40. 能够很快地忘记不愉快的事情。
41. 做作业或完成一件工作总比别人花更多时间。
42. 喜欢运动量大的剧烈体育运动，或者参加各种文艺活动。
43. 不能很快地把注意力从一件事转移到另一件事上去。
44. 接受一个任务后，就希望把它迅速解决。
45. 认为墨守成规比冒风险强些。
46. 能够同时注意几件事物。
47. 当我烦闷的时候，别人很难使我高兴起来。
48. 爱看情节起伏跌宕、激动人心的小说。
49. 对工作抱认真严谨、始终一贯的态度。
50. 和周围人的关系总是相处不好。
51. 喜欢复习学过的知识，重复做能熟练做的工作。
52. 希望做变化大、花样多的工作。
53. 小时候会背的诗歌，我似乎比别人记得清楚。
54. 别人说我“出语伤人”，可我并不觉得这样。
55. 在体育活动中，常因反应慢而落后。
56. 反应敏捷，头脑机智。
57. 喜欢有条理而不甚麻烦的工作。
58. 兴奋的事常使我失眠。
59. 老师讲新概念时常常听不懂，但是弄懂了以后很难忘记。
60. 假如工作枯燥无味，马上就会情绪低落。

计分标准：

A：很符合，2分。

B：比较符合，1分。

C：中间状态，0 分。

D：比较不符合，－1 分。

E：完全不符合，－2 分。

请将对应字母计算分数，然后将 4 列分数纵向加总，得出 4 个总分，填写在对应的分数总计栏中。

黏液质			胆汁质			抑郁质			多血质		
题目	选项	分数	题目	选项	分数	题目	选项	分数	题目	选项	分数
1			2			3			4		
7			6			5			8		
10			9			12			11		
13			14			15			16		
18			17			20			19		
22			21			24			23		
26			27			28			25		
30			31			32			29		
33			36			35			34		
39			38			37			40		
43			42			41			44		
45			48			47			46		
49			50			51			52		
55			54			53			56		
57			58			59			60		
分数总计			分数总计			分数总计			分数总计		

评价方法：

①如果某种气质类型得分明显高于其他三种，均高出 4 分以上，则可定为该气质类型。如果该气质类型得分超过 20 分，则为典型型；如果该气质类型得分在 10～20 分，则为一般型。

②两种气质类型得分接近，其差异低于 3 分，而且又明显高于其他两种，高出 4 分以上，则可定为两种气质类型的混合型。

③三种气质类型得分相接近而且均高于第四种，则为三种气质类型的混合型。如多血—胆汁—黏液质混合型或黏液—多血—抑郁质混合型。

气质分析：

1. 胆汁质类型特点

精力充沛，情绪发生快而强，言语动作急速而难于控制，热情，显得直爽或胆大，易怒，急躁，等等。在人际交往时应沉着冷静，善于控制自己的情绪，做到果敢、率直但不急躁。

胆汁质者可以成为出色的导游、推销员、节目主持人、演讲者、外事接待人员、演员、监督员等，他们适应于喧闹、嘈杂的工作环境，而对于需要长期安坐、细心检查的工作则难以胜任。

2. 多血质类型特点

活泼好动，敏感，情绪发生快而多变，注意和兴趣容易转移，思维言语动作敏捷，善于交际，亲切，有生气，但也往往表现出轻率、不真挚等。在人际交往时应努力表现灵活、亲切、机敏的一面，尽量避免浮躁。

多血质者适宜的工作有外交工作、管理工作、公关人员、驾驶员、医生、律师、运动员、新闻记者、演员、军人、警察等，但他们不适宜做过细的工作，对单调机械的工作也难以胜任。

3. 黏液质类型特点

安静，沉稳，情绪发生慢而弱，言语动作和思维比较迟缓，注意稳定，显得庄重，坚忍，但也往往表现出执拗、淡漠。在人际交往时尽量将自己的情绪调动起来，让他人更多地了解你的内心感受，以便互相交流，达成共识。

适宜的工作有外科医生、法官、管理人员、会计、保育员、话务员、播音员等，而变化、需要灵活的工作使他们感到有压力。

4. 抑郁质类型特点

柔弱易倦，情绪发生慢而强，体验深沉，言行迟缓无力，胆小，忸怩，善于觉察到别人不易觉察到的细小事物，容易变得孤僻。在人际交往时要突破闭锁心理，把自己的深刻体验表述出去，你会发现那又是一片天。

胆汁质无法胜任的工作他们倒恰到好处，如校对、打字、检查员、化验员、保管员、机要秘书、艺术类等都是他们理想的工作。

了解自己和他人的气质在人际交往中也有重要意义。例如，向黏液质者提出要求，应让他有时间考虑，对抑郁质者应多给予关心和鼓励，与胆汁质者打交道应避免发生冲突等。当然，这都是从一般意义上来说的，不可有先入为主的观念。

四 人本主义学派探索——乐观主义

人本主义学派作为人格理论家中的“第三势力”和其他人格理论的主要区别在于，它假设人应该对其行为负主要责任。虽然我们有时会对环境中的某些事件自动做出反应，有时也会受无意识冲动的驱使，但是几乎在任何时候，我们都有能力决定自己的命运和行动方向，因为我们有自由意志。描述人本主义心理学是很困难的，因为到目前还没有一个被普遍认可的人本主义人格理论的定义。但是一般认为，以下四个方面是人本主义的核心内容：①强调人的责任；②强调“此时此地”；③个体的现象学；④人的成长。

长期以来，心理学家都在关注和研究那些心理不健康的人，而人本主义学派的心理学家却从截然相反的角度切入研究，考察心理健康的人，如是什么给人们带来幸福。为了寻找问题的答案，研究者请一些人简单描述那些使他们感到幸福的活动。当心理学家请人们找出这样的经历时，得到了各种各样的答案。有人谈到爬山，有人谈到打网球，有人谈到做外科手术等。当请人们描述这些经历时，研究者发现人们都令人惊异地使用了相似的语言。心理学家指出，这就是乐观体验。

乐观体验的八个特征是：①活动具有挑战性，且需要一定技能。这种任务具有很大挑战性，需要全身心投入，但并不是非常困难以致无法完成。②人的注意力完全被活动所吸引。人很难把自己和正在做的工作分开，而这是自动发生的。③活动有明确目标。工作有明确而合理的方向。④有清晰的反馈。知道自己是否已经达到了目的，哪怕只是一种自我认定。⑤人只注意正在做的工作。在这个过程中，人会忘记生活中的不愉快。⑥人获得一种个人控制感。人可以享受个体控制环境的愉悦。⑦人失去了自我意识。注意力集中于活动和目标时，就顾不上想别的事。⑧人失去了时间感。往往几小时像几分钟一样地过去，但是相反的情况也会发生。

五 行为主义和社会学习学派探索——模仿、习得性无助

1924 年，行为主义学派代表人华生出版了《行为主义》。他认为，如果心理学要成为一门科学，就必须停止对脑的探究。那些专注于意识、精神和思维的研究者并没有投身于正统的科学研究。只有可观察到的事物才是合理的、属于科学的研究课题。由于我们主观的内在感受不能被观察到，也不能取得一致的、精确的测量，所以这些主观感受在客观的科学中是没有地位的。华生认为心理

学研究的对象应该是外显的行为，是那些可观察的行为。他最经典的论调就是，如果能对环境进行足够的控制，心理学家可以把一个孩子塑造成他们想让其成为的任意一种人。他曾写道："给我十几个健康的婴儿，让我在自己建构的特殊世界里把他们养大，我保证能够随机地把他们训练成为任何一种类型的专家——医生、律师、艺术家、巨商甚至乞丐和盗贼。"虽然他之后承认这有失事实，但是这种思维方式在美国很有市场，因为美国信奉的是，无论一个人的背景或社会阶层如何，都拥有与所有人平等的发展机会。行为主义认为，当有机体学会用一种特定的方式对中性刺激进行反应，而这种刺激一般不会唤起该类型反应的时候，经典条件作用就产生了。例如，如果重复给一只狗呈现配对的刺激——铃声和食物，它就能够学会对单独的铃声表现出类似于对食物的反应——分泌唾液并兴奋地摇动尾巴。狗通常不会对铃声产生这样的反应，这种行为是条件作用的结果。条件作用是学习的一种形式，指的是与某种刺激（食物）相关联的反应又与另外一种刺激建立联系。操作性条件作用是学习的一种形式，指的是一种自发反应由于其正性或负性后果而得以加强或削弱的过程。和经典条件作用不同的是，操作性条件作用中的反应是自发的、有目的的，而不是自动的，如分泌唾液。

大约在20世纪五六十年代，人们对行为主义的热情开始减退。传统的行为主义开始发生变化，这些新出现的一系列理论后来被统称为社会学习理论。社会学习理论引进了"行为——环境——行为相互作用"的概念。也就是说，不仅环境会影响人的行为，行为也将决定人会处在什么样的环境中，这一环境反过来又会影响行为，如此循环反复。别人对待你的态度（环境）部分取决于你是怎样做的（行为），你的行为部分取决于别人怎样对待你。有的社会学习理论家指出，人们经常自我强化。如果行为符合了自己的内部标准或达到了个人目标，即使无人知晓，行为也能得到强化。在传统的行为主义人格理论中加入认知成分，认为人会对环境中的事件做出反应，人也会因为外界的奖励或惩罚而学会各种行为。严格意义上的行为主义者把人的发展变化的过程降低到与老鼠学会压杠杆来获取一粒食物相对应，这忽视了人类行为的最重要原因和人格的重要来源。由于这些被忽视的东西一般都与思维和信息加工有关，所以心理学家称这个理论为社会—认知理论。认知观点关注的是人们认识、理解和思考世界的过程。社会—认知学习理论认为，行为通过观察而习得，我们不需要亲自体验行为的后果来达到学习的目的。社会—认知学习理论的观点是，当我们看到榜样的行为受到奖赏，我们就有可能模仿这种行为。

六 认知学派探索——性别记忆差异、抑郁图式

上周“我”和同桌一起参加一次社会实践活动。活动结束后，“我”觉得这次活动挺好玩，因为“我”看到了很多在课堂上无法真实接触的建筑设计，当“我”把这个感受和同桌说起的时候，同桌觉得参加这次活动的人挺有意思，都很有自己的想法。

两个人经历了同样的情境，为什么事后却有完全不同的印象？来自人格认知学派的答案是：两个人信息加工的方式有很大差异。“我”注意并加工的信息是有关建筑物设计的，而同桌参加这样的活动时早已做好了留心参加活动的人的准备。因为他们注意到的是活动的不同细节，所以对它的印象截然不同，得到的经验也就不同。这些不同的印象毫无疑问会影响到他们参加这次活动的行为和以后对类似邀请的反应。认知人格理论认为，人格差异是由人们信息加工方式的不同造成的。因为个体已经形成了比较稳定的加工社交情境中的信息的方式，所以个体对某些事物的看法会存在不同。

研究显示，男女两性在记忆和回忆信息的一般能力上没有什么差异。但是两性在记忆内容上存在差异。

①情绪性记忆。女性从早年开始就学会了关注自己和别人的情绪。因此，女性比男性更容易从情绪角度对与自身有关的信息进行编码。如果女性是围绕情绪来组织记忆的，那她们能更好地回忆积极和消极的情绪经历就不足为奇了。与男性相比，女性更容易回忆起那些愉快和悲伤的经历，各种情绪性记忆之间的认知联结也更为紧密，即对女性来说，记起一件伤心事情很可能就会触发对另一件伤心的事情的记忆，而对男性来说可能并非如此。

②对人际关系的记忆。一些心理学家认为，在社会中，人们对待男性和女性的方式使他们形成了不同的自我认知表征。他们认为，男性形成了一种独立的自我解释。也就是说，男性的自我概念与他们对别人的认知表征并没有太多关系。相反，女性在社会中倾向于形成一种依存性自我解释。女性的自我概念与她们对别人的认知表征密切相关，也与她们对自己与别人关系的认知表征密切相关。特别值得指出的是，女性的这些认知表征与那些和她们有亲密关系的人尤为密切，即与朋友和爱人的关系是女性看待自己的一个重要成分。这并不仅仅意味着女性比男性更喜欢与他人建立亲密关系，也意味着女性更可能根据她与别人的关系来界定自己。女性之所以比男性更容易回忆起某些经历，一个原因是这些经历包含了其他人。由于女性的这种依存性自我解释，她们在回忆那些包含了人际关系的信息时就比男性更为容易。

心理游戏

自我解释

填写你对下列陈述的同意程度。采用 7 级得分注明你的回答，1 表示非常不同意，7 表示非常同意。

1. 我与别人的亲密关系是我的为人的一个重要反映。

2. 当我感到与某人非常亲密时，我常常会觉得这个人是构成我是怎样一个人的重要成分。

3. 当一个与我关系亲密的人取得一项重要成就时，我会有强烈的自豪感。

4. 我觉得，只要看看我那些亲密朋友并了解其为人，就能获得我是怎样一个人的部分重要信息。

5. 当我想起自己时，我也会想起我的好朋友或者我的家庭。

6. 如果有人伤害了与我关系亲密的人，我个人也会感到受到了伤害。

7. 一般来说，我与别人的亲密关系是我自我形象的重要成分。

8. 总的说来，我和别人的亲密关系与我的自我感觉关系很小。

9. 我与别人的亲密关系对我感觉自己是一个什么样的人并不重要。

10. 我的自豪感来自了解我的那些好朋友。

11. 我与某人建立了亲密友谊之后，我会对这个人形成强烈的认同感。

把第 8 题和第 9 题反向计分(1=7，2=6，……)，然后把在这 11 题上的得分加起来。高分表明你倾向于根据你跟他人的亲密关系来思考自己。也就是在这个量表上得分比较高的人，其自我概念与对他们感情亲密者的认知表征有关系。你可以把自己的分数与一个美国大学生样本的分数加以比较，见表 4-2。

表 4-2　不同性别美国大学生样本在自我解释测试中的分数情况

	男	女	合计
平均数	52.89	55.11	54.10
标准差	8.07	10.03	9.29

量表：《人际依存性自我解释量表》(The Relational-Interdependent Self-Construal Scale)

来源：Cross, S. E., Bacon, P. L., Morris, M. L.. "The relationalinterdependent self-construal and relationships," *Journal of Personality and Social Psychology*, 2000(78), PP. 191-208.

每天我们都会遇到一些好事，一些坏事，还有一些没有明确情绪意义的偶发事件。你会去想哪些事情？哪些事情会忽略了呢？认知理论分析认为，最快乐的人是那些留意积极信息，忽略消极信息，尽可能把模糊信息看作积极信息的人。这就像是戴着一副玫瑰色的眼镜过滤着生活中的各种信息来维持个体的心理健康。但是还有一些人是戴着蓝色眼镜。心理学家认为，抑郁者使用一个活跃的抑郁图式进行信息加工。抑郁图式，是一种包含了对各种抑郁事件和想法的记忆及其相互联系的人的认知结构。使用这种图式进行信息加工的人会注意消极信息，忽视积极信息，并用抑郁的方式解释模糊信息。他们容易回忆想起抑郁的记忆，并且常把当前的伤心经历和过去的伤心事情扯在一起。直接来说，抑郁者的信息加工采用了一种长久保留消极思想、排斥积极思想的方式。因此，这些人总是处于抑郁状态也就可以解释了。

如果抑郁者是使用抑郁图式来加工信息，心理学家会预期他们比那些没有抑郁的人更容易回忆起一些悲伤的记忆。研究者在实验中证实了这个假设，给来访者呈现一系列词语并让他们回忆每个词语在大脑中引发的真实生活经历。实验证明，在抑郁期间回忆起来的大多数记忆都是不愉快的，但是，当来访者不抑郁的时候，他们回忆了更多的愉快记忆。

自我成长

1. 如果难以回忆起自己的梦，可以在临睡前默默地告诉自己，今天我会做梦，我要记住自己的梦。在枕头边放着可以录音的手机或者是纸和笔，当你醒来的时候，不要动，保持这个姿势，然后录下或写下你能记得的任何梦的片段。如果你的梦很有规律，那么可以在日记中记录自己的梦，然后寻找梦的规律，思考你所做的梦是怎样的以及它对你有什么意义。

2. 对于人格的解释，不同学派的心理学家分别从不同的角度进行了各自的探索，在这里，我们都只选取了每个学派非常少的观点来进行说明。学习了这章内容之后，从你的角度来说，你更加喜欢或者信服哪个学派或者哪几个学派的理论？请你选择一个理论深入学习，并找到自己感兴趣的点和班上的同学进行分享。

3. 心理测验是很多同学喜欢用来认识人格的工具。我们沉浸在浩瀚如海的心理测验中，迷惑于各种心理测验的结果解释里，却很少去关注和讨论心理测验的形成历史和准确性。请选取一个你最喜欢的心理测验，了解它形成的历史和应用范围，查阅它在中国的运用，最后和班上的同学进行分享。

第五章

沟通的艺术——看人入里

最难忍受的孤独莫过于缺少真正的友谊。

——培根

自我评估

请依据个人的真实情况记分。这些描述符合自己的记 1 分，不符合的记 0 分。

1. 人际交往对我来说很重要。
2. 我只会直接表达自己的想法和感受。
3. 我能设身处地站在他人角度考虑事情。
4. 我很喜欢去观察人的身体语言。
5. 我不喜欢那些滔滔不绝的人。
6. 我发现很多人不太愿意和我交流。
7. 在令人满意的关系中，双方的交流一直都是同步的。
8. 精确的言语表达对我来说很难。
9. 在关系中，我很难向另一方提出自己的想法和愿望。
10. 在关系中，我在意的是对方和我相同的地方，而不是不同的地方。

成长故事

小染来到大学后发现自己像变了一个人：高中时候的她开朗爱笑，是朋友中的开心果。她最喜欢的事情就是和一帮好朋友到学校旁边的果园里疯玩。那里有一棵她最喜欢的梨树，尤其是梨树开花的时候，在那满树的洁白梨花中感觉自己像是来到了一个神秘的庄园，很多烦恼都不翼而飞了。可是，她感觉现在的大学里既没有喜欢自己的朋友，也没有自己喜欢的梨树，陪着自己的除了冰凉的空气，就是自己寂寞的声音。她也试着去结交新的朋友，可是总觉得很困难。她不知道发生了什么，就是没有交到很知心的朋友。

腓特烈二世，1196—1250 年的德国皇帝，曾经做过一个残忍的实验。他命令保姆和护士喂养婴孩，帮他们洗澡，但是不准对他们说话，因为他想要知道，在没有人跟婴儿接触之前，婴儿会先说出哪一种语言，是最古老的希伯来语，还是希腊语或者拉丁语？又或者是他们亲生父母说的语言？最后，他徒劳无功，因为所有婴儿都死了，缺乏养育者的拥抱、慈爱的脸孔、深情的言语，他们根本无法存活。

幸运的是，现代的研究者已经发现了相对不具伤害性的研究方法，来证明沟通的重要性。在一份研究孤独的报告中，参与者接受付费，独处于一间上锁的房间中，5 名参与者里只有 1 名待了 8 天，3 名待了 2 天，其中一人抱怨道："别再有第二次了。"而第 5 名仅仅待了 2 小时。

现实生活中与人接近和相处的需求就与在实验室中一样强烈，那些自己选择或者不得不成为独居者的事例不断地证实着这一点。W. 卡尔·杰克逊，一位独自航行 55 天、横越大西洋的探险家，概述了大多数独居者的普遍心情："我发现第二个月的孤独使我深感痛苦。我一直以为自己是个自给自足的人，但是此刻我终于明白，没有旁人做伴的生活是没有意义的。我开始有了强烈的、想要跟别人——一个真实的、鲜活的、有气息的人说话的需求。"

第一节　我们为什么要沟通

我们每个人都需要独处，对于独处的需求程度也远超过我们实际的独处时间。可是，从另一个方面来说，每个人也都有自己独处的临界点，超过这个临界点，愉快就变成了痛苦。其实，我们都需要去沟通。

一　沟通的意义

(一)生理需求

沟通非常重要，沟通的存在与否对生理健康会产生很大影响。医学研究人员列举了很多由于缺乏亲密关系而导致的威胁健康事件。比如，一项超过 30 万人参与的综合分析显示，那些与家长、朋友有着密切联系的社会联结者，其平均寿命要比社会孤独者长 3.7 年；贫乏的人际关系会危害冠状动脉的健康，其程度与抽烟、高血压、血脂过高、过度肥胖和缺乏运动等一样严重；相比拥有活跃社交网络的人，社交孤独者患感冒的概率要高 4 倍；离异的、分居的和丧偶的人对心理治疗的需求是有配偶者的 5～10 倍，而婚姻幸福的人要比单身的人在肺炎、外科手术和癌症上的发生率更低。

在沟通中创造出积极关系的生活更健康。一个人一天仅需短短 10 分钟的交往就能改善记忆力，增强智力。与他人交往还可以减少孤独感和与之而来的疾病。能经常从爱人那里听到甜言蜜语的人的应激激素水平往往更低。

但是我们需要注意的是，每个人需要与人亲近的次数并不相等，沟通的质与量是同等重要的。在某些情况下，关系的品质，即关系亲密与否，比关系本身更重要。

(二)认同需求

沟通的重要性绝不止于维持生存而已，它也是我们认识自己的方法。我们对于自我的认同源自于我们和他人的互动。一个戏剧性的例子就是“阿韦龙的野孩子”——一个在童年时期从未和人类接触过的男孩的真实故事。1800 年 1 月，这个小男孩在法国一个村落的菜园中偷挖蔬菜时被人发现。他的行为举止完全不像人类，也不会说话，只会发出一些奇特的哭叫声。虽然他缺乏社交技能，但更值得注意的是，他缺乏身为人类的自我认同。正如作家罗格·沙图克所写：“这个男孩没有身为人类的自觉，他完全意识不到自己是个和别人有联结的人。”直到他进入亲密关系后，小男孩才开始转变，他开始意识到自己身为一个人。

就如这个阿韦龙的野孩子，每个人出生在这个世界上时只有微量的、甚至是没有自我认同感，我们在重要他人诠释我们的过程中才开始逐渐明了自己是谁。

(三)社交需求

沟通除了可以帮助我们诠释自我之外，也提供了我们和他人之间重要的联结。沟通可以满足我们的社交需求，这些社交需求包含娱乐、感情、友谊、解闷、休闲和控制等。

研究显示，有效的人际沟通与快乐具有很紧密的联系。在一份大学生的研究中，研究人员发现最快乐的那 10%的人都认为自己拥有丰富的社交生活。同时，这些非常快乐的人跟其他同学在睡眠时数、运动量、看电视时数、宗教活动、喝酒量等可观测项上并没有差别。在另一份关于女性的研究中，社交性对于生活满意度的贡献大于其他任何活动，包括放松、购物、吃东西、运动、看电视或玩电子游戏等。此外有报告说，拥有有效沟通技巧的已婚夫妇要比新婚夫妇更幸福，而且这项发现在不同的文化中都得到了证实。

正是因为与他人的联结如此重要，一些理论家主张，积极的关系也许是每一种文化中生活满足感和情绪幸福感唯一的，也是最重要的来源。如果你现在停下来，并为自己的人际关系列一张表，你很有可能会发现在你的生活关系中哪些人对你很重要。

(四)实际目标

在社交关系中，我们还能满足很多生活中实际的需求。这也是学者认为的工具性目标，即让他人按照我们的方式去表现。有些工具性目标非常基本：跟发型设计师说你只需要稍微修剪发尾、与家人协商家事的责任义务、说服水管工人现在就到你家来修理破掉的水管——沟通就是可以用来达成这些目标的工具。

在某些常见场景中，沟通的工具性目标会很重要，甚至可以决定生死。洛杉矶警察局解释警官在枪击事件中发生的过失时，最常引用的原因就是“沟通不良”。有效沟通的能力对于医生、护士和其他医疗工作者来说同等必要。“糟糕的沟通”是造成60％的医疗事故，包括死亡、严重的身体伤害以及心理创伤的根本原因。

课堂活动

独家采访

步骤1：两人一组，互相采访，限时5分钟，采访姓名、星座、爱好、最快乐的一次体验等。

步骤2：一分钟简单介绍你的伙伴。

二　成功沟通者的特质

成功沟通者有很多特质，最为关键的是拥有多样的行为反应和挑选恰当行为的能力。

(一)拥有多样的行为反应

沟通高手懂得从各种各样的沟通行为中适时地选择。为了让你了解拥有一个庞大的沟通行为资料库的重要性，请试着想象一下：某个熟人在你面前一直在重复同一个关于你的笑话，而这让你觉得不舒服。为了回应这个笑话，你可以采取下列几种方式。

①你可以保持沉默，因为你知道一旦开口，就要吵起来，而你并不想这样。

②你可以示意其他人，让这个人提醒他不要再开玩笑了。

③你可暗示他，让他感受到你的不舒服。

④你也可以针对朋友感觉上的迟钝开个玩笑，期望能借着幽默缓和你言语上的攻击性。

⑤你可以直接说出，并且要求这个朋友停止谈论这个。

⑥你可以直接叫他不要再说了。

你可以从上述的回应中挑选一个对你最有利、对你的朋友最有效的方式去运用。但是，如果你只会用其中的几种，那么你就很难去应对更多复杂的情况。许多缺乏技巧的沟通者的确很容易被人觉察，因为他们回应的方式十分有限：有一些只会说笑，有一些总是带着攻击性，还有一些无论在什么的场合都沉默不语。就像只会弹奏一种旋律的钢琴师或是只会做特定几道菜的厨师一样，他们被迫使用那少得可怜的方式进行回应，不管最后成不成功，都一再重复，不知变通。

(二)挑选恰当行为的能力

仅知道许多不同的沟通技巧并不能保证成功，懂得在不同的情境中运用最有效的行为也是十分必要的。挑选传递信息的方式就好像挑选礼物一样，适合某甲的礼物不见得适合某乙，同样地，在某种情境下很适当的回应换一种场合也许就会彻底失败。

我们可以试着从下面三个要素进行判断。首先是沟通的情境。时间和地点常常会影响我们的表现。其次，你的目的也会决定你的选择。如果你想要和旁边的女生结识，你可以邀请她一起去看电影，但是如果你更想保持自己的独处时间，那么冷静和礼貌是更明智的选择。最后，对他人的认知也会影响你的决定。如果你和一个非常敏感或局促不安的人相处，你做决定时最好要非常谨慎，并且能得到对方的支持。沟通对象的社会地位也会影响你的交流方式，对待老师和对待好友的说话方式可不一样。

第二节　我们如何沟通

我们每天都要遭遇一个重要的挑战：虽然我们生活在同一个世界，但是我们每一个人都活在自己的世界里。

我们要先仔细地查看我们理解世界的过程。我们可以通过为自身的经验赋予意义的四个步骤来达到这个目的，即选择、组织、诠释和协商。因为我们身边的信息量远远超出了我们所能处理的限度，所以知觉的第一个步骤便是选择那些能给我们留下印象的信息。从环境中选择相关的信息后，我们必须用有意义的方式组织这些信息。在我们选择和组织自己的知觉以后，我们还以某种方式对其加以诠释，使之具有特定的意义。诠释几乎在每一次的人际互动中都发挥作用。在熙熙攘攘的大厅中，一个向你微笑的异性是出于礼貌还是对你表示交往的兴趣呢？朋友开你的玩笑是想表示亲近还是意图激怒你呢？你又应该见招拆招还是一笑置之呢？知觉并不是孤立的活动，很多感受发生在两人或者一群人中间，他们影响着彼此的知觉，并且试图在感知上达成一种共识，这个过程是协商。

我们对周围世界的理解受到自我概念——“我是谁”的影响。对兴趣不同的人来说，在公园里散步可能得到完全不同的经验：植物学家可能会注意植被的情况；时装设计师可能会关注路人的衣着；而艺术家意识到的可能是人以及周围环境的色彩与形式。无论我们多么留意四周，都不可能注意到每一件事情，因为每时每刻发生的事情实在太多了。我们彼此的感知差异在增加人际关系和谐度的同时也在干扰关系，而我们对他人观点的误解可能造成彼此实际上和关系上的双重问题。世界在不同的人眼中表现出不同的样子，我们的心理构成、个人需求、兴趣和偏见塑造着我们自己的内心世界，生理因素会影响我们对外界的观点，社会角色会影响我们对事件的印象，文化影响我们对言行举止的是非判断等。通过他人的眼睛看世界，你可以有不同的领悟，这通常要比待在自己的安全世界里更有价值。

一　非言语沟通

设想你要参加一项研究，要戴着一顶受人敬重或令人讨厌的帽子在街上走来走去、购物、进餐、应聘，但你事先并不知道自己戴的是哪种类型的帽子。那么通过观察他人对你的态度反应，你能推断出自己戴的是哪种帽子吗？或许可以。如果你戴着令人讨厌的帽子，女服务员或许不会像往日那般热情而愉快地招待你。商场中擦身而过的人会瞥你一眼，目光中满是鄙夷唾弃之色。即使没有人提及你的帽子，他们的行为足以明确无误地表明他们不喜欢见到你。实际上，因为你对别人的反应方式充满好奇和警觉，他们的情绪表现就再明白不过了。在这种情境下，你可能注意到非言语的行为所传达的大量信息，除了口头表达的话语和句法外，它几乎囊括了人们在人际交往中的所有行为。的确，非言语行为在我们的日常交往中起着重要作用，非言语行为的功能主要有以下几个方面。

首先，非言语行为具有提供信息的作用，提示着人们的情绪状态和所说话语的真实意图。比如，你在和人调侃时，你的面部表情和说话的音调、节奏是对方判断你是否具有敌意的唯一线索。这一功能非常重要，所以在线交流时我们会用到模仿人们面部表情的情感符号(emoticon)，从而表达自己真实的意图。

其次，非言语行为在调控交往方面也起着重要作用。非言语行为表露出的兴趣，常常一开始就决定了人们的沟通能否进行下去，之后人们还能根据微妙的非言语线索进行你来我往地谈话，从而整个沟通过程得以流畅而优雅地持续下去。

最后，非言语行为还能作为表达亲密、传递权力和地位的信号，从而界定人际关系的性质。关系亲密的人之间与一般熟人之间的相互行为并不一样，居于支配地位、社会地位高的人与下属的行为也不一样。即使双方一言未发，旁观的人也能分辨出谁喜欢谁、谁是老板。

二 非言语沟通的组成

非言语沟通具有巨大的影响力，表现形式之一就是它传递信息的渠道非常多。最重要的部分是非常广泛的人体动作或身体姿势、手势等。在这里，我们将讨论这些身体定向、姿势、手势、面部表情及注视行为等在人际关系中所扮演的角色。

(一)身体定向

我们以身体、脚与头面对或背对他人的程度开始讨论。为了了解这些身体上的姿势是如何传递非语言信息的，你可以试试下面的实验。你需要两个朋友帮助你进行这个实验。想象一下，假如你正和一位朋友进行私人对话，这时第三个人走过来想要加入你们的对话。你并不喜欢这个人，但又不想没教养地要求他离开，那么你能做的就是利用你的身体姿势让他知道你们想独自交谈。在这个过程中你可以跟第三个人说话，但不可以用字词直接告诉他你们想要独自交谈。实际上，你只要明显地将你的身体背向那位闯入者，就可以让他清楚地了解你的感受。你会发现他很难穿过你的肩膀去进行交谈。在这个过程中，所传递的非语言信息是“我们正在兴头上，而且不希望你加入我们的谈话”。从这个情况中我们可以了解到，面对一个人表示你对他有兴趣，而背对一个人则表示出你想要避免跟他有交集。

借由观察别人的身体朝向，你可以了解他们的感觉如何，下次如果你处在一个拥挤的环境中，你可以选择和一个人面对面，试着去观察他的行为反应，看他是否会熟练地避开。然后以同样的方式，反观自己身体的朝向，你会很惊讶地发现你无意识地避开了某个人，或者你有意使自己背对对方。

(二)姿势

你的姿势透露出你的感觉是什么？在你旁边有没有人？你从他现在的姿势能读到什么信息？借由观察你周围人的姿势，就像观察自己一样，你可以通过许多非语言的途径去了解别人的感觉。

姿势可能是非语言行为中最明确的一种。紧张和放松提供了辨识姿势的情绪之钥，我们在没有威胁的情境下会采取放松的姿势，在面临威胁的情境中会采取紧绷的姿势。研究表明，紧绷是分辨一个人所处社会地位的方法，通常地位低的人比较僵硬、紧张，而地位高的人则比较放松。这种状况经常可以在公司内看到：员工通常比较拘谨，而老板则常常向后倾斜坐在椅子上。

(三)手势

最常见的是强调重点的手势。这些动作伴随着谈话而且不能单独存在。例如，假如有人在街角问你如何到达某一个餐厅时，你可能会告诉他街道名字和明显的路标，但是同时你也可能会用手指出方向并用手势指引他如何到那里。如果去掉话语只留下你的动作，这个人可能就找不到餐厅了。

手势拥有表征的功能，这样的非语言行为带有非常明确的意思，并且同一个文化圈内几乎所有人都明白其含义。表征跟强调重点不一样，表征可以独立存在，并且经常可以取代语言。比如，我们知道点头代表“是”，摇头代表“不是”，这是几乎所有满 7 岁的人都能了解的含义。但是，表征的含义并非如上述般放诸四海皆准。例如，在北美“竖起大拇指”代表“很棒”，在伊拉克和其他国家则有猥亵的含义。

调节动作，是指用无意识的身体动作对环境做出回应。冷的时候瑟缩打战、双手抱胸来取暖就是调节动作的例子。当然，有时候我们碰到让自己感到很“冷”的人时也会双手抱胸，这种调节的手势流露出两人的关系。调节动作通常都是无意识的，如在面谈时不自觉地扳指关节或搓手臂，这种自我触摸的行为有时也被称为操纵动作。

(四)面部表情

面部表情表明了人们的情绪和情感状态，不管你到了哪里都能辨认出他人表情的含义。比如，你在国外，不懂当地的语言，却能够看出别人是否高兴：如果高兴，他们脸颊上的肌肉会把嘴角往上牵动，眼皮也会皱褶起来。显然这种动作就是微笑，而快乐和其他几种情绪(哀伤、恐惧、愤怒、厌恶和惊奇)一样会引起独特的面部表情，每种面部表情所传达的情绪在全世界几乎都是一样的。其他情绪(如尴尬)所涉及的面部系列动作和表情也是明白无误的。事实上，面部表情的这种普遍性表明它们是人类生而具有的天赋。人们在高兴时不用去学习微笑——他们生下来就会微笑。根据他人的面部表情准确识别其情绪几乎是一个自动化的过程。

面部表情能为人在真实表现的情况下提供非常丰富的信息。遗憾的是，因为面部表情在非言语沟通中如此引人注目，人们有时会故意操纵它来掩饰自己真实的情感。不过，即使人们试图控制自己的表情，仍然会泄露真实的情绪。一方面，伪装的表情往往和真实的表情有着细微的差别。比如，要假装开心微笑，很容易往上拉动嘴角，但很难做到自然地皱褶起眼皮，因而在细心的观察者眼里，真正微笑和伪装微笑的区别洞若观火。另一方面，尽管我们努力控制，但真实情绪的自然闪现，即微表情在短暂的失控后显露无遗。

(五)注视行为

显然，面部表情能提供伴侣情感方面的有价值的信息。不过个体观看目标的方向和数量，即注视也很重要。比如，表情友好的人如果能吸引我们的视线并继续看着我们，则比看我们一眼后马上转移视线显得更讨人喜欢和有吸引力。如果在单身酒吧发现有人盯着你，而你不想和这个人交谈，那么就应该看向别处，而不是与之对视。

根据注视还能确定沟通双方的关系属于哪一种类型。恋人比朋友会更多地相互注视，而朋友比一般熟人也会更多地相互注视。而且，陌生人在交往时更多地注视彼此的眼睛，比在一起时眼睛张望别处更加容易喜欢彼此。沟通双方更多的注视行为不仅能表露单纯的兴趣，而且能传递关爱之情。

注视还能传递社会地位的信息。在日常交往中，人们在交谈中往往表现为倾听的时候更多地看对方(平均有 60%的时间注视讲话者)，讲话时更少地看对方(约 40%的时间看向倾听者)。然而有权力或地位高的人的表现却不一样——与一般人相比，他们讲话时看对方更多，而倾听时看对方更少。研究者通过比较“注视—讲话”(讲话者注视对方的时间)和“注视—倾听”(倾听者注视对方的时间)，即视觉支配性比率来总结这一模式。位高权重者的注视模式刚好把普通人 40/60 比率掉了过来，成为 60/40 的支配性比率。居于支配地位的人在交往中会坚持“我跟你说话时你一定要看着我”，但通常不会反过来也给予对方同样多的视觉注意。

(六)副语言

副语言指除了言语过程中的词语之外，个体发出的各种声音特征(节奏、音调、音量和速度)，如说话时气喘、嗓子沙哑、哧哧笑、整句话带鼻音、某个字音拉得很长、结结巴巴说话不连贯等。此外，诸如喊、叫、哭、笑、叹气、咳嗽、沉默等也可以看作副语言现象。所以，副语言与人们说话的内容无关，而与说话的方式有关。根据副语言还可以确定人际关系的性质，比如，墙外的陌生人偶尔听到女性的声音，就能判读出她是在和亲密的男友还是普通的男性朋友交谈，因为女性和男友谈话时比和其他男性对话时听上去更温顺、更柔和。在异性交往中，女性实际上比男性更多使用顺从性的副语言。

（七）身体动作

目前我们只谈到了颈部以上的非言语沟通，身体的其他部位也有沟通作用。我们进行言语沟通时常伴有身体动作，从而使我们更容易地传递信息——试试不用双手比画描述一下你捕的鱼的大小。身体动作有时能完全代替口语，只要身体姿势的含义大家都能理解。姿势的含义与面部表情不同，在不同的文化中可能差别很大。例如，用食指接触拇指而其他手指伸直的手势在美国表示“行”，然而在法国则表示“零”，在日本表示“钱”，在中东则是很衰的侮辱。面部表情的含义无须翻译，但手势语却并非如此。

身体的姿势或动作传达的信息虽不太明确，却仍很有用。例如，观看短暂的(10s)无声教学录像，观察者就能预测大学生对教授教学的评价结果。更引人注目的是，根据身体的姿势和动作还能判断陌生人的性取向。身体语言能有效传递信息的原因之一是它比面部表情更难以控制，它更具“泄露性”，也就是说即使我们企图加以掩饰，它仍可能暴露我们真实的感受。美国海关的检查员就是利用旅客不安或焦虑的身体信号，而不是面部表情，来检查其箱包是否携带走私物品。

身体姿势还能显示人的地位高低。地位高的人常表现出开放的、不对称的姿势，身体的左右两侧摆出不同的姿势，并且他们占据的空间很多。相比之下，地位低的人常表现出封闭、对称的姿势，相对紧凑。如果强悍的老板和下属面对面地坐在一起谈话，只要观察一下一般就能分出他们的身份。

（八）身体接触

与他人的身体接触也有着丰富的含义。在很多文化中，人们首次相遇会彼此握手。正如很多人认为的那样，对方与你握手的力量、气势、时间和部位都传递着信息。握手行为和人的一些人格特质有关：握手时满握、有力和持续时间长的人与软弱无力的握手者相比，往往更加外倾、神经质较低；握手有力的女性往往更随和。

研究者已经列出下列因素：身体的哪一部分去触碰，身体的哪一部分被触碰，触碰持续了多久，用了多大力气，在触碰之后有没有其他行动，是否有人看到，触碰的行为发生在什么情境下，发生触碰的两者之间是什么关系。从这些表现可以看出，触碰实际上是一种复杂的语言，由于非语言信息本身就是模糊不清的，所以这种语言容易产生误会也就不足为奇了。所以，从人们相遇那刻起身体接触就可能传递着信息。之后，不同的身体接触承载着截然不同的含义。喜爱（会使你轻触对方的手臂）和同情（会使你会轻拍对方）等积极、支持式的情感引起的身体接触，和表达厌恶（推开对方）或者愤怒（击打对方）的身体接触迥然不同。身体接触传递出的情绪往往非常明确清楚，触碰动作的接受方和旁观的观察者都能分辨出当前起作用的情感。

当两人的关系变得更加亲密时，彼此的身体接触也往往会增多。身体接触显然能传达出亲密和关爱。不过，不期而至的身体接触则常暗示着某人在地位等级中的支配位置。实际上，如果两个人在地位上有差别，身体接触往往是单向的：地位高的人往往更可能主动触碰地位低的人，而不是相反。试想老板会轻拍你的肩膀欢迎你来上班，但你不会走近老板以同样的方式打招呼。有意思的是，男性对女性的身体接触，往往多于女性触碰男性。的确，在一般的交往中，观察者不会积极地评价女性对男性的身体触碰，除非女性的地位明显高于男性。

(九)人际距离

使得身体接触如此重要的一个方面是，人们必须离得很近才能发生身体接触。这表明交往双方一般要位于人际距离（隔开两人身体的实际空间）的范围之内，也即私人交往中保持的距离。人类学家爱德华·霍尔定义出我们在日常生活中的四种距离，是依据我们在特定的时间点对这个人的感觉、对话内容以及我们的人际关系目标来决定的。

人际距离的亲密区是从我们的前胸向外延伸至 46cm 处。如果两人面对面如此接近地站立着，他们之间的关系只有两种可能，非常亲密或十分仇视。更多的人际交往是在较远的距离进行的，人际区是距离我们身体 46cm 到 1.2m 之间。在人际区，朋友之间可能在较近的距离内交往，而一般的熟人则离得较远，所以，根据人们交往时隔开的距离可以确定他们的关系如何。在这样的距离下，我们可以与某个人保持“一个臂膀的长度”，暗示着在这范围之内有沟通正在发生。再远一些就是 1.2m 到 3.7m 的事务区，在这一人际距离里的交往更倾向于事务化。如果你面向面试官或者教授隔桌而坐，你就处在事务区，这样的距离就是合适的。但如果相隔 1.5m 与好友私下交谈就显得很怪异。2m 到 3.6m，这样的距离通常是我们跟老板之间的距离，这样他可以穿过他的办公桌看到我们，这跟拿一张椅子坐在老板旁约 1m 的距离有很大的不同，让人不那么紧张。超过 3.7m 就是公共区了，这种距离的交往非常正式，主要适用于结构式的交往，如课堂上师生的互动。

这里的人际距离是北美人际交往的模式，这个数据通常比世界上其他地区的人际距离要大一些。法国、拉丁美洲和阿拉伯的文化偏好较小的距离。个体的性别和地位也会影响到人际距离的大小。男性的人际距离往往比女性的稍大，人们通常与社会地位高于自己的人保持的距离，比与权利和声望较低的人所保持的距离更远。无论人的偏好怎么样，人际距离都是测定人际交往亲密程度的巧妙手段，甚至能用来间接衡量人际关系的质量：不幸福的配偶比幸福的配偶保持的人际距离更大。

选择最合适的距离可以有效地彰显出我们如何对待及回应他人。例如，学生对于拉近与他们距离的老师以及该老师所教授的课程都会比较满意，也会比较愿意遵循这位老师的教学内容。同样地，接受医疗救助的病人也会对那些位于较近社交距离的医生感到更满意。

个人空间就像一个防护罩，无论我们走到哪里，它都在我们身边，仿佛是身体的一部分。然而领域是一个静止的地理上的位置，如工作的地点、房间、房子等，是指我们可以拥有自己权利的地方。有趣的是，也许你并不真正拥有这些领域的所有权，却能获得一种拥有和归属的感觉。不管你在不在你家中的房间里，它就是你的，即使它不像个人空间那样可以带着到处跑。还有些时候，虽然你并不幻想那些桌椅是你所有的，但就是会觉得教室里的那个位子好像是你的。

人们使用空间的方式也可以说明他们的权利和地位。一般而言，具有较高地位的人通常拥有比较大的空间与较多的个人隐私。当我们要进入老板的办公室之前，一定要先敲门，而他却可以随意进出我们工作的区域。在传统的学校中，教授有自己的办公室、餐厅甚至厕所，而学生当然没有这些私人空间。

（十）外貌

我们或多或少都认识到，我们的外貌会将信息传送给别人。外貌有两个向度：生理吸引力和穿着打扮。

生理吸引力：那些外表更具吸引力的人往往能够获得更多的社会利益，人们很少怀疑这个结论。比如说，那些公认迷人的女性会有比较多的约会，在大学里可以得到比较高的分数，比较容易说服男性。凡是被认为具有吸引力的人，无论男女，都比较容易被认为比他们其他的兄弟姐妹更感性、仁慈、坚强、社会化和有趣。生理吸引力也被用来评估事业领域，这些人往往起薪较高、升迁更快、考核成绩较好。不过，生理吸引力偶尔也会带来消极影响：面试官会拒绝那些吸引力高的候选人，他们视此为自己的潜在威胁。

课堂活动

善解人意

同学分组，围成圆圈，闭上眼睛回忆一下这一周内的种种情绪感受，并在卡片上写出五种主要的情绪感受。把大家的卡片放在一起，然后每个人从中取出五张。每个人根据自己拿到的情绪感受，用手势、表情等身体语言来表达，其他成员猜一猜他的动作和表情所表达的感受是什么。

穿着打扮：除了让我们隔绝自然环境，衣服也具有非语言沟通的意义。一位作家提出衣着可以对他人传递至少十种信息：经济背景、经济水准、教育背景、教育程度、老练程度、成功程度、道德人格、社会背景、社会地位、可信赖程度。研究显示，我们会依据人们的穿着而做出一些假设。穿着比较特别的沟通者通常较具有说服力。例如，在要求行人帮忙捡垃圾或者说服他们借钱投入汽车停车投币机时，如果实验者穿着类似警察制服的衣服，就会比穿着一般的服装更容易成功。同样地，律师或是护士的衣服可以强调他们在法律上或是医疗照顾上的专业水准。我们通常也会模仿那些在穿着上水平较高的人。

我们已经介绍了非言语沟通的各个部分，它们看起来好像是各自独立、相互分离的信息源。在某种意义上来说，它们的确是这样：每个部分对人际交往都有着独特的影响。不过，它们通常会彼此强化、共同作用以传递个体连贯一致的情感和意图。如果你面对面地和人交流，非言语的所有部分都在起作用，把所有这些信息结合起来你就能知道人们话语的真正意图。比如，我们讽刺别人时，往往会指桑骂槐，真实的意图并不会表现在我们的话语中，而是表现在动作和副语言上。大多时候，非语言行为和话语传递着相同的信息。但如果人们的话语和动作之间存在不一致，言语背后的真实意图往往表现在非言语沟通中，而不是言语沟通中。

如果交谈的双方采取类似的姿势和风格、表现出类似的表情、使用类似的副语言，就出现了无意识的行为模仿，这可能涉及非语言的所有部分。如果人们的交往轻松愉快，往往会自动地使他们的言语行为保持同步，根本无须思考，如果一方用手抓了一下自己的鼻子，另一方也很可能会这么做。如果出现这种情形，那么交谈往往非常流畅顺利，更重要的是交谈双方更倾向于喜欢彼此，即使他们并没有注意到相互之间的模仿。的确，如果他人具有和自己相似的非言语行为似乎有奖赏意义。一项实验演示了这一效应，研究者通过机械设备记录了被试握手的物理特征，然后被试要和其他“人”握手，当然有时会用机械手代替人的手。有些被试是与模拟自己握手姿势的机械手握手，而不是与真实的陌生人手握手。结果发现，人们喜欢和自己的“手”握手甚于和其他人的握手。在另一项研究中，被试要观看场景中虚拟人物的说服性的辩论。其非言语动作要么采用录下来的某个真人的动作，要么单纯模仿被试 4s 之后的动作。被试并没有意识到模仿，但如果虚拟人物重复被试的动作，则比按另一人的真实动作能够得到被试更多积极的评价，被试也更易被它的辩论说服。

非言语行为的这些不同方面也能让我们对交往的亲密程度进行精细调整，从而确定令人舒适、自在的亲近水平。设想你与熟人同坐在一张双人沙发上，这时你们的谈话发生了重大挫折，此人开始谈到亲密的私人问题。如果这种发展令你不自在(或许你不想听到这么多)，你可以通过非语言的“退避”来调整交往亲密程度。你可以转向一边、往后靠，使两人之间保持更大的人际间距，你也可以转移注视的目光，也可以借助不太活跃的副语言或不太愉悦的面部表情来表明你的不舒适，所有这些都用不着说一句话。非语言沟通在交往中发挥着重要的作用，也是社会生活中既实用又巧妙的技巧。

心理游戏

“你好”的意思

训练目标：训练学生们注重用身体语言来传递情感信息，确立“身体语言”比“咬文嚼字”在人际交往过程中的作用更加重要的观念，有助于学生有效的人际沟通。

事前准备：无须特别的准备，放松即可。

具体方式：请学生们每人表现一遍“你好”，通过各种各样的语气语调、身体语言表现出“你好”背后不同的潜台词。教师一定要学生们特别注意表现“你好”文字背后的丰富内涵，从而能更有效地仔细体味其中的区别。此外，在训练过程中还可以体味其他一些语句，如“再见”“你真行”“我快乐”等。

理论引导：现在我们常对文字比较注重，哪个字对，哪个字错。其实文字表述的作用在当今社会已越来越小，如“你好”。我们看看“你好”背后有多少种意思。

示范练习：“你好”的文字意思是赞美对方。但我们发现在现实生活中，“你好”这个词并不一定是这样的意思，有时甚至可能恰恰相反，可能是真诚、强迫、怀疑或者是应付等。

三 言语沟通

在沟通中，我们接收到他人的信息时，有两个重要的任务要完成。第一是要准确地理解对方话语所表达的意思，第二是要向对方传达关注和理解，让他知道我们对他的话是在意的。

(一)积极倾听

我刚刚
将游荡的心思　转回我们的交谈
却发现　你仍然绕着几个话题　喋喋不休
我想我　一定失神了　至少有二十分钟
可是你　竟然不觉有异
是时候　谈谈我的表演能力
还是说　谈谈你的识别力
可有件事　让我不禁忖度
如果现在　轮到我喋喋不休　说上二十分钟
我知之甚详　那么你是否也觉得　可有可无

——里克·马斯腾

这首诗告诉我们，倾听不只是礼貌的注视和频频点头而已，它包含了更多的东西。如果我们将使用频率用作衡量标准，那么倾听就非常有资格成为最重要的沟通形式。事实上，与其他沟通形式相比，我们确实花费了更多的时间在倾听别人说话上。一个针对大学生的研究显示，在他们的沟通时间中，平均有16.1％的时间花在了说话上，17.1％的时间花在了阅读上，11.4％的时间花在了书写上，而有多达55.4％的时间花在了倾听上。倾听是人们最常用的沟通形式。不仅如此，在与人建立关系上，倾听至少与“说”有着同等重要的地位。特别是对那些坚定的关系来说，在日常的谈话中倾听对方的私人信息被视作关系满足感的重要组成部分。当一组成年人被问及在家庭和社交场合中哪些沟通技巧最重要，倾听总是排在第一位。

1. 倾听的定义

我们对倾听的定义是解读别人所说信息的过程。这里我们需要注意，由于倾听是对讲话的回应，所以非语言的维度也要包含其中。一句话的表达方式会影响它的意义，所以一个好的倾听者也会留意对方的副语言、面部表情和其他的非言语线索。因此，我们现在要先解释接收和回应对方信息的过程究竟包含了什么。事实上，倾听的过程包含了五个元素：听到、专注、理解、回应和记忆。

(1)听到

听是倾听的生理维度。当声波以一定的频率和响度撞击我们的内耳时，我们就听到了。听到的过程会受到很多因素的影响，其中就包括了背景噪声。如果环境中有其他嘈杂的声音，尤其频率又刚好与我们所欲接收的信息的频率一样时，我们就会发现很难从所处的背景中整理出重要的信息。另外，听觉也会因为长期暴露在同一个音调或巨大的声响中而导致疲乏甚至暂时性的失聪。

心理游戏

倾听练习

请同学们闭上眼睛不说话，用一分钟的时间，把注意力放在耳朵上，用心去听你所处的环境中存在的声音。(一分钟以后)现在，请同学们睁开眼睛，想想你听到了多少种声音，将听到的声音一一写在纸上，然后数一数你一共听到多少种声音。(教师现场统计，从听到八种以上声音开始，逐一递减，直到听到三种以下声音为止。)请同学们想一想，在同一个环境中为什么每个人听的差别这么大。

(2)专注

听到是一个生理的过程，而专注是一个心理的过程，也是我们所说的调动感知功能的知觉选择过程的一部分。如果对每一个听到的信息都付出注意力的话，我们一定会被这些信息淹没，所以我们必须过滤掉一些信息，以便能够将注意力放在自己认为重要的信息上。我们的愿望、需求、欲望和兴趣等，都决定了我们选择的焦点。研究显示，当对方有一些回馈出现时，我们会更小心地专注于信息上。如果你正计划去看一场电影，而你的朋友恰好讲到这部电影，那你会比平时更加专注地去倾听。如果你想要与某人建立良好的关系，你也会更小心地倾听他所说的每一句话，以期增加彼此的关系。

(3)理解

理解发生在我们弄清楚一个信息的意思的时候。我们有这样的经验，当我们听到和专注于一个信息后，却还是没能理解它，甚至还有可能会误解信息的意义。沟通学者用倾听忠诚度这个术语来形容听者所理解的意思和信息发送者试图传达的意思之间的匹配程度。

(4)回应

对一个信息的回应，就是对说话者给予清楚的反馈。尽管倾听者并不总会用明显的方式回应说话者，但研究者建议我们应该多对说话者给予一些反馈。有效倾听与无效倾听的差异就在于反馈的呈现方式：好的倾听者会使用非语言行为来表达他们的专心，如保持目光的接触、给予恰当的脸部表情——这一点对孩子来说尤其重要。言语行为包括回应对方的问题、交换意见与想法，也可以证明倾听的专心程度。

(5)记忆

记住信息的一种能力。如果我们无法记住自己听到的信息，便会枉费我们对倾听所做的努力。研究指出，大部分人对刚刚听完的信息只能记得50%的内容；8小时内这个数据会下降到35%；而2个月后平均只会剩下25%。总的来说，考虑到我们每天所处理的信息量，不论来自老师、朋友、广播、电视或其他的媒介，能够被我们的记忆保留下来的信息仅仅是我们听到的一小部分。有效地倾听是需要付出努力的过程。

2. 倾听反应的类型

通过倾听的五个因素，我们可以知道对方是否正确理解我们所说的话。请试着想一下，假如你认为某人是一个良好的倾听者，那么你为什么会认为他具有倾听能力？可能是因为他在你说话时所使用的回应方式——当你说话时他的眼神与你接触而且不时点头示意，当你说到很重要的事情时他保持专注良久，当你说到某些不可思议的事情时他也发出惊叹之声，当你难受时他给予同理和支持，当你请教他时也恰当地给你另一种新观点或忠告。在这里，我们将重点讨论以下四种方式。

(1)借力使力

有时候倾听者的最佳反应是顺水推舟地让说话者继续自己的话题。这个方式可以使用沉默或简短的言论来鼓舞对方多说一些话，让对方借由这个过程自己帮助自己解决问题。当你无法帮别人做决定时，借力使力的回应会是一个很棒的技巧。你会发现其实你不用做太多，你沉默的存在就是一个让别人自己寻找答案的催化剂。尤其当你与对方真诚相处的时候，你的非语言行为，比如，眼神的接触、姿势、面部表情、声调，都可以显示出你对对方的关心。但是要记得如果你使用的方式机械又呆板，则有可能惹恼、激怒别人，反而不能帮助到对方。

(2)问话

询问信息可以同时有助于提问者和回答者。问话至少能给予提问者三个帮助，最明显的是你获得的答案将使你对事实和细节有更深入的理解(“他对你说了为什么那样做吗?”“后来又发生了什么事情?”)。而且，经由提问你将更加清楚对方的想法和感受(“你心里怎么想?”“你生我的气吗?”)，同时也会得知他们的期望(“你是希望我重新做一份PPT吗?”)。

(3)支持

有时候，人们从你那里想要听到的不仅仅是他们感受的重复或者近似的东西，他们更想听到你对于他们的真实想法和感觉。支持性的反应就是听者表明自己和说话者处于同一立场的方式。有学者认为支持是“表达关心、照顾、情感和兴趣，尤其是处在压力和沮丧之时”。

下面有几种类型的支持性回应：同理心(“是啊，这门课对我来说也很困难”)；同意(“听起来那份工作很适合你”)；提供协助(“如果你需要我的话，我就在这里”)；赞美(“我觉得你是一个很好的人啊，如果她不这么想，那是她不够了解你”)；恢复信心(“最糟糕的状况已经结束了，从现在开始一切都会好转的”)。

(4)复述

复述接收到的信息，即用自己的话重复对方的意思，让信息的传递者有机会肯定那就是他真正想要表达的意思。人们在谈话中用到复述时，并不想当然地认为自己理解了对方的话，并马上给予答复。相反，他们会复述对方的话并向对方重复地说出，从而花些时间来检查自己的理解是否正确。这看起来会使沟通不太流畅，但它确实是个避免争吵和冲突的非常好的方法，不这样做就容易引起误解和错误。无论谈话在什么时候开始变得激烈，复述都可以使之免于失控。看看下面的对话错在哪里。

男孩：(叹气)我感到很高兴，下周你不在学校要出去实习。

女孩：(发怒)怎么，我不在你的身边你很高兴啊!

也许女孩在生气之前，做一点复述就能缓和关系。

男孩：(叹气)我感到很高兴，下周你不在学校要出去实习。

女孩：(发怒)你是说你很高兴我不在你身边?

男孩：(吃惊)不，我当然喜欢你在我身边，可是下周我要去参加比赛，要集中训练没有办法陪你了。

女孩：(松了口气)哦!

心理游戏

“我说你画”

活动目的：让学生学会全局思维、清晰表达、准确回应，体验有效的信息沟通要素，包括准确表达、用心聆听、思考质疑、澄清确定等。

活动道具：两张样图，每人一张16开白纸和笔。

活动程序：

1. 第一轮请一名志愿者上台担任“传达者”，其余人员都作为“倾听者”。“传达者”看样图一两分钟，背对全体“倾听者”，下达画图指令。

2.“倾听者”根据“传达者”的指令画出样图上的图形，“倾听者”不许提问。

3. 根据“倾听者”的图，“传达者”和“倾听者”谈自己的感受。

4. 第二轮再请一位志愿者上台，看着样图二，面对“倾听者”们传达画图指令，其中允许“倾听者”不断提问，看看这一轮的结果如何。

5. 请“传达者”和“倾听者”谈自己的感受，并比较两轮过程与结果的差异。

注意事项：

1. 第一轮与第二轮两张样图构成基本图形一致，但位置关系有所区别。

2. 两轮中的“传达者”可以为同一人，也可以为不同人。

3. 邀请“倾听者”谈感受时要选择有代表性的，如画得较准确的和特别离谱的，这样便于分析出造成不同结果的多种因素，从而找到改进的主要原因。

（二）知觉检验

知觉检验时，人们要对方阐述自己说过的话，澄清某些说辞，从而能评价自己对说话者的感受所做的推断是否准确。这表达了自己的专注和兴趣，也鼓励了对方更加开放，如“你好像对我说的话感到很不安，对吗?”如果我们一厢情愿地认定我们对事情的解释就是事实，恐怕会产生很多严重的人际困境。就像大多数人一样，我们也不喜欢别人对自己行为的原因草草下结论，想象一下别人对你这样说：

“你为什么对我生气”（谁说我生你的气了?）

“你出了什么问题?”（谁说我有问题?）

“快点！告诉我实话”（谁说我在说谎?）

即便你的诠释是正确的，然而义正词严、一针见血的评论很可能让对方产生防卫。知觉检验的技巧为你提供了处理这些诠释的更好方法。

知觉检验完整的程序包含三个部分：①描述你注意到的行为；②列出关于此行为的至少两种可能的诠释；③请求对方对可能的诠释做澄清。

对于先前的三个例子，知觉检验可能会像这样：

“当你大声踱步走出房间，并大力地关上房门时。”（行为）

“我不确定你是否对我生气，”（第一种诠释）

“或者你只是比较匆忙。”（第二种诠释）

“你真正的感觉是怎么样的?”（请求澄清）

"你这几天都没有笑容，"(行为)
"我想知道是否有事让你心烦，"(第一种诠释)
"或者你只是觉得比较平静。"(第二种诠释)
"到底是因为什么？"(请求澄清)

"你说你喜欢我所从事的工作，"(行为)
"但是你说这句话的语调，让我觉得你可能并不是真的喜欢，"(第一种诠释)
"虽然这可能只是我的猜测。"(第二种诠释)
"你可以告诉我你真正的想法吗？"(请求澄清)

知觉检验是帮助你正确了解别人的一项工具，它并不假设你的第一印象是正确的。因为它的目的是相互了解，所以这个迈向沟通的检验需要彼此协力合作。除了得到更精确的知觉外，这个检验借着维护对方的面子来减少对方的防卫。知觉检验采用更谦恭的途径表示或暗示——"我知道没有其他线索的帮助，我不够格对你下判断"，而非直接说"我知道你在想什么"。

(三)同理心

知觉检验是澄清模糊信息的一项很有价值的工具，但是模糊并非影响知觉问题的唯一原因，有时候我们了解他们的意思，却不像他们一样了解他们想法背后的原因，这时我们所缺少的是设身处地理解他人的重要能力——同理心，即指：第一，同理心包含获得观点，从另一个人的角度来体验世界，这需要中止你的论断，将自己的意见放在一边，同时试着去了解对方；第二，情感——使我们更贴近地去体验别人的感受，去感受他们的恐惧、喜悦、伤心等感觉；第三，关心——真实地关心对方的福祉。

研究表明人类很容易对别人产生同理心，这根植于我们的大脑。畅销书作家丹尼尔认为同理心的培养是一个人的"社交智力"的本质。有研究表明几乎从出生开始，当婴儿听到另一个婴儿哭的时候，他们就会表现出明显的不高兴；大上几个月的孩子看到其他孩子哭的时候，他们自己也会哭。年幼的孩子一般区分不出自己的悲痛和别人的悲痛。比如，如果一个孩子伤到了他的手指，另一个婴儿也可能把自己的手指塞进嘴里，就好像她也感觉到了疼痛。研究人员报告说如果孩子们看到自己的父母流眼泪，也会擦拭自己的眼睛，即便他们并不是在哭泣。家长用什么样的方式和孩子沟通，会影响孩子理解别人情绪状态的能力。如果家长能够向孩子指出，他们的不当行为对其他人造成的苦恼("看看因为你把杰西卡的玩具拿走了，她有多难过。如果现在有人拿走了你的玩具，你不会伤心吗？")，要比起简单地把孩子的行为归为不恰当的行为("你这样做很卑鄙！")，能让孩子获得更多的领悟，意识到自己行为所造成的不良后果。研究还表明，让孩子体验和管理令人沮丧的事情可以帮助他们提高同理心，让他们在以后的生活更关心人。

(四)精确表述

那些批评伴侣人格和品德的抱怨，往往是小题大做，把小问题看成严重、不容易解决的难题。(想想我们对伴侣的那些苛刻的抱怨，无怪乎他们有时会采取防卫行为。)我们经常会犯的错误包括以下几种。

1. 事实与意见的混淆

事实性的陈述可以用对或错来证实。反之，意见性的陈述基本上以说话者的信念为主，这是无法被证实或否认的。从下列例子中，可以看到事实性陈述与意见性陈述的差异。

事实	**意见**
你忘了我的生日。	你一点都不关心我。
你一直干扰我。	你是个控制狂。
你说了很多关于女性的笑话。	你是个偏执的人。

这样把事实性的陈述和意见性的陈述摆在一起时，差别便显而易见。在每天的对话中，我们通常把我们的意见当作事实一样陈述，也因此引发了不必要的争论。例如，“笨蛋才会这么说!”“花这么多的钱在一双鞋上，实在是太浪费了!”如果这些话前面加上“在我看来”或“我觉得”等修饰语，则陈述可以显得不那么具有敌对性。

2. 事实与推论的混淆

把你的意见合理表示出来可以朝理性的和谐迈出一大步，但拥有这个习惯却不能保证可以解决所有语言的问题。我们会因事实性陈述和推论性陈述而感到困惑、引发问题。所谓推论性陈述，便是在一切都未定的情况下就得出结论。

当我们把我们的推论当作事实时，争议便由此而生。

A：你为什么要对我生气?

B：我不是在气你。为什么你最近那么没有安全感?

A：我才不是没有安全感，是你有些吹毛求疵。

B：“吹毛求疵”，你这话是什么意思?我才没有吹毛求疵……

尽量不要去猜测他人的心思。我们可以用知觉检验技巧来辨识我们观察到的行为(事实)，并尽可能地描述。在描述这一长串的想法后，问一下他人对你所描述的正确度做评论。

“当你不回我电话时(事实)，我便会升起你在对我生气的念头(推论)。真的是这样吗?”

“你最近一直问我，我是不是还爱着你(事实)，这让我猜想你很没有安全感(推论)。或许我最近的行为有些反常。你在想什么?(疑问)”

3. 情绪性的语言

情绪性语言表面上是在述说某事，但事实上它表明了说话者对某事的态度。如果你认同你的朋友对一个艰涩主题的迂回说法，你可能会认为他是“机智的”;如果你不认同他的观点，你可能认为他“拐弯抹角”。不管这种态度好不好，都不过是一种意见而非事实，而这样的不同是由情绪性语言的影响造成的。

你可以借由下列的例子来理解情绪性语言的主观性。

当你认同时，你会说	**当你不认同时，你会说**
朴实	廉价
传统	老旧
外向	人来疯
谨慎	胆小
革新	激进

避免因情绪性字眼而产生争议的最佳方法，是用中性字眼来描述人、事物或想法，以及用之表示你的观点。不要说“我希望你停止这些性别歧视的言论”，而说“我不喜欢你用妹子这个性别标签而不是女士来称呼我们”。这种不带情绪性的陈述不但显得精确，而且被别人接受的可能性也更大。

4. 语言的责任性

语言除了具有使得信息内容清楚或模糊的功能外，也反映出说话者对他的信念及感觉负责的意愿程度。说话者接受或是拒绝则向我们提供了很多关于对方的信息，同时也塑造了这段关系的气氛。

①“这件事”的陈述。注意在每一种情况下句子的不同:

“你迟到这件事，真让人困扰。”

“你迟到让我很担心。”

“看到你这件事，真让人高兴。”

“我很高兴看到你。”

“这堂课很无聊。”

“我在无聊地上课。”

“这件事”的陈述用较不直接的字“这”来取代“我”这个人称代名词。相反，使用“我”的语言清楚地辨识出说话者是这个消息的来源，使用“这”陈述的沟通者会逃避对信息所有权的责任，而用一些无法辨识的来源取代之。这样的习惯不只是不精确，更重要的是这表明了一种无意识地想逃避立场的态度。

②“但是”的陈述。在句子中，要是出现“但是”这个词，会抹除先前所表示的想法：

“你真的是个好人，但我想我们还是不要再见面了。”

“你为我们付出了很多，但是我们不得不让你离开。”

这里的“但是”的陈述就好像“心理学三明治”，把真实却又残酷的信息夹在令人较为愉快的观点里。这种方式也是一种保留颜面的策略，必要时可以使用。无论如何，当目标必须绝对清楚时，最好的承担责任的方式是一语道破，而不是用“但是”的陈述来分散注意力。

③使用“我”和“你”的语言。我们已经了解使用“我”这个字的陈述，是一种为信息负责的方式，与使用“你”的语言不同，它表达出对他人的论断。注意下列每一项“你”陈述，都隐含着对对方的抱怨。

“你把这个地方弄得一团乱。”

“你没有遵守你的承诺。”

不难发现，使用“你”字的语言会激发他人的防卫。使用“你”字的陈述通常意味着说话者有资格去评断他人，却不意味着是个好主意，因为即使这个评断是对的，绝大多数人也不会接受。幸运的是，“我”字的陈述提供了一种比较精确、不那么挑拨的方式来表达不满。使用“我”字的陈述表明，说话者愿意为自己所表达的不满负起责任，因为它只是描述自己对他人行为的反应，而没有对行为价值做出任何评判。比如：

“我想一个人负责寝室全部的打扫工作。”

“我生气的是我准时到了，你却没有。”

但值得注意的是，无论构思和传达得再好，也不都是无往不利的。“我”的陈述大体上听起来有点自我中心。不管你用什么方式陈述，也不会有人喜欢听到自己的行为造成了对别人的困扰。

④使用“我们”的语言。克服过度使用“我”字陈述的一种方式是，考虑用“我们”这个代名词。“我们”的语言暗示了陈述的议题是说话者和聆听者所共同关心并负责的。比如：

“我想我们有个难题，我们似乎一提到钱就会吵架。”

“我们好像没有把这个地方的整洁维持好，好吧？”

不难看到，“我们”的语言是如何形成有建设性的气氛的，除了让人感到亲近外，还有种“我们同在一起”的倾向，反映出沟通处理事务的本质。使用第一人称复数代词，可以表示出和别人的密切程度、共通性及凝聚性。举例来说，使用“我们”语言的夫妻对婚姻的满意程度会比经常使用“我”和“你”的语言的夫妻满意程度高。

但是，“我们”的陈述也不一定都是恰当的。有时候，使用这样的称呼会很冒昧，因为听起来好像你们是对等的。不难想象，当你说“我们有问题了……”时，另一个人可能会说“也许是你有问题，请不要跟我说是我的问题！”

总结来说，就是尽可能清楚明白、详细具体地指出惹怒我们的特定行为，沟通就会变得更为明智、准确。这种方法就是行为描述，这样不仅能告诉自己的想法，还能把谈话重点集中在可处理的、单独的某个行为上，而行为比人格更容易改变。正确的行为描述专指某一特定事件，不会涉及普遍性，因此，在沟通中指出问题时不应该使用“总是”或“从不”这样的词语。例如，“你总是打断我！从不让我把话说完！”，这样的表达不是正确的行为描述。

我们还应该使用第一人称陈述来明确说明自己的感受。第一人称陈述的句子以“我”开头，然后描述清楚、明确的情感反应。这种句式能驱使我们辨识自己的情感，这对伴侣双方都有好处，也有助于我们“拥有”并承认自己的情感，而不是把关注全部放在伴侣身上。因此，我们应该说“我现在感到非常生气”，而不要说“你真惹怒我了”。

把行为描述和第一人称陈述结合起来的简单方法是把它们整合成“XYZ 陈述”，从而更清楚准确地进行沟通。“XYZ 陈述”格式如下：“当你在 Y 情境下做 X 的时候(标准的行为描述)，我感到了 Z(第一人称陈述)。”下一次听听你自己对伴侣的抱怨，你是在说：“你怎么这么不为我着想！从来不让我把话说完！”或者力求简单而准确地说出自己的意图：“你刚刚打断我讲话的时候，我感到很生气。”

不是所有的语言问题都来自误解。有时候，即使非常了解一个人，但还是会产生冲突。当然，我们并不是要避免或消除所有的争议，但是改掉这些语言上的不良习惯，可以减少不必要的沟通冲突，让你省下力气去对付那些无法避免的或是重大的议题。

(五)自我表露

自我表露是指有意透露与自己相关的信息的过程，而且这些信息通常是重要的、不为人知的。首先，自我表露必须是有意的。如果你偶然地向一个朋友提起你正在考虑辞职，或者你的面部表情泄露了你试图掩藏的恼怒，这些都不能算是自我表露。其次，除了有意透露以外，这些信息必须是重要的。假如你喜欢胡扯，那么那些不重要的事实、意见或者感觉就很难算是自我表露。最后，自我表露的信息要不为人知。假如别人已经看出了你的情绪，也知道了原因，这时你再去告诉他们你沮丧或者得意的心情，就不值得关注了。

自我表露指的是向他人透露个人信息的过程，它是亲密程度的指标之一。

如果两个人不共同拥有一些私人的、相对秘密的信息，他们的关系就称不上亲密。

1. 自我表露的好处

①宣泄：你会表露信息，试图“一吐胸中块垒”。在这个过程中，如果处理得当，宣泄可以提供心理上和情感上的双重慰藉。

②互惠：一个自我表露的行为会引发另一个自我表露行为，但这并不保证你的自我表露就一定可以引起他人的自我表露，但你的诚实会使他人感觉安全，甚至感觉有义务去配合你的诚实。例如，今天你告诉朋友你在工作中遇到的问题，这也许会帮助她在今后向你倾吐她的家庭故事时感觉更自在一些。当然，表露的时机必须是合适的。

③自我澄清和自我确认：有时候，和他人谈论你的信念、意见、想法、态度和感觉，可以理清和确认你对于这些话题的观点。这种“把问题说出来”的情况可能发生在你和心理医生谈话的过程中，也有可能发生在你和朋友谈话的过程中。

④关系的建立和维持：开始一段关系是需要一定程度的自我表露的。你考虑一下自我表露在第一次约会或者一次面试中起到的作用(当然在这两个情境中，表露的方式会有很大的不同)。自我表露对于维持成功的关系也会起到作用。例如，自我表露的品质和婚姻的满意度之间有着很强的联系。

⑤社会控制：表露个人信息会增加你对他人的控制，有时也会增加你对情境的控制。举例来说，当一个职员告诉老板另外一个公司已经跟他主动接头并有意挖墙脚时，他很可能是希望因此获得晋升并改善现有的工作环境。

2. 自我表露的风险

新的人际关系刚开始的时候，自我表露时讨论的只是少数几个不同的话题，并且透露的只是不带个人色彩的信息。然而随着人际关系的发展，人们会讨论更多的话题，透露更多有着私人意义的话题。

人际关系的发展大体上就是这样。此外，与他人的早期交往时期，自我表露通常会表现出明显的相互作用。新伙伴们倾向于匹配彼此的开放程度，如对方表露多则自己也表露多，如果对方的自我表露减少自己也表露更少。人们透露自己信息的程度，往往取决于不同的对象，在不同的人际关系间也有很大的变化。这往往也是个渐进的过程，新伙伴们通常分阶段地转到更深层次的话题，而不是一步到位。一次说太多、太快是危险的，因为这样会突破别人的期望，常常会给人留下糟糕的印象。最好的策略是经常保持耐心，让可以感觉到的相互作用来逐渐地增加你们交往的亲密感。

然而一旦人际关系变得非常稳定后，相互作用就减少了，因为表露较多私人信息的一方，可能很长时间都得不到对方相同的表露回应。持久的亲密关系似乎取决于伴侣的应答性而非相互作用；也就是说，人们希望感受到爱意和受人重视，所以希望自己的自我表露能够得到明显的理解、关爱、支持和尊重。如果我们向知己或爱人透露了一些隐私，我们并不需要对方回报以相似的秘密，而是希望我们的真诚能够引起对方的同情、宽容和接纳。

自我表露和喜欢对方产生关联的原因有很多。其一，我们倾向于向自己喜欢的人透露更多的个人信息。如果别人吸引了我们，我们往往会对他们更加开放。不过，我们也可能因为对他人进行了自我表露，从而倾向于喜欢他们。如果其他条件相同，对他人越开放，我们就越喜欢他们。其二，也可能是最重要的一点，别人信任我们而对我们进行自我表露，具有奖赏意义。自我表露多的人比那些对自己的信息三缄其口的人更招人喜爱。相互的自我表露还能建立双方的信任。因此，得到和给予自我表露都让人感觉良好，并且这方面的言语沟通是构筑亲密关系必不可少的基础。你可以试着这样做。

(六)守礼而镇定

如果我们在谈话时经常大发脾气或者充满敌意，即使信息的传递和接收都非常准确也可能没多少裨益。如果我们遭遇他人的蔑视和敌视，心态就很难保持温和和放松，嘲弄和鄙夷对方的人反过来也受到对方暴躁、愤怒的对待，这在亲密关系中更为不利。与美满的关系相比，不美满的亲密关系更经常地陷入负面情感相互作用的沟通困境中，彼此蔑视，根本不把对方说的任何话当回事。幸福的亲密关系偶尔也有这样的行为——大多数的亲密关系都可能会发生尖酸刻薄的蔑视，但是他们比起不幸福的对方能更快地摆脱这些恶性循环。实际上，在争吵不断升级之初就进行化解是非常有益的，却不太容易做到。虽然“XYZ陈述”和积极的倾听技能都有助于对方避免愤怒和敌对的沟通，但研究者发现，人们一旦开始变得愤怒，根本想不到运用这些技巧。当你处在“痛恨对方，想要报复，感到心被刺痛而想反击”的心理状态时，要想做出第一人称陈述就非常困难，甚至根本不可能。因而，在被对方激怒的时候能保持清醒，在开始生气的时候能冷静下来，都是非常可贵的技能。如果把愤怒解释为只是思考问题的另一种方式，你的沟通会更好。如果认为他人强词夺理、有失公允而造成本可避免的悲痛和不幸，这种认知就会引起人的愤怒反应。换一种观点来看问题，愤怒就能减轻甚至完全可以避免。更有适应价值的想法是，“哈，这个人持反对意见。我想知道这是为什么?”而不应该这样想“她/他没有权利这样子数落我!”

当然，人在被激怒的时候很难保持平静镇定的思维，所以只要有可能就应该事先允诺与对方彼此以礼相待，这也是试着减少使人愤怒的好方法。你或许愿意和对方定期地会谈，双方礼貌地表达各自的不满。如果你知道对方会设法解决你提出的问题，你在其他时间里就都能轻松愉快地和对方相处。在任何情况下，双方都不应该彼此反复地侮辱和讥讽。如果你发现自己处在这样一种消极情感相互作用的状况，可以暂停一下以打断这个恶性循环，要求休息片刻，“我太生气了，想不清楚，给我 10 分钟让我冷静一下”“等你不再那么激动的时候，再回来讨论刚才的问题。”独自一人待着，每分钟最多做 6 个深长的呼吸，你就可以很快地平静下来。

(七)尊重和确认的力量

良好的沟通包括很多构成要素：有意识地努力传递清晰、直接的信息；认真倾听；即使出现争执仍保持礼貌和克制等。但最关键的要素是明确地表示我们对对方观点的关心和尊重。我们也期望能从亲密对方那里得到这样的关系和尊重。如果认为对方不尊重自己，就会滋生苦恼和憎恨。因此，对对方的确认，即承认他们观点的合理性，表达对他们立场的尊重，一直是人际交往中值得拥有的目标。

确认并不需要你一定与对方观点一致。即使与对方的观点相左，你也能对其观点表示适当的尊重和认可。请思考以下三种对抱怨的回应。

李强：我讨厌你这样做。

王萌：我讨厌你和汤姆喝醉酒。(反向抱怨)

王萌：好吧，你说的对，我不会那样做了。(赞同)

王萌：是的，我明白你的感受。你说的有道理，但我希望你也能理解我的感受。(认可)

只有最后一个回应既承认了李强观点的合理性，又表达了王萌自己的情感，从而能开启坦诚、诚恳的对话。即使我们与对方持有不同的意见，也不需要虚假或谦卑地屈从对方的意见。

的确，对对方的尊重和确认常使意见不合变得更能让人容忍。我们这里提到的所有沟通技能可以构筑成反应灵敏、充满关心和关注氛围的沟通环境，从而减少双方争执的强度和影响。

自我成长

1. 是什么吸引你愿意和一个人成为真心朋友？

使用以下的标准给下面的量表打分：

1＝这个特质我认为很重要；2＝这个特质我认为有些重要；3＝这个特质我认为不是很重要。

____聪明　____人格魅力　____外表出众　____认可自己　____幽默
____独立　____关心别人　____可以信赖　____有趣　____有相似价值观
____安静　____努力认真　____能帮助我做决定　____外向

其他：____

现在请列出你认为最重要的三个特质：____________________

2. 你吸引别人之处是什么？列出你能发现的那些特质。

____

____

3. 在关系中，你是如何处理冲突的？

____

____

4. 你觉得是什么妨碍了你建立更好的朋友关系？

____

____

5. 过去的这些人际关系，让你学到了什么？

____

____

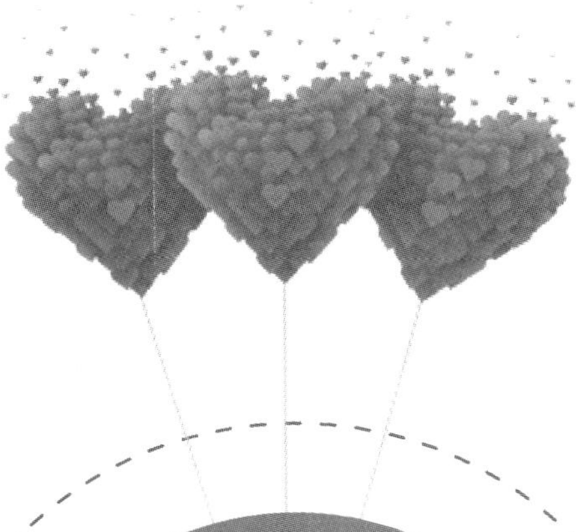

第六章

沟通的艺术——看人之间

真正的友谊从来不会平静无波。

——塞维涅夫人

自我评估

请依据个人的真实情况，这些描述符合自己的记 1 分，不符合的记 0 分。

1. 我的好朋友都是和我在很多方面相似的人。
2. 我在学校最好的朋友就是寝室里的人。
3. 在我的印象中上海人最大的特点是精明。
4. 我很容易被第一印象主导对一个人的判断。
5. 我认为没有冲突是好的人际关系的标志。
6. 面临冲突时，我更喜欢逃避。
7. 我非常在意我的朋友如何看待我。
8. 我很难对我亲密的人说“不”。
9. 回想以往，我感到人际关系给我带来的更多是伤害。
10. 即使结束了一段关系，我仍然愿意不断寻找真心朋友。

成长故事

阿鹏来自温州的商人家庭。在他来学校报到之前，他的爸爸就告诉他，以后大学毕业是要回老家去继承家里的生意的。因此，在他看来，大学就是来体验生活的，不像其他同学有着学业的压力和求职的压力。和他不同，寝室的里其他 5 个哥们是来自普通工人家庭，他们虽然平常也会打游戏，但是对于学习还是有着自己的追求的。这 5 个人在一起的时候也会讨论未来的工作或者是不是要去专升本。这个时候，阿鹏就感到自己似乎是个异类。可是，他会安慰自己：没有关系，自己开心就好了。这种不咸不淡的寝室关系一直保持到了大一下学期，直到一件意外的事件打破了这个寝室的平静。寝室里的小 J 喜欢上了一个女孩，在追女孩方面，阿鹏很有一套，于是他开始为这个小兄弟出谋划策，慢慢地他也开始真正进入了寝室的亲密关系中。

第一节　人际关系的建立

一　人际吸引

是什么让我们与一些人建立关系，而不是与其他人呢？有时候我们没有选择的余地。小孩不能选择父母，大多数工作者无法选择他们的老板或同事。但在大多数情况下，我们会寻找某些人而避开另一些人。

(一)吸引力的基础：一种奖赏

人与人之间产生吸引力最基本的假设是：他人的出现对于我们有奖赏意义。影响吸引力的奖赏有两种类型：与他人交往产生的直接奖赏和仅与他人有关的间接利益。直接奖赏指的是他人提供给我们的所有显而易见的愉悦。如果他人给予我们大量的兴趣和赞许，我们就会对这种关注和接纳感到非常高兴。如果他人聪明又美丽，我们就会享受这些赏心悦目的个人特征。而如果他人能给我们带来物质利益，如金钱或地位，我们更会乐于接受这些好处。多数情况下，人们提供的直接奖赏越多，对我们的吸引力也就越强。

(二)临近：喜欢身边的人

我们或许在网络上结识过朋友，但当我们能听到朋友的声音，看到朋友的微笑，能真实地握手时，这样的交流不是更有奖赏意义吗？大多数时候，当人们近在咫尺地交往时(身体上、心理上都更接近)，这样的人际关系奖赏价值更高。确实，现实空间上的临近通常首先决定了人们能否相遇。多数情况下，友谊和爱情都源自身边人的交往。我们不一定会爱上所遇之人，但要爱上他们必须先遇到他们！

事实上，空间上的临近和人际吸引之间有着显而易见的联系，一米左右的距离就会造成很大的差距。想一下你上学的教室：新学期开始时你认得的是谁？谁又是你的新朋友？你认识的人和最喜欢的人在上课时很可能就坐在你的身边。如果在教室里给大学生分派座位，大学生更可能与坐在身边的人成为好友，而不是那些坐在教室另一边的人，即便教室非常小。

当然，空间上的临近所增加的吸引力是有限的。如果不断接触，那么任何事物(喜爱的食物、歌曲甚至是恋人)都会令人厌烦。熟识能提高吸引力，但过度接触则未必如此。而与可憎、难于相处的人临近并不一定让我们更喜欢他们。要给临近的作用下一个定论的话，就是它能增强我们对他人的情感。如果我们与别人相处愉快，当他们在身边时我们会更喜欢他们。然而，如果我们讨厌某人，临近只会使事情变得更糟糕。

(三)长相吸引力：喜欢那些可爱的人

空间的临近把人们连接在一起之后，我们见到他人时可能最先注意到什么？当然是他们的长相了。尽管我们都知道人不可貌相，但长相的确影响着我们。长相吸引力对人们第一印象的形成有着重要的影响。一般来说，且先不管对错，我们倾向于认为外貌俊美的人更讨人喜欢，更好相处。

假如给你看一张陌生的照片，要求你只依据照片来猜测此人的性格特点和人生前景，这类研究一般发现：人们认为外貌具有吸引力的人更有趣，更善于社会交往，在生活和爱情方面也更可能取得成功。总之，人们似乎受到“美的就是好的”这一简单刻板印象的影响：人们认为有吸引力的人也有令人满意的特质，以与其俊美的长相匹配。而且我们似乎自动地做出这些判断，没有丝毫有意识的思考。当我们看到俊美面孔的那一刻就已开始了对它的正面评价。

对美丽的偏见还可能使人混淆容貌和才能。在职场中，貌美之人比长相一般的人工资更高、提升得更快。在大学校园，学生对有魅力的教授的教学评价更高，甚至在法庭上，相貌好的人也会留下更好的印象。

但我们要注意的是，在过了起初的第一印象之后，长相普通但是具有亲切的人格特质的人会被评价为具有吸引力，另外，生理外表因素的重要性随着关系的增进而降低。就像社会科学家说的：吸引人的外表特征可以打开大门，但是渐渐地，除了外表之外，必须还有其他条件才能保持大门常开。

(四)礼尚往来：喜欢那些喜欢我们的人

吸引力匹配现象表明，要想享有成功的亲密关系，我们应该追求最有可能回报我们的对方。实际上，大多数人就是这样做的。当我们寻求未来的对方时，大多数人会用下面的公式来衡量自己对他人的实际兴趣，以及接近对方和建立亲密关系的可能性：

对未来对方的期望值＝对方的长相吸引力×对方接纳自己的可能性

如果其他条件相同，长相越好，人们对另一半的期望值就越高。不过从这个公式可以看出来，对方的综合吸引力如何，取决于对方的长相吸引力和我们判断对方喜欢我们可能性的乘积。如果有人喜欢我们，但却非常丑陋，这样的人可能并不是约会的首选对象。同样，如果有人长相俊美异常但并不怎么喜欢我们，我们也不会浪费自己的时间。最吸引人的对方是长相还过得去，也很有可能接纳我们的人(之所以愿意接纳我们或许是因为他们也不太俊美)。

更进一步举例来说，绝代佳人对男人有非常高的标准要求。她们不单想要一位友善绅士，也不只需要经济实力雄厚的性感猛男，她们希望对方拥有所有这些理想的条件。如果她们的自身价值足够高，或许真能吸引到这么完美的对方。但如果她们高估了自己的期望值，盲目自信，就会不断地被人拒绝。于是她们可能重新调整自己的期望，并对他人接纳自己的可能性重新做出估计。

(五)相似性：喜欢与我们相像的人

遇上喜欢我们的人具有奖赏意义。如果遇上和我们刚好相像的人，与我们有同样的背景、兴趣和品位，也令人感到愉悦快乐。的确，人际吸引最基本的原则之一就是相像律：相类似的人彼此吸引。正如谚语“物以类聚，人以群分”所说的。

首先就是在年龄、性别、种族、教育程度、宗教信仰和社会地位等人口统计学上的相像，其次是态度和价值观的相像。比如，双方态度相同的程度和相互吸引力有着简单直接的关联：共同点越多，彼此越喜欢。最后，双方还可能有着相似的性格。特别是在长期相处时，处事风格和人格特质相像的人往往能和睦相处。值得注意的是，如果你的性格有一些令人讨厌的弱点，较之与没有这些缺陷的人相处，与同样有这些弱点的人相处会令你感到更加满意。在纽科姆对友谊发展过程的研究中发现，学生们见面后不久，他们最喜欢的室友是他们认为最像自己的人；刚见面时，他们的友谊主要受知觉到的相像影响。然而随着时间的推移，学生之间实际的相像在友谊发展的过程中起着越来越大的作用。当他们有了充分了解后，被试显然喜欢那些真正与他们相像的人，尽管在一开始并不是这样。

(六)“相异”吸引的另一种方式：互补性

有时不同类型的行为的和谐共存，有助于我们实现自己目标。如果双方有不同的技能，一方往往乐于让另一方在他的优势项目上发挥特长。这样的行为就是取长补短，即互补性，它能弥补我们的不足，因此具有吸引力。大多数互补行为其实是相似的，如热情随和的人在得到热情幽默的回报时最为快乐。不过，互补性更确切的形式涉及双方的不同行为：支配与顺从。如果人们非常自信，会希望对方听从自己的忠告。在其他场合，如果人们需要帮助和建议，会希望对方能够给予。如此，互补会成为相吸。

建立有效率的、称心如意的互补性需要时间。例如，大学新生住在一起数周后，他们的人际交往并没有出现任何互补性的迹象，他们仍按自己的习惯来行事，没有发展出能适应其他室友风格的行为模式。然而，15 周之后互补性就很明显了：室友如果冷漠、疏远，其他室友也与他保持距离；室友如果热情、随和，其他室友则回报以友好、和蔼；室友如果言听计从，其他室友就发号施令、掌控一切。相似的情形也出现在爱情中，感到最多爱意和最少冲突的对方是那些在热情上相似而支配欲不同的对方。如果一方要在亲密关系中起带头作用，只有另一方愿意顺从时才最快乐。有一份针对交往超过 20 年的成功和不成功的双方关系的研究，检视他们在相似点和不同点上如何进行沟通。结果显示，婚姻成功的对方之间既拥有足够的相似性，以便能在生理和心理上让对方感到满意，也拥有足够的不同，以便满足各自的需要，同时保持关系的趣味性。成功的对方会找到方法来保持他们相同点与不同点之间的平衡，以适应不断发生的改变。

我们不应过分强调这种互补性。人们会更加喜欢性格相似的人，而非性格不同的人，即使支配欲很强的人也更喜欢有主见的人，而非长期屈从和顺服的人。如果你真正想达成某事，对方若能助你如愿那最好了，而且最好是双方轮流助对方如愿。归根结底，我们喜欢能使我们快乐、支持我们的对方，但我们讨厌使我们感到沮丧、阻碍我们的对方，这种相像和差异的混杂形成了关系间的各种最优组合。而且，个人的成长和新奇的活动都具有奖赏意义，所以我们喜欢那些和我们兴趣不同的人，只要我们自信能与他们融洽相处。需牢记的重点是，相像的人可能更能满足我们的需求。

二　人际关系中的“陷阱”

(一)第一印象

第一印象很重要。第一次与人短暂的谋面后，对别人所形成的判断深刻而持久，初期的认知在数月之后还继续影响着人们的判断。在初次交往时如果十分厌恶某人，那么我们就会回避与他进一步的接触。如果是这样，第一印象就是我们获得的唯一印象，显然也是对此人做出永久评价的依据。然而，即使发现了新朋友的其他特点，第一印象仍会持续地影响着我们的评价。研究者在正式安排大学新生的见面会之后发现，学生最初形成的印象在 9 周后仍继续影响着彼此的情感。

可以想见，有些第一印象是敏锐和正确的，而且会一直持续。有时并不需要多少时间就能明辨善恶好坏，如果判断正确就无须改变最初的知觉。相反，即使第一印象是错的，它也仍会相当顽固地继续存在。不管对还是错，第一印象盘踞不去，这就是它如此重要的原因。

请花点时间快速地评价具备以下特点的某个人：妒忌、固执、挑剔、冲动、勤劳、聪明。

你愿意这个人成为你的同事吗？大概不太愿意。那么再花些时间快速地估量具备以下特点的另一个人：聪明、勤劳、冲动、挑剔、固执、妒忌。

印象好一点了吗？后面这个人并不完美，但看上去能干且上进。

第一印象之所以影响人们，是因为最先了解到的信息能够把人们的注意力导向某类新信息，而这类新信息会影响对后来获得的对新事实的解释，最终结果是人们不能客观公平、不偏不倚地处理来自他人的信息。相反，这些已存的观念(不管是简单的刻板印象亦或草率的第一印象)影响了人们对所遇到的新信息的选择和采用。人们常常轻松随意地忽略掉证明自己错误的证据，却一点也意识不到。人们没有丝毫犹豫，仅仅根据那些支持自己看法的事实就盲目地相信自己对他人的判断，犯错的次数远比人们认识的要多。

(二)刻板印象

当我们选择好一种分类的组织基膜后，我们便会使用那套基膜来对符合分类的人做出归纳和预测。举例来说，如果你特别具有性别意识，你就会特别留意男女行为的差异和他们被对待方式的不同；如果宗教在你生活中扮演重要的角色，你看待教友的态度就会和看待其他人的态度不同；如果种族议题对你来说特别重要，你可能就会注意不同族群的成员之间的差别。只要符合事实，这种归纳并无不妥，事实上我们无法不使用它。

你可以通过补全下列句子，查看自己做出归纳或刻板印象的倾向。

女人是____

男人是____

长者是____

你在完成上述句子的时候很可能没有什么迟疑，这意味着你有刻板印象吗？回答下列问题，看看你是否符合刻板印象的三个特征(我们将以“长者”为例)：

①通常以容易辨认的特征将人分类。例如，年龄是相对容易识别的特征，因此，如果你发现某人看上去已经八十岁了，你很快就会其归类为“长者”。

②将一组特征加诸某一类的绝大多数，甚至是全体成员。例如，基于你和一些长者(有限的)接触经历，你会下结论说所有的老人都有听力障碍和神志不清。

③将这组特征应用于该类群体的任何一个成员。例如，当你在商店偶然遇到一个老人时，你会刻意说得非常响非常慢。当然，对于那些根本不符合你刻板印象、精力充沛且精神矍铄的老人来说，你的行为很可能极度招人讨厌。

第二节　人际关系的演变模式

一 发展的观点

关于关系的发展阶段，最为著名的模式之一是马克·克奈普发展出来的。他将关系中的起起落落分为十个阶段，包含“聚合期”和“离散期”两个层面。其他的学者认为所有的沟通关系都应该包含一个维持期的第三层面，以确保关系正常且顺利地运作。克奈普模式最适合用来描述恋爱双方的沟通，不过，其他亲密关系的类型在很多方面也可以适用。当你逐步读下去时，请试着思考这些阶段如何描述长期关系的特性。本节只重点罗列了其中的六个阶段。

(一)初始阶段

第一阶段的目标在于你愿意与人接触，并表示你是一个值得谈话的对象。沟通在初始阶段通常是相当简短的，往往依循一些常见的形式，如握手、谈论天气等无关紧要的话题，并且友善地表达情感。这类行为看起来相当表面化且没有意义，然而这却是一种有兴趣与他人建立关系的象征。它让我们不需要说：“我是个友善的人，我想要多认识你。”

(二)试验阶段

在与新朋友有些接触后，下一个阶段就是考虑是否有兴趣进一步追求这段关系。这个阶段包含了不确定性减少——通过获得更多有关他人的信息逐步了解对方的过程。减少不确定性的一个常见部分就是寻找双方的共同立场。它包含了一个基础的对话内容，如“你从哪里来?”或者“你的专业是什么?”从中，我们就可以发现自己与他人的相似性，如“你也慢跑吗？你一个星期跑几公里呢?”

(三)强化阶段

在这个阶段，两人的沟通模式会发生一些改变：向对方表达情感的次数变多，使用更广泛的沟通策略来描述他们对吸引力的感觉。他们会直接表达他们的情感，公开讨论彼此关系的状态。但他们更常以不直接的方式沟通：花更多的时间一起度过，要求相互的支持，为同伴做一些有趣的事情，给予一些情感的纪念品，用非语言的方式表达情感，了解对方的朋友和家庭，以及试着让自己的外表更有吸引力，等等。在发展友谊时，强化阶段包括共同参与活动、跟共同的朋友出游或一起去旅行等。

(四)整合阶段

当关系增强后，群体中的同伴会呈现出一种作为一个社会单位的认同。在亲密关系中，情侣开始邀约，社交圈开始整合，双方开始向彼此做出承诺："好！我们将会和你的家人一起度过元旦。"大家开始认定某些事物为共同财产——我们的公寓、我们的车以及我们的歌等。同伴之间还会发展出一种他们特有的、惯常的行为模式，甚至连说话方式也开始变得相像，他们会使用彼此的惯用词和句型。整合阶段是我们放弃自己旧有的人格特质，与他人建立并分享认同的时刻。

(五)分化阶段

在最投入的关系中，人们也需要坚持他们独特的自我认同。分化阶段就是"我们"这个点开始要产生变化转成"我"的时候，交谈的焦点从"我们"周末计划要做什么转变成为"我"这个周末要做什么了，曾经两个人都意见一致的理性议题，如"你还是负责赚钱养家，而我负责打理家务"，现在成为争议之点，"我比你更具备职业发展的潜力，为什么我要待在家里?"分化这个词的词根就是不同，暗示着变化是这个阶段的主角。

当一段关系开始经历第一次不可避免的压力感时，分化通常就发生了。这种需要自主和改变的需求不见得是负向的经验。无论如何，人不仅是关系的一部分，也是一个独立的个体，分化就是一个朝向自主的必要步骤。

(六)结束阶段

并非所有关系都会结束，如友谊和婚姻，它们从关系的建立之后可以延续一辈子。但是，的确也有许多关系会走到终点而到达结束阶段。结束是最后阶段的特征，包括一场明确表达想要终止关系和分开的简要谈话。也许会通过一顿真诚的晚餐、一张留在餐桌上的纸条、一通电话或是一份法律文件来结束关系。根据个人不同的感觉，这个阶段可能非常短暂，也可能需要一段相当长的时间以远离痛苦和彼此攻击的情况。

关系并非总是一下子走到终点的，而是以一种来来回回的模式朝着瓦解迈进。不管花的时间是长还是短，结束都不是完全负向的。了解到对方在关系中付出的精力以及自我成长的需求可以降低难过的感觉。事实上，许多关系并不如界定中的那样完全结束，一对离婚的夫妻也许会找到较少亲密感的新方式来维持彼此的关系。

二 辩证的观点

没有人是可以孤独存在的。我们认识到这个事实后，会寻求与他人有联系，但是同时我们也不希望失去全部的自我，即使在最满意的关系中也一样。联系与自主的矛盾需求都包含在联系和自主的辩证中。

我们追求的联系与自主的辩证程度会随着时间改变。在《亲密行为》这本书中，作者德斯蒙德·莫里斯认为每个人都在重复三个阶段的表现："抱紧我""放我下来""让我一个人"。这个循环开始出现在出生的第一年，当孩子从"抱紧我"这个寻求亲密感的婴儿阶段转变到新的"放我下来"阶段后，他们会通过爬行、走路、触碰和品尝来探索这个世界。一个3岁的孩子可能在8月份还坚持"我可以自己做"，却在9月第一天上幼儿园时缠着父母不放。当孩子成长为青少年时，"让我一个人"的倾向变得很明显，从前很快乐地和家人一起相处的少年现在可能会因为必须和家庭一同度假以及在同一张餐桌上用餐而寻找借口。当那个青少年成年时，他们通常又会和家庭变得较为亲密。

在成人的关系中，这个亲密和距离的循环仍然重复着。在婚姻关系中，"抱紧我"通常是在结婚第一年。随着自主的需求慢慢增强，关系的亲密度也会降低，这种需求可能通过各种不同的方式表露出来，包括想要交朋友、参与不包含配偶的活动或找工作等。这种从联系到自主的转变可能导致关系破裂，但是也可能成为循环的一部分——用新的方式来定义关系，以再次取得存在于过去甚至更加浓烈的亲密感。

在评估关系的转折点时，恋爱双方都认为联系和自主的辩证关系是影响其关系的最重要的因素。这种辩证张力在双方协调承诺、冲突、脱身、和解等转折点时十分重要。

课堂活动

人际支持网络

步骤1：请在下面的人际支持网络（图6-1）中写下你在遇到困难和压力时，所有可以寻找到支持的资源。请你在空格内填写一个名字或称呼，这个人是危难时刻能给你支持和帮助的人。

步骤2：现在请你看一看，你填在第一位的是谁？谁离你最近？你为什么选他？在你遇到困难和挑战的时候，你是怎样向他寻求支持的？如果你的支持网络里只有两三个人，请你仔细探索原因。

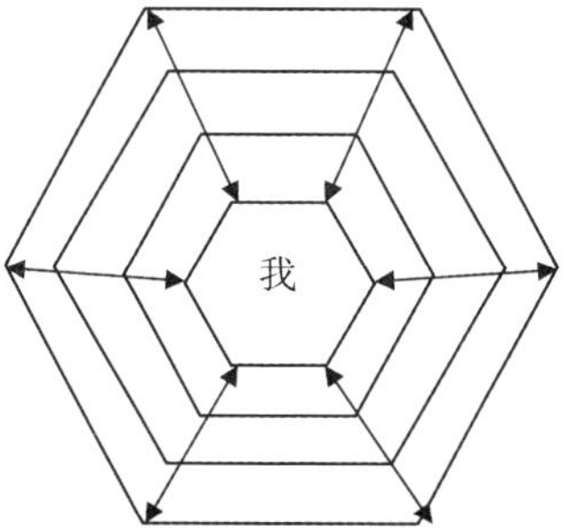

图 6-1　人际支持系统

步骤 3：小组分享你刚完成的人际网络图。

①为什么你会选择这些人进入你的人际支持网络？

②你会如何应用这个支持网络？

③你已经多长时间没有与其中的人交心恳谈了？

④你将如何改变目前的支持网络？

第三节　人际关系的冲突管理

很多人在面对冲突时都会采取“缺席”的方式，也就是说，当他们有需要时就会出现，对别人的需要却视若无睹。我们习惯的这些方式有时候行得通，但不是处处畅通无阻。你习惯用什么方式来面对冲突？通过思考两个假设人物李罗和陈露是如何处理问题的，找出你的答案。

李罗和陈露两人一起跑步已经一年多了，每周三次，每次一小时以上。这两个跑者颇为相配，她们互相挑战用更快的速度跑更远的距离。她们在跑步时的距离变得越来越近，慢慢地，她们开始谈论一些从来都不曾跟别人说过的事情。

最近，陈露开始邀请一些她的朋友加入。李罗喜欢陈露的朋友们，但是他们不是体力充沛的运动员，所以跑步的过程变得有点不过瘾，而且李罗担心会减少像之前一样和陈露一对一谈心的时间。李罗跟陈露谈到自己这个想法，但是陈露不以为然，她回答：“我看不出有什么问题，我们还是有很多时间一起在路上跑，而且你自己说过你喜欢我的朋友。”李罗于是回答：“但是这不一样啊！”

这个情境出现了所有冲突元素：表达出来的斗争(她们的差异已经显现，两人各持有不同的意见)、两个相互依赖的个体(她们享受彼此做伴的感觉而且一起跑比单独跑效果更好)、感觉到不相容的目标(陈露想邀朋友一起跑步而李罗只想和陈露独处）、不足的资源（她们只有这些时间可以用来跑步）。

这里有五种方法来处理李罗和陈露的事情，每一种都呈现出某种处理冲突的取向：

①他们可以说“那就算了吧”，然后不再一起跑步。

②李罗让步，牺牲她想要跟陈露独处的时间和有默契的速度。或是陈露让步，牺牲她的其他朋友，只维持和李罗的友谊。

③其中之一发出最后通牒：“照我的意思做，否则就不要再在一起跑步。”

④他们可以互相妥协，有时候邀请陈露的朋友一起跑，有时候不邀请那些朋友。

⑤李罗和陈露一起头脑风暴所有可能的方法，想出一个既跟她的朋友一起跑，又同时保有彼此一对一的时间和互相激励的效果的办法。

一　逃避（双输）

逃避发生在人们不知所措地忽视或跟冲突保持距离时。逃避可能是身体上的（在发生争执之后故意绕开）或者言语上的（改变话题、开玩笑或否认问题的存在）。逃避冲突有它的诱惑性，但是研究发现这种方式也有代价：在处理逃避的问题上，那些自我沉默的对方比有建设性地面对冲突的对方感到更沮丧、更不舒服。

逃避反映出对冲突的悲观态度，持着没有好办法可以解决这个问题的信念。有些逃避者认为把事情暂时搁置会比直接面对并解决更容易些，也有些逃避者认为放弃比较好（无论问题或关系），免得一直要面对无解的困境。这两种状况都使逃避导致输—输（双输）的结果，其中没有人会获得满足。

在刚刚的例子中，逃避的意思是，与其在两人不一致之间挣扎，不如干脆停止一起跑步。虽然这样两人不至于吵架，但是这也意味着两人都会失去跑步伙伴和友谊。这个解决之道显示出逃避带来的输—输结果。

虽然逃避可以暂时保持和平，但是却最容易导致不满意的关系。长期的误解、怨恨和失望堆积会破坏情绪的氛围，出于这些理由，我们可以说逃避者既不关心自己的需要，也不关心同样遭受各种问题困扰的对方的利益。

除了这些明显的缺点外，逃避也不是一无是处。如果说出来的风险太大，会引发一场尴尬的公开争执；或让人遭受身体的伤害；再或者你认为这段关系不值得付出努力以避免冲突，那么逃避某些特定的议题或情境也许也是合理的。即使在亲密关系中，逃避也不是毫无逻辑的。假如发生的议题是暂时的或微不足道的，你可能会让事情过去。这个理由可以解释为什么有些沟通顺利的幸福配偶会选择性地忽视对方微小的瑕疵。当然这并不是说成功的关系的关键就是要忽视所有的冲突，相反地，反而是要将精力集中在解决重大冲突的议题上。

二 调试(一输一赢)

调试发生在当你允许别人用他们的方法甚过坚持自己的方法，调试者比较少关心自己却对别人比较关心，导致输—赢的结果，如“按照你的方法做”的让步。以我们假设的例子，李罗会调整自己配合陈露，让她的朋友加入她们的跑步活动，但这样会使李罗减少身体训练，失去与陈露默契相处的机会，或是陈露调整自己配合李罗，只跟李罗一个人跑步。

调试者的动机在这种沟通方式中扮演着重要的影响角色。假如调试是仁慈、慷慨或爱的真诚行动，就很可能有机会增进关系。大多数人都会感激有人“牺牲小我完成大我”“以别人想要的方式对待他们”或是“失之东隅收之桑榆”，而大多数人都不喜欢习惯性地扮演“烈士、怀恨的抱怨者、哀鸣者、破坏者”等角色。

在这里，我们要注意影响人们感知冲突的重要角色——文化。来自集体主义背景的人(如亚洲人)，倾向于认为逃避和调试是一种保留面子和处理冲突的高尚方法；而拥有个人主义背景的人(如美国人)，倾向于视逃避和调试为负面反应。比如，当美国人描述在冲突中选择放弃或屈服的人时，常用“不堪一击、好好先生、忍气吞声、没脊梁骨”这些消极的词语，然而亚洲人在描述相同的特质时，用的却是善意的词汇。

三 竞争(一赢一输，有时会转成双输)

调试的反面是竞争。这种对冲突的赢—输取向是只在乎自己而忽略别人，竞争者以“我的方法”来寻求解决冲突之道。例如，李罗和陈露两人都强迫对方让步的话，可能其中之一会获胜，另一方会成为输家。

人们用这种竞争的一赢一输的方法来解决冲突，通常是因为他们感觉到一种“不是……就是……”的情况：不是我拿到我想要的，就是你拿到你想要的。一赢一输最明显的例子是某些游戏，如网球或扑克牌等需要胜利者或失败者的游戏。一些人际议题似乎很符合这个一赢一输的框架：两个同事都想晋升到同一个职位，或两人在如何使用有限的金钱上产生了不一致的意见。

用一赢一输解决问题的明显特征是权利，因为一方必须打败另一方才能获得自己想要的。最明显的一种权利是威胁身体。一些父母用警告威胁他们的小孩，如“不要再那样做，否则我会把你关进房间。”大人之间使用身体的权利来处理冲突时通常不会这么直接，但法律系统却是暗示着身体威胁的：“你最好遵守规则，否则我会把你关起来。”

真实或暗示的威胁不是运用在冲突上的唯一权利。依赖权威的人会热衷于使用各式各样的你输我赢的方法，而不必动用身体的威胁。在多数工作中，上级有权利去分配工作时间、工作升迁和调配职务，当然还有开除不能胜任的员工的权利。即使是令人羡慕的民主体系，通常也以一输一赢作为解决冲突问题的方法。无论自由竞争看上去有多公平，这种体系意味着一个团体得到满足的同时另一个团体却失败了。

竞争的黑暗面是它通常会引起攻击。这种攻击有时是显而易见的，有时则是隐藏的。

四　妥协(部分双输)

妥协至少给双方少数他们想要的东西，虽然双方都牺牲了一部分目标。当事情看起来只能达到部分满足，而且似乎最好也不过是部分满足双方时，人们通常会选择妥协。在李罗和陈露的案例中，她们就可以直接用“各取一半，轮流满足”的方式，即有时只有两人一起跑，有时跟陈露的朋友们一起跑。结果就不会像逃避方式那样，两人都有所损失，都不去碰问题。妥协其实是协调出一个解决方法，虽然满足了两人都想要的部分，但是也失去了一些两人重视的东西。

妥协比输掉一切要好，但对某些人而言，这个方法似乎很难获得应有的正面想象。阿尔伯特写了一本有关冲突解决的极有价值的书籍，关于我们对冲突解决的态度他提出了一个有趣的现象。他问，为什么当一个人说“我会在我的价值观上做出妥协”时，我们认为这个行为不可取，但如果是冲突的双方为了解决问题而妥协，我们就视为可取的？也许妥协就是某些冲突的最佳出路，但是我们必须知道，如果冲突双方能够一起合作，他们通常就能找出更好的解决之道，与此相比，妥协就是一个负面的词语了。

我们大多数人会纠结于让步的坏结果。考虑一个很有普遍性的例子吧：冲突源于一个人想要抽烟而另一个人需要干净的空气时。在这件事情上，一输一赢的情况是：不是抽烟者戒烟，就是非抽烟者的肺遭受污染，不可能双方都满意。但是，妥协的方法使得抽烟者只能享受较少的烟，而非抽烟者仍然必须吸入一些二手烟，这样看起来更糟糕。

某些妥协的确使得双方都满意。你可能在销售员出的价钱和你所谈的价钱之间谈妥一辆二手车的价钱，虽然两个人都没有得到最想要的结果，但是结局使得双方满意。类似的情况，你和你的同伴也许会同意一起去看一部第二优先选择的电影，以便两个人可以共度一晚。要得到让每个人都满意的结果，让步并非最后唯一的选择，还有一个有效解决冲突的方法：合作。

五 合作(双赢)

合作是对冲突寻找双赢的解决之道。合作表示同时高度关心自己和别人，而不是用“我的方法”或“你的方法”来解决问题，他们重视的是“我们的方法”。最佳合作状况会带来双赢的结果，大家都从中得到自己想要的。

假如陈露和李罗合作，商量同时能满足双方的最佳之道。例如，她们可以决定继续一对一相互提携的跑步计划，然后邀请陈露的朋友在每次跑步的最后阶段才加入一起跑；或者他们可以制订其他挑战性较小的计划，以便陈露的朋友们也能参与；再或者他们还可以找出其他方法，既能和陈露的朋友们待在一起，又能让两人感受到乐趣。

合作的目标是找到让冲突双方都满意的解决之道。这意味着他们不仅要避免以对方利益为代价取得胜利，而且相信经由共同的努力，他们能够找出一条超越妥协、使每一个人都达到自己目标的解决之道。

这并不是说，对每一个有类似问题的人来说，合作是最正确的，双赢并不意味着如此。不同的人会发现其他更符合他们的解决方法。合作给你提供了一条路，让你可以依靠创意找出只适用于你个人独特问题的正确答案，而这答案是合作以前的任何一方都想不出或想不到的。通过思考双赢策略，你可以亲手打造一条解决冲突之道，让每个人都觉得舒服自在。

哪一种方式最好？就前面的例子来看，合作似乎是解决问题的理想方式，但如果你认为面对冲突只有这一种“最佳”方式，未免想得过于简单了。一般来说，双赢的取向的确比一输一赢或双输来得好些，但是我们也已经看见有些时候逃避、调适、竞争和妥协也有可取之处。当你决定使用哪一种适合的沟通方式时，要考虑下列几点。

①关系：当某人比你拥有更多的权利时，合适的沟通也许是最好的方式。比如，老板告诉你“立刻”去填订单，也许没有任何异议地去完成它是比较聪明的回应。试图用“肯定的反应”来进行交涉(昨天你交办的事情，我还来不及做完……)可能有一定道理，但也可能使你在工作上有所损失。

②情境：不同的情境对应不同的冲突处理方式。为了一部车而历经数小时的讨价还价，最好的方式可能是在双方的开价中折中妥协。可是在另一种情况下，你可能会碰上原则性问题，而必须“坚持己见”来证明自己是对的。

③对象：双赢是个不错的方式，但是有时候对方不见得愿意合作。你可能遇到过一些充满火药味的人，完全无视关系的重要性，即使微不足道的小事都要争得面红耳赤。遇到这种人，合作性沟通的成功机会将非常少。

④你的目标：有时候你首要关心的是让愤怒或不安的人冷静下来。例如，面对你生病的、脾气暴躁的邻居，一时忍耐很可能比据理力争或引发一场口角更好。而在另一种情况下，你的道理、原则可能迫使你做出攻击性的回应，可即使这么说也不会让你得到什么，如“我真的受够了你开的种族歧视的玩笑。我已经尽力跟你解释过为什么这些玩笑非常具有攻击性，但是很明显，你根本当作耳边风，我走了！”

第四节　人际关系中的自我评价——自尊

大多数人喜欢自己，也有人不喜欢自己。对自我的评价构成了自尊。如果对自己的技能和特质持正面评价，自尊水平就高；如果怀疑自己，自尊水平就低。因为高自尊的人一般比低自尊的人活得更健康、更幸福，所以大家都认为自我感觉良好有益身心。但人们是怎么样喜欢上自己的呢？社会测量学具有启发性的主导理论认为，如果他人喜欢我们，我们就喜欢自己；如果他人积极地对待我们并看重与我们的关系，自尊水平就高。这种关系在个体的成长早期尤其重要。

一系列令人信服的研究发现，低自尊的人有时低估对方对他们的爱，从而损害亲密关系，觉知到根本就不存在的对方的漠视。自我评价低的人很难相信对方真的、深深地爱着自己，结果，他们往往都对爱能否持续怀有不乐观的看法。这又使他们对对方偶尔的糟糕情绪反应过度。与高自尊者相比，他们会感到更多的拒绝，经历更多的伤害，变得更容易发怒。这些痛苦情感使他们更难建设性地行动，以应对臆想中的危险。当亲密关系出现挫折时，自我评价高的人却能拉近和对方的距离，努力修复亲密关系，低自尊的人则防御性地把自己隔离起来，生闷气，还觉得自己更加糟糕。

研究者认为，这一切都是因为我们变得依赖他人时总要冒很大的风险。与亲密对方的亲密联系让我们享受到支持和关心的丰厚回报，但如果发现对方不值得信赖，也让我们容易受到背叛和拒绝带来的极具破坏性的伤害。高自尊的人因为对对方给自己的爱恋和关心充满信心，即使亲密关系出现困难也能和对方拉近距离。相反，低自尊的人持续地怀疑对方对自己的关心和信赖，所以一旦情况变糟，就从对方身边抽身离去，从而保护自己免受伤害。研究者指出，我们都需要在与他人的联系和自我保护间保持平衡，而低自尊的人总把他们脆弱的自尊心置于亲密关系之前。结果是，低自尊的人的自我怀疑和敏感脆弱使他们从无数的琐事中制造出堆积如山的问题。当提及对方的缺点时，他们反应过于强烈，错误地以为爱情之路上的磕磕碰碰是对方拒绝承诺的不祥之兆，然后又表现出令人反感、自我打击式的伤害和愤怒，完全隔绝了自己渴望的对方的安慰。相形之下，高自尊的人对同样的小磕碰完全不以为意，信心十足地期待对方对自己的接纳和正面评价。因此，低自尊既来自人际关系，又影响着随后发展的人际关系，我们的自我评价部分地取决于我们与他人交往的质量。这种自我评价影响着随后与新对方的交往。新对方又进一步证实我们人际关系的价值。总之，我们对自己的认识来自与他人的人际关系，又影响着人际关系的后续发展。

自我成长

1. 请闭上眼睛，仔细回想生活中有哪些人是对你非常重要的，然后睁开眼睛，写下他们的名字，接着从你的角度评价一下在你眼里他们有着什么样的特点。最后看一看，这些人之间有着什么样的共同特点。

2. 请在你的重要朋友中挑出一个，仔细回想和这个人的交往过程，尝试去发现哪些事件在你们友谊的建立和深入过程中发挥了重要作用。

3. 请回忆一下在最近的生活中你和别人发生过的一次争执，在这个冲突的过程中，你采取了什么样的态度？你这样做的原因是什么？

4. 请写下在你的成长过程中他人对你的看法会对你产生怎样的影响。

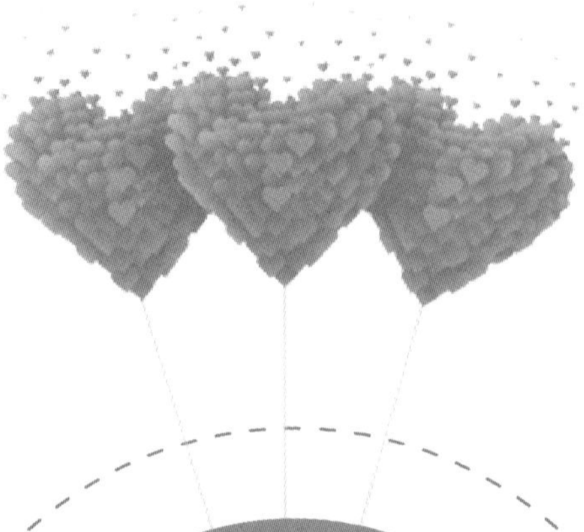

第七章

与你谈情——发现爱情

> 爱情让人忘记时间，时间也使人忘记爱情。
>
> ——张小娴

自我评估

请依据个人的真实情况，这些描述符合自己的记 1 分，不符合的记 0 分。

1. 在恋爱关系中，我会害怕自己失去别人的爱。

2. 当我失恋后，我更难重新付出信任和爱了。

3. 我会用对方能够接受的方式来表达自己的爱情。

4. 在恋爱中，我并不要求对方一直陪着我，一直把所有的注意力放在我身上。

5. 在恋爱中，我会用各种各样的方式去讨好对方，争取对方的注意力。

6. 只要我处在恋爱中，我就认为这段爱情一定要天长地久。

7. 当和对方发生争执时，我会用比较理性的方式来处理彼此的差异。

8. 即使在热恋中，我也知道爱情并不一定是欢乐，这里面还有泪水和伤害。

9. 在爱情中，我爱我们相似的地方，同时也接受彼此不同的地方。

10. 我的父母为我示范了良好的爱情模板。

成长故事

徐涛在高中的时候从来都没有谈过恋爱，吴珊是他的第一个女朋友。他们从新生军训的军旅歌曲比赛里熟悉起来，后来因为两个人都是班干部要一起搞活动，才慢慢有了感觉。在徐涛眼里，吴珊是一个特别的女孩，她长得不算漂亮，但是有着一双炯炯有神的眼睛，尤其是在她笑的时候，他觉得似乎有光从她的眼睛中散发出来。和她在一起，时间都过得特别快，他们也有着说不完的话。他不知道以后会怎么样，但是很想能够通过自己的努力，让这个女孩知道自己是认真的，能够信任他，能够愿意和他长长久久地走下去……

第一节　你对爱情的定义

查尔斯王子和戴安娜宣布婚约后，在电视采访中问及查尔斯王子，他们夫妇是否相爱？戴安娜面带微笑迅速地回答“当然”，查尔斯却低声补充道：“爱意味着什么。”在《爱情心理学》一书的序言中，鲁宾指出爱情科学还不成熟。他说，不成熟的一个标志是，本书中提到的研究者几乎没有关于爱的一个通用词汇。因为每个人对于爱的理解不同。有多少人体验过爱情，大概就有多少种爱情的定义。重要的是你能审视自己对爱情的定义，以及你对待爱情的方式。

请写下你对爱情的定义：

第二节　爱情的发展模式

俊杰和美华每周都去健身房健身，他们两个人在那里邂逅了几次，就开始交谈起来。他们发现彼此有许多共同点，并且开始期待半计划半偶然的会面。几个星期之后，他们开始正式约会，并发现彼此非常适合。

如果这种模式是可以预知的，那么大多数亲密关系的发展都比较相似：伴随着一系列令人惊讶的规律性进展。

①两个人之间的交往日趋频繁，且持续时间更长，此外，交往的地点不断增加。

②双方逐渐寻求对方的陪伴。

③他们之间越来越坦诚，相互透露自己的隐私，开始表现出身体方面的亲密行为。

④他们越来越希望分享对方的积极感受和消极感受，也可能会在彼此赞美之余提出一些批评。

⑤他们开始对双方关系的目标达成共识。

⑥他们对一些境遇的反应变得越来越相似。

⑦他们开始感觉到自己心理上的幸福与这段关系的成功与否紧密相连，并把这段关系看作唯一的、不可替代的、弥足珍贵的。

⑧最后，他们关于自己和自身行为的定义发生改变：他们把对方看作伴侣，并在行为上也有相应表现，而不再是两个独立的个体。

关于亲密关系发展之路的另一个观点是刺激—价值—角色理论，亲密关系沿着三个顺序固定阶段不断推进。第一阶段是刺激阶段，关系只建立在表面的、身体方面特征(如长相)的基础上。通常，这代表着最初的相遇。第二阶段是价值阶段。这一阶段通常发生在双方第二次到第七次之间的相遇过程中。在这一阶段，关系的特征是双方的价值观和信念之间不断增加的相似性。最后，到了第三阶段角色阶段，关系建立在双方所扮演的特定角色的基础之上。例如，双方可能会把彼此定义为男女朋友关系，也可能定义为夫妻关系。当然并非所有的亲密关系发展都遵循相似的模式。

第三节　爱情的心理学理论

一　爱情的三因素理论

美国耶鲁大学的斯腾伯格从学术的角度提出了爱情成分理论，认为人类的爱情基本上由三种成分组成(图 7-1)，即亲密、激情、承诺，并且在这三种成分的基础上，将人类的各种爱情关系分为以下八种类型，如表 7-1 所示。

①激情：引发浪漫之爱、身体吸引、性完美等驱力。它包括了那些在爱情关系中能引起激情体验的动机性以及其他形式的唤醒。

②亲密：在爱情中亲近、归属的体验，包括渴望促进爱人的福祉、对爱人高度关注；在需要帮助时能指望爱人、分享自我、亲密交流；从爱人那里得到情感支持，为爱人提供情感支持，肯定爱人的价值。

③决定/承诺：从短期来说，指的是一个人决定爱另一个人；从长期来说，是指一个人维持爱情的承诺。这两个因素并不一定同时存在，一个人可以在不承诺长久关系的情况下爱一个人，一个人也可以处于一段关系中，却不承认爱着这个人。

表 7-1　爱的组合

爱的类型	亲密成分	激情成分	承诺成分	举例
无爱	无	无	无	你对这个人的感觉像对电影院收取入场券的人感觉差不多
喜欢	有	无	无	每周至少有一两次在一起吃午饭的好朋友
迷恋的爱	无	有	无	仅仅基于性的吸引而短暂投入的关系
空洞的爱	无	无	有	被安排好的婚姻或“为了孩子”而决定维持婚姻的夫妇

续表

爱的类型	亲密成分	激情成分	承诺成分	举例
浪漫的爱	有	有	无	经历了几个月快乐的约会，但尚未对彼此共同的未来做任何规划的情侣
对方的爱	有	无	有	享受对方的陪伴和双方的关心，尽管彼此不再有多少性兴趣
昏庸的爱	无	有	有	只认识两个星期就决定在一起生活的两个人
完美的爱	有	有	有	充满深情和性活力的长期关系

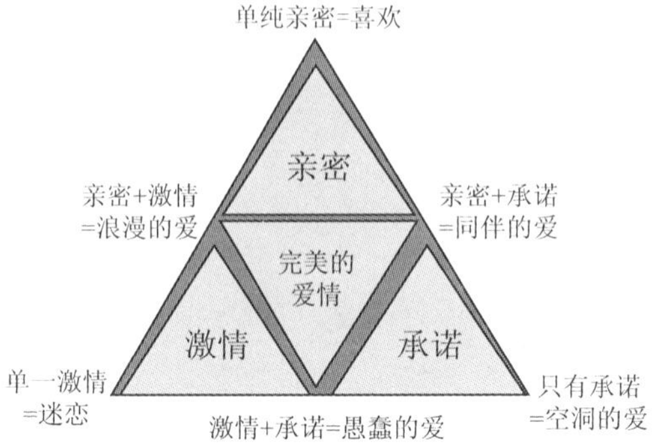

图 7-1　爱情三角形

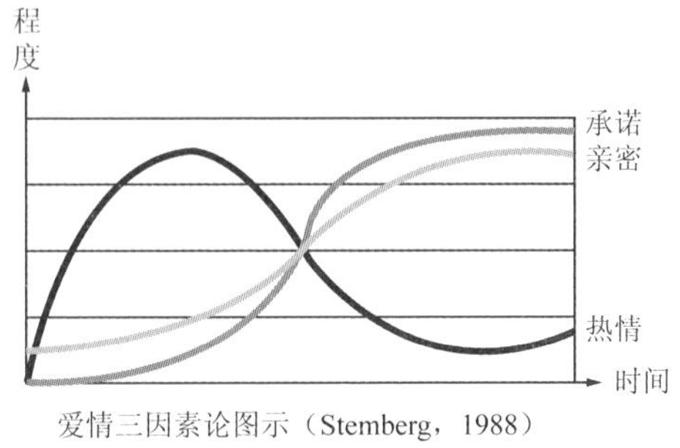

图 7-2　爱情三因素

在关系的发展进展中，爱的三个成分(激情、亲密和承诺)的强度有所变化。当关系发展的时候，这些成分是如何变化的，见图 7-2。激情随着时间的流逝消退最快，亲密和承诺却随着对于关系的投入和经营能够历久弥新。

心理游戏

你们的信任标尺

请回忆你和伴侣的相处，然后判断你是否同意下面这些说法并做出选择。每一题有 5 种选择，很同意 5，同意 4，中立 3，不同意 2，很不同意 1。

1. 我感到被伴侣保护。

2. 我的伴侣对我很忠诚。

3. 我的伴侣在经济上支持我。

4. 在伴侣身边我有时会感到很安全。
5. 我不认为伴侣和他人存在亲密关系。
6. 我相信大多数人是可信的。
7. 我的伴侣让我有安全感。
8. 我知道我的伴侣永远都是我非常亲密的朋友。
9. 关键时刻，我的伴侣会为我和我们做出一些牺牲。
10. 我的伴侣在做决定时总是考虑我的感受。
11. 我知道我的伴侣会在我生病时照顾我。
12. 当我们相处不融洽时，我的伴侣会和我协作处理我们之间的关系。
13. 我的伴侣会给我情绪上的陪伴。
14. 伤心或愤怒时，我可以信任伴侣对我说的话。
15. 我的伴侣会向他人展示他(她)有多珍视我。
16. 我的伴侣会做他(她)答应做的事情。
17. 在争论时，我可以相信我的伴侣是真的在听我说话。
18. 我的伴侣的言谈举止都反映了我们共同的价值观。
19. 我的伴侣是一个品行端正的人。
20. 我的伴侣信守承诺。

二 约翰·李的爱情彩虹图

加拿大社会学家约翰·李(John. Alan. Lee)将男女之间的爱情分成六种形态：情欲之爱、游戏之爱、友谊之爱、依附之爱、现实之爱及利他之爱。

①情绪之爱建立在理想化的外在美之上，是罗曼蒂克、激情的爱情。其特点是一见钟情式，以貌取人，缺少心灵沟通，热烈而专一，靠激情维持。

②游戏之爱视爱情为一场让异性青睐的游戏，并不会投入真实的情感，常更换对象，且重视的是过程而非结果，不承担爱的责任，寻求刺激与新鲜感。

③友谊之爱是指青梅竹马的感情，是一种细水长流型、稳定的爱。这种爱情以友谊为基础，在长久了解的基础上滋长着，能够协调一致地解决分歧，是宁静、融洽、温馨和共同成长的爱情。

④依附之爱对于情感的需求非常大，依附、占有、妒忌、猜疑、狂热，在恋爱中情绪不稳定。这种爱控制对方情感的欲望强烈，将两人牢牢地捆在爱情这条绳索上。

⑤现实之爱则是会考虑对方的现实条件，以期让自己的酬赏增加且减少付出的成本的爱情。这类爱情理性高于情感，是受市场调节的现实主义态度。

⑥利他之爱带着一种牺牲、奉献的态度，追求爱情且不求对方回报。自我牺牲型爱情是无怨无悔、纯洁高尚的。

心理游戏

请根据这些条目的要求描述当你陷入激情式的爱情中时你的感受。想一个你现在爱得最热烈的人。如果你从未谈过恋爱，想一个你最关心的人。在选择你的答案时，请回忆一下你最强烈的感受。对于以下15个条目，请用数字1～9来尽量准确地描述你的感受。数字1代表完全不正确，数字9代表完全正确。将答案记录在题目之前。

1	2	3	4	5	6	7	8	9
完全不正确				一般				完全正确

1. 他/她要是离开我，我会感到极度绝望。
2. 我有时候觉得无法控制自己的想法，它们总是关于他/她。
3. 当我做了一件让他/她快乐的事情时，我会感到很快乐。
4. 我宁愿和他/她在一起，而非其他人。
5. 想到他/她曾经和其他人谈过恋爱，我就会很嫉妒。
6. 我渴望知道与他/她有关的一切事情。
7. 我希望在肉体上、情感上和心理上都得到他/她。
8. 我对他/她的爱的渴望是无止境的。
9. 对我来说，他/她是最理想的情人。
10. 每当他/她触摸我时，我能感受到我身体的回应。
11. 他/她似乎总在我脑海中。
12. 我希望他/她理解我、我的情感、我的恐惧和我的希望。
13. 我急切地寻找任何关于他/她渴望我的迹象。
14. 他/她对我有强烈的吸引力。
15. 当我和他/她的关系出了问题时，我会变得非常沮丧。

计分方式：把15题的得分加在一起，总分为15～135。你的分数越高，你对对方的感觉越能够反映出激情式的爱情。那些你给予相对高分的条目反映了在激情式爱情中你所体验到较为强烈的成分。

三　恋爱中的依恋关系理论

越来越多的证据表明：个体成年后的浪漫关系很可能会受到婴儿期依恋类

型的影响。依恋是儿童和特定个体之间发展起来的积极情感连接。大部分依恋类型可以划分为以下三种：安全型依恋、回避型依恋和矛盾型依恋。安全依恋型儿童和照顾者之间是健康、积极、信任的关系；回避依恋型儿童和照顾者之间的关系比较冷淡，并且避免与照顾者进行交互；矛盾依恋型儿童在和照顾者分离时表现出巨大的痛苦，但当照顾者回来后，又对其非常生气。

请思考以下想法。

①我觉得自己易于与他人接近，并且能够很惬意地信赖对方，也能获得对方的信任。我很少因为害怕被抛弃或被他人过于接近而担忧。

②我在接近他人的时候会觉得有些不自在，我很难完全相信别人、依赖别人。有人对我特别亲近的时候，我会觉得紧张。我的爱侣常常要求我与他更亲密些，但这往往让我不自在。

③我发现别人不愿和我接近。我还常常担心我的爱侣并不是真正爱我，或者是不想和我在一起。有时，我想要完全融入另一个人，但这往往会把他们吓跑。

根据心理学家菲利普·谢弗的研究，符合第一段话的人属于安全依恋型。这样的人易于建立亲密关系并从中获得快乐，而且他们对亲密关系的未来充满信心。超过半数的成年人表现出这种安全依恋模式。符合第二段话的人表现出回避依恋型。这样的人大概占了总人数的四分之一，他们在亲密关系中往往投入较少，与恋人分手的概率比较高，而且经常会觉得孤独和寂寞。最后，符合第三段话的人属于矛盾依恋型。这样的人在亲密关系中投入过多，会反复地和同一个恋人分分合合，而且往往自尊水平较低。大概有五分之一的成人属于这个范畴。

亲密关系经历量表

下面给出了许多句子，都是描述恋爱关系中的每个人可能会有的感觉。在你的恋爱关系中，你自己的一般体验与每个句子描述的情况有多大程度的相似？请在每个句子的右边，在最符合你的选项上进行标注。1表示非常不同意，7表示非常同意。请记住，这里所指并不仅仅是现在的恋爱经历，而是指你在所有的恋爱经历中常常体验到的感觉。

题目	1＝非常不同意，7＝非常同意						
1. 总的来说，我不喜欢让恋人知道自己内心深处的感觉	1	2	3	4	5	6	7
2. 我担心我会被抛弃	1	2	3	4	5	6	7
3. 我觉得跟恋人亲近是一件惬意的事情	1	2	3	4	5	6	7
4. 我很担心我的恋爱关系	1	2	3	4	5	6	7
5. 当恋人开始要跟我亲近时，我发现自己在退缩	1	2	3	4	5	6	7
6. 我担心恋人不会像我关心他/她那样地关心我	1	2	3	4	5	6	7
7. 当恋人希望跟我非常亲近时，我会觉得不自在	1	2	3	4	5	6	7

续表

题目	1=非常不同意，7=非常同意						
8. 我有点担心会失去恋人	1	2	3	4	5	6	7
9. 我觉得对恋人开诚布公，不是一件很舒服的事情	1	2	3	4	5	6	7
10. 我常常希望恋人对我的感情和我对恋人的感情一样强烈	1	2	3	4	5	6	7
11. 我想与恋人亲近，但我总是会退缩不前	1	2	3	4	5	6	7
12. 我常常想与恋人形影不离，但有时这样会把恋人吓跑	1	2	3	4	5	6	7
13. 当恋人跟我过分亲密的时候，我会感到内心紧张	1	2	3	4	5	6	7
14. 我担心一个人独处	1	2	3	4	5	6	7
15. 我愿意把我内心的想法和感觉告诉恋人，我觉得这是一件自在的事情	1	2	3	4	5	6	7
16. 我想跟恋人非常亲密的愿望，有时会把恋人吓跑	1	2	3	4	5	6	7
17. 我试图避免与恋人变得太亲近	1	2	3	4	5	6	7
18. 我需要我的恋人一再地保证他/她是爱我的	1	2	3	4	5	6	7
19. 我觉得我比较容易与恋人亲近	1	2	3	4	5	6	7
20. 我觉得自己在要求恋人把更多的感觉，以及对恋人关系的投入程度表现出来	1	2	3	4	5	6	7
21. 我发现让我依赖恋人，是一件困难的事情	1	2	3	4	5	6	7
22. 我并不是常常担心被恋人抛弃	1	2	3	4	5	6	7
23. 我倾向于不跟恋人过分亲密	1	2	3	4	5	6	7
24. 如果我无法得到恋人的注意和关心，我会心烦意乱或生气	1	2	3	4	5	6	7
25. 我跟恋人什么事情都讲	1	2	3	4	5	6	7
26. 我发现恋人并不愿意像我所想的那样跟我亲近	1	2	3	4	5	6	7
27. 我经常与恋人讨论我所遇到的问题以及我关心的事情	1	2	3	4	5	6	7
28. 如果我还没有恋人的话，我会感到有点焦虑	1	2	3	4	5	6	7
29. 我觉得依赖恋人是很自在的事情	1	2	3	4	5	6	7
30. 如果恋人不能像我希望的那样在我身边时，我会灰心丧气	1	2	3	4	5	6	7
31. 我并不在意从恋人那里寻找安慰，听取劝告，得到帮助	1	2	3	4	5	6	7
32. 如果在我需要的时候，恋人却不在我身边，我会感到沮丧	1	2	3	4	5	6	7

续表

题目	1=非常不同意，7=非常同意						
33. 在需要的时候，我向恋人求助，是很有用的	1	2	3	4	5	6	7
34. 当恋人不赞同我时，我觉得确实是我不好	1	2	3	4	5	6	7
35. 我会在很多事情上向恋人求助，包括寻求安慰和得到承诺	1	2	3	4	5	6	7
36. 当恋人不花时间和我在一起时，我会感到怨恨	1	2	3	4	5	6	7

第3、5、19、22、25、27、29、31、33、35题反向计分，奇数项是回避得分，偶数项是焦虑得分，相加得到总数后求平均分。

安全型=回避×3.2893+焦虑×5.4725−11.5308

恐惧型=回避×7.2371+焦虑×8.1776−32.3553

多虑型=回避×3.9247+焦虑×9.7103−28.4573

冷漠型=回避×7.3655+焦虑×4.9392−22.2281

心理学家比较清楚的是，个体的婴儿期依恋模式与成年行为之间是有延续性的。那些在成年关系中遇到困难的人，最好回顾一下他们早期的依恋生活，以确定问题的症结所在。对当前行为根源的洞察，有助于我们在成年期学到更多的适应性技能。

在对方需要帮助的时候，成人个体所提供的关怀性质也受到依恋模式的影响。科学家将亲近的关系分为四种依恋类型：安全型、多虑型、恐惧型和冷漠型。安全型的人对情感的亲密和相互依赖感到很自在；多虑型依赖于他人的认可才会有良好的自我感觉，因而这样的人贪婪地寻求被接受，对关系有着较多的想法；恐惧型的人由于担心遭到抛弃而避免与其他人建立亲密关系，尽管想让别人喜欢自己，但他们会担心陷入依赖于他人的危险当中；冷漠型的人感觉与别人的亲密并不值得忧虑，他们会自我满足，拒绝依赖他人，并不真正关心别人是否会喜欢自己。安全型的人被认为对自己和别人都怀有积极的看法。例如，安全型的成人往往会给予对方更敏锐的支持性的关怀，对对方的心理需求反应迅速，因此他们会快乐地寻求与他人的亲密关系。相比之下，焦虑型的成人给对方的帮助更可能带有强制性和干扰性。恐惧型的人对己对人具有消极的看法，从而对关系产生最坏的预期。多虑型的人喜欢别人但对自己充满怀疑，因而会过多地依赖别人，而冷漠型的人喜欢自己却不尊重其他人。

第四节 爱的能力

一 选择爱情的能力——因“何”而爱

当爱情降临时，我们会选择什么样的人成为我们的另一半？看下面爱情因素调查(表 7-2)。

表 7-2 爱情因素调查

	中国		南非		美国	
	男性	女性	男性	女性	男性	女性
彼此吸引——爱	4	8	10	5	1	1
情感稳定和成熟	5	1	1	2	2	2
可靠性	6	7	3	1	3	3
令人愉悦的性情	13	16	4	3	4	4
所受的教育和才智	8	4	6	6	5	5
健康	1	3	5	4	6	9
善于交际	12	9	11	8	8	8
对家庭和孩子的渴望	2	2	9	9	9	7
优雅、整洁	7	10	7	10	10	12
雄心壮志和勤勉刻苦	10	5	8	7	11	6
长相好看	11	15	14	16	7	13
相似的教育背景	15	12	12	12	12	10
良好的财政前景	16	14	18	13	16	11
好厨师、好管家	9	11	2	15	13	16
良好的社会地位	14	13	17	14	14	14
相似的宗教背景	18	18	16	11	15	15
贞洁	3	6	13	18	17	18
相似的政治背景	17	17	15	17	18	17

注：数字表示对特性的排序。

来源：Buss，D. M.，& Dedden，L. A. “Derogation of competitors，”*Journal of Social and Personal Relationships*，1990(7)，PP. 395-422.

在世界各地，人们评价未来的另一半有三条基本标准。如果可以选择，大多数人都期望对方有以下的特点：①热情和忠诚、值得信赖、幽默、智慧、亲切友善、给予支持、善解人意；②吸引力和有活力、长相俊美、性感、外向；③社会地位和资源、经济宽裕、生活安心。

所有这些特点都是值得拥有的，但它们并非是同等重要的，其优先性取决于我们追求的是较随便、短期的恋情，还是忠诚、持久的浪漫爱情。有时候，我们对这些标准要进行重要性排序，对于次重要的特点就要折中处理了。如果我们坚持要求自己的对方既要友善、体谅，又要非常俊美，还要富有阔绰，我们很可能会长期处在失望和沮丧中。

根据伯纳德·默斯坦的刺激—价值观—角色理论。我们会从对方那里得到三种不同类型的信息，它们会影响亲密关系的发展。当双方第一次相遇，彼此的吸引力主要建立在“刺激”信息的基础上，包括年龄、性别、长相等明显的外部特征。随后就进入“价值观”阶段，吸引力取决于彼此态度和信念的相像程度，人们开始了解彼此是否喜欢同样的食物、电影和度假方式。再往后，“角色”的相容性才变得更重要，此时双方最终发现他们在养育方式、事业、居家等基本的生活要务上是否一致。问题是他们彼此对政治观点、娱乐格调可以十分满意，但可能根本意识不到对于定居在什么地方、是否生养子女、生养几个存在根本的分歧。有时候重大的差异只有在婚后才凸现出来，尽管存在这些差异，夫妻仍可能生活在一起，但这并不是因为相异而相吸。

时间和经验的影响还表现在致命的吸引上。如果对方最初吸引人的品质逐渐变成最惹人厌烦、恼怒的特点，致命的吸引就消失了。例如，对方开始交往时看上去主动、风趣，可能到后来却变成了不负责任、愚蠢；一开始看上去的坚强、执着到后来变成了专横跋扈；一开始很享受对方高度注意和奉献的人，到后来或许觉得这样占有欲太强而反感这些行为。在这些例子中，令人厌烦的特征并非秘密，只不过人们领悟不到自己的判断会随着时间发生怎样的改变。重要的是，这类致命的品质往往是另一方所没有的。最初看起来令人羡慕、渴望的，随着时间的推移，人们认识到这些相异没有吸引力了。

在未婚的青年男女身上，研究者发现一种有趣的行为模式，叫作罗密欧与朱丽叶效应：父母越是干涉子女的恋爱自由，被反对的恋人间就会越相爱。当然，这种效应并非总会发生，但父母在禁止孩子与某人谈恋爱时，的确要三思而后行。如果父母的干涉使孩子产生了抗拒心理，父母就可能无意中使这位被禁止接近的对象反而更加有吸引力了。在这种情况下，父母最好的行为或许是温和地表达自己的不满，或者干脆听之任之什么也不做。

二　拒绝爱情的能力——分手的艺术

(一)给主动提分手的人

①想清楚自己为什么要分手。分手有什么好处，有什么坏处？也可找专业人士协助你整理与澄清自己的情绪和想法。

②在谈分手之前，先考虑对方的个性、两人交往的深度、对方可能的反应等，准备好自己谈分手的方式、态度和理由。

③分手之前要有详细的考虑，尽量给对方一些准备的信号，让对方有感知，并且有时间进行相应的心理调适。单方面突然宣布分手带来的伤害是极大的。

④调整好自己的情绪再提分手，态度温和而坚定，不要一直数落对方的不是。既然决定分开，不如少一些伤害，多一些好的记忆。

⑤谨慎选择谈分手的时间和地点。时间最好是白天，因为晚上人的情绪会相对比较难控制，地点最好是公开、安静、有旁人但不会干扰你们谈话的地方。

⑥在顾忌对方感受和尊严的情况下，真诚地、具体地讲出为什么要分手。分手时，仍要尊重和体谅对方。

(二)给被动分手的人

①保持冷静，不要被失恋的各种难受情绪吞没，先听完对方怎么说。

②不要用放弃生命去威胁对方。生命是极其宝贵的，用自己的生命去威胁对方，即使暂时维持了关系，也不是长久之计。

③痛苦不要一个人承受。失恋对人的打击可能是非常大的，可能会使人不停地怀疑自己的价值，沉浸在各种负面情绪里。这时要学会调节情绪，可以找人聊聊天、唱唱歌，用自己的方式来释放。

④不要完全否定自己。在爱情中投入很多的人在失恋后可能会彻底怀疑自己的一切，否定自己的存在。要知道爱情是两个人的舞蹈，单靠一个人的努力是完全不行的。

心理游戏

1. 请完成以下的句子：

我觉得这个人值得爱，是因为对方拥有这些品质________________

我觉得这个人不值得爱，是因为对方拥有这些品质______________

2. 对我来说，爱情意味着________________

3. 我能够通过什么样的方法来表达自己的爱：________________

____

____

4. 我希望别人能用什么的方法来表达对我的爱：________________

____

三 维持爱情的能力——学会“吵架”

在关系信念的研究中，亲密关系的信念分为两类：宿命信念和成长信念。前者认为双方要么是天造地设的一对，婚姻生活注定幸福美满；要么不是冤家不聚头，婚姻生活注定痛苦悲惨。宿命信念从僵化呆板的角度来看待亲密关系：如果双方注定要幸福地生活在一起，那么在相遇的那一刻他们就知道了，他们不会碰到任何疑虑或困难，一旦两个梦中情人相遇，就必然有美满的未来。而成长信念对爱情的看法截然不同，认为幸福的关系是努力和付出的回报。如果双方一起努力战胜挑战、克服困难，良性的亲密关系就能逐渐建立起来。其基本假设是：只要努力付出，几乎任何亲密关系都能取得成功。对于后一类的亲密关系，“第一次大战”是感情关系中常见的转折点，表明冲突是爱人间沟通的正常部分。并且对这些恋人而言，第一次分歧很少会是最后一次。

奇普·尼宿命信念和成长信念量表

请依据下面7点量表来评价你对每个问题同意或反对的程度。

1	2	3	4	5	6	7
强烈反对						强烈同意

1. 谈恋爱的情侣要么能和睦相处，要么格格不入。
2. 理想的亲密关系是逐渐发展的。
3. 美满关系的关键往往是从一开始就要找到般配的对方。
4. 亲密关系中的挑战和障碍只会让爱变得更深厚。
5. 恋爱中的情侣要么注定能融洽相处，要么不能。
6. 美满关系的关键往往是要学会与对方一起解决冲突。
7. 亲密关系如果开局不太好，则必然以失败告终。
8. 美满的关系是经过艰苦努力和解决双方的矛盾而形成的。

冲突及吵架是亲密关系中很重要的表达方式，如果加以善用，不失为双方深入了解、增进关系的重要契机。约翰·高特曼花了许多年研究感情关系，他发现恋人们往往会陷入以下三种冲突类型。

①波动型。这种类型的恋人存在强烈、激动的争论，你吵你的，我吵我的，两个人毫无交集，只是为了发泄情绪，尽管有时只是小问题。他们通常提高自己的嗓门，尽量要占到上风，情绪激昂地谈论问题。对这些夫妇来说，冲突通常被视为需要取胜的比赛。

②回避型。这种类型的恋人更倾向于忽略问题，而不是面对。他们尽可能地减少分歧，避开敏感话题。这些恋人承认他们之间存在冲突，但他们会迅速地、冷静地处理它们。

③效用型：这种类型的恋人公开地、合作地管理冲突。当他们有不同意见的时候，他们通过文明的途径来对话，而且不否认自己的情绪。他们仔细地聆听对方，然后寻求解决问题的合作方案。讨论真正关乎彼此的问题，“为什么你想要，为什么我不愿意。”要是能解决这个问题，从浅层沟通走向深层沟通，就是对路的表达，能勾连上的表达。

一个有效的沟通技巧，第一说事情，第二加上你的感受，最后再加上希望。明确告诉对方你要什么，这样就可以减少矛盾的爆发，彼此从互动中得到深度了解，而不是没有章法地、失控地唠叨。真正的表达基于理解和接纳，从了解到对对方的行为产生深层次的理解，再从理解到接纳，接纳就是爱。

高特曼也发现这三种类型在某些情况下都是成功的，如他所了解到的亲密关系幸福的波动型关系。事实证明，这些像火山一样爆裂的争论只不过是他们温暖又充满爱意的婚姻中的一小部分。争斗时的激情和兴趣似乎都有益于他们之间积极的互动，比普通情况更有用。他们不仅比一般的效用型关系表达了更多的愤怒，也表达了更多的欢笑与恩爱。

还有，相对于化解矛盾，回避型恋人更坚持他们在关系理念上的基本共识。他们不过是再次确认了彼此在亲密关系中所爱的和所重视的东西，即强调积极的部分，接受剩下的部分。通过这个方式，他们常常能以一个悬而未决的讨论来结束争论，且不破坏对彼此的好感。

因此，如果冲突类型不是感情关系取得成功的关键因素，那什么才是？高特曼认为是积极沟通行为和消极沟通行为之间的数量比。他把5∶1称为“神奇比率”，只要恋人之间的积极互动——触摸、微笑、赞美、大笑、体贴的言语等——是消极言行的5倍，他们就能拥有快乐、成功的感情关系。对回避型恋人来说，他们很容易把消极行为的数量控制在较低水平，正如波动型恋人们也能把积极行为保持在较高的水平。关键是无论哪种类型，也包含效用型恋人，成功的秘诀在于保持恰当的比例。

自我成长

1. 请罗列你对另外一半有着哪些要求，然后对这些要求进行重要性的排序。

2. 请回忆一下自己的恋爱史，哪些事情让你对爱情有了怎样的领悟？

3. 有句话叫“爱别人容易，爱自己难”，你觉得自己在经历过爱情之后，发生了什么样的变化。

4. 爱的能力包括了表达爱的能力、接受爱的能力、拒绝爱的能力、鉴别爱的能力、解决爱的冲突的能力、面对失恋的心理承受力和保持爱情长久的能力，你觉得自己在这些能力中最擅长的是哪个？最欠缺的是哪个？你打算如何用实际行动来突破你的局限呢？

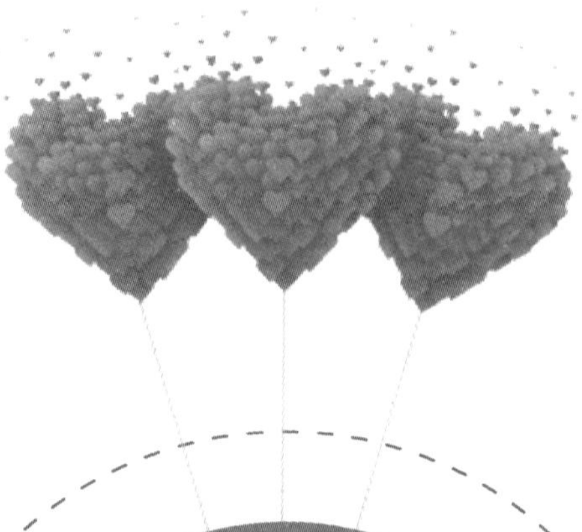

第八章

与你说爱——学习爱情

没有人值得你流泪，值得让你这么做的人不会让你哭泣。

——狄更斯

自我评估

请依据个人的真实情况，这些描述符合自己的记1分，不符合的记0分。

1. 对我来说让别人觉得我很女性化(或很男性化)是很重要的。
2. 我清楚地知道成为一个男人(或女人)究竟意味着什么。
3. 对我来说，同时具有理性和感性、阳刚和温柔、主观和客观比较容易。
4. 我很难接受自己身上所表现出来的异性特征。
5. 我很难接受表现出强硬一面的女性或温柔一面的男性。
6. 我乐于接受性别角色的灵活转换。
7. 我觉得我正在变成自己希望成为的那种男人(或女人)，而不是变成其他人所期望的那样。
8. 我很高兴我目前的状况与自己的性别相符。
9. 我感受到了性别带来的歧视。
10. 对于成为一个男人(或女人)意味着什么，我的父母给了我很好的榜样。

成长故事

心理咨询师给林黛玉的一封信

林黛玉同学：

你好！

非常感谢你来信向我咨询你在和贾宝玉同学的爱情中的各种苦恼，现分别回答如下。

首先你问我，你和贾宝玉同学的爱情是不是早恋，“早恋”是不是不算爱情，是不是注定失败。

在我看来，你们的爱情的确是早恋——恋爱的早期阶段。至于早恋算不算爱情，那要看你定义的“爱情”的范围是什么。有的人认为，只有论及柴米油盐、婚姻的爱才是真正的爱情，可有的人认为这叫爱情的死亡。相濡以沫、白头偕老是爱情的一种，轰轰烈烈、眼泪横飞也是一种。

我个人的爱情观是宽泛的，世界很大，人很多，爱情也有很多种，早恋也是爱情的一个品种。它也许没有成年人的爱情那么理智和稳定，可是也别有风味。婴儿和成年人比较起来无论心理和生理都不成熟，我们总不能说婴儿就不是人吧？

至于你的第二个问题，“我们的爱情是不是注定失败？”和信中提出的其他几个问题，如“宝玉究竟爱不爱我？我呢，我爱不爱他？”“究竟什么叫作爱情？”等都是同一个范畴的问题，即我们如何来理解你们之间的感情纠葛。

在你眼中，你自己是高雅、纯洁、淡泊名利、注重感情的人，而其他大多数人都俗不可耐、蝇营狗苟、臭气熏天，这一类俗人尤以男人为代表，所以你总是爱用“臭男人”来称呼其他男生。当然，这群“臭男人”中有个小小的例外，那就是你表哥贾宝玉，宝玉同学和你一样感情丰富细腻并且反抗学校教育体制，深受你的青睐。我想这是你们爱情的第一个基础成分，你和宝玉在对方身上看到了自己，看到了自己的那些不被社会接受的特质，并能够彼此欣赏。你们的彼此欣赏中还有“同病相怜”的成分。宝玉是整个贾府上下真正称得上异类的男性，其实他是被排斥在贾府男性圈子之外的，而你同样也有被排斥在整个贾府之外的感觉，也觉得自己是个边缘化的人。这就像全班两个成绩最差的同学往往会成为好朋友一样。

当然，如果你们的感情中只有彼此欣赏的成分，那你们的“爱情”就会有太多的自恋或者友情的成分，这种感情叫作“英雄相惜”，鲁智深和林冲就是这样的。

你们感情的特点是你作为一个女孩对男人既依赖又愤怒。一方面，你很依赖宝玉，需要宝玉照顾你安慰你。在这种关系中你们的关系就像小妹妹和大哥哥的关系，就像一个无助的小孩和他那焦虑不安的父母的关系。你注意到没有，每次你一哭鼻子，宝玉就马上就进入焦虑烦躁的状态，希望立即抚平你的痛苦。另一方面，不管宝玉如何做，你总是对他有些不满意，总是对他有些愤怒和不满，这时候你们的关系变得好像是一个处处挑剔的老师和战战兢兢的学生，或者有点像宝玉的父亲和宝玉的关系。

这两种关系的配对——“无助的小孩—焦虑的、安慰的父母”以及“苛刻挑剔的父母—自卑的小孩”，是你们之间最常见的交流模式。而且你们还会轮换角色，例如，有时候你首先扮演无助的小孩，宝玉开始焦虑，焦虑到一定程度他变成无助的小孩了，这时候你再反过来擦干眼泪，扮演起安慰的父母的角色。

当你扮演无助的小孩的角色的时候，你总会觉得这个世界是冷酷无情的、欺负你的。但是你注意到没有，其实与此同时，当你扮演起苛刻的父母的角色的时候，恰恰是你在欺负、愚弄宝玉？也就是说，那个“冷酷无情、欺负你的世界(人)”其实潜藏在你的内心，你对冷酷和欺负过度敏感了，例如，宝钗和她妈妈亲热，其实本来不关你的事，也会被你认为是欺负你没有妈妈。我想，那个情景除了激发了你对宝钗的嫉妒外，更多是激发你的创伤记忆。这些创伤记忆能够说明为什么你和宝玉的人际关系中会总是充满了“父母—孩子”样的角色和焦虑。

据我所知，在你生命中分别有四件对你来说有重大意义的创伤事件：①童年时母亲的死；②青春期时，父亲离开，把你寄养到外婆家；③父亲不认同你的女性身份，其实他希望你是个男孩；④罹患原因不明的致死性肺病。

一般来说，母亲过早死亡会让女孩子对认同母亲存在一些困难。这似乎对你稍微有些影响，虽然你的身体比较柔弱，但是你个性中却具有比较典型的男性特征——坚持、倔强、不妥协。这一点你甚至比宝玉还突出。另外，母亲的死亡我想也会让你在爱情中更多地关注温存和慈爱等母性特质是否存在。

其实人生最早的恋爱关系就开始于对着亲子关系照葫芦画瓢，而这种女性的温柔和体贴在男人身上一般来说是很难找到的。要不是遇到宝玉，很难说你会不会开始一场恋爱。恰恰宝玉是个例外，他具有大部分男人不具有的特点——对女性的温柔和体贴。这也许是因为他从小被女人的爱所包围，所以他特别擅长于发挥母爱。同时由于缺乏父爱，他也面临着如何具有一个男人的身份，并且以这个身份来爱女人以及结交朋友的难题。

缺乏父爱，恰恰也是你面临的问题。虽然你表面上看起来姿态很高傲，但是其实你内心充满了恐惧，你害怕别人看不上你，害怕别人会抛弃你，就像一个女孩害怕自己的父亲嫌弃自己不是男孩，嫌弃自己是个累赘一样。不知道你注意到一点巧合没有：被你看不起的那些“臭男人”，恰恰是你父亲希望你成为的人。高傲的姿态让你在保留住了自尊的同时把自卑的感觉传递给别人，这就是为什么你的人际关系总会出现“苛刻挑剔的父母—自卑的小孩”的配对模式。通过认同苛刻挑剔的父母，你把自卑感转变成了自恋感，而让别人扮演起自卑的小孩的角色，而这个角色恰恰是你无意识中的自己。

另外，在母亲去世后，加上你的疾病，你的确一直扮演着无助而脆弱的小孩的角色，而你的父亲一直在你生活中扮演着焦虑而安慰的父亲的角色。这种角色配对中，应该让你的确感受到了一些父爱，而习以为常地迁移到了爱情的模式中。似乎对你来说，一个爱你的人就是一个必须能够承受你的眼泪和坏脾气的人。我想这种要求你的父亲也很难达到，何况宝玉哥哥?

正是“无助的小孩—焦虑的、安慰的父母”以及“苛刻挑剔的父母—自卑的小孩”这样的人际关系配对耗尽了你和宝玉太多的精力，也造成了你们爱情生活中很多感人泪下的片段。

同时你们的感情距离成熟稳定的爱情还有一些步骤需要经历。一个成熟稳定的爱情具有以下三个特征。

①全面的包容和温柔，即不仅仅爱对方的优点，也能接受对方的缺点和不

足。这一点在你们的爱情中已经存在，可是似乎尚需增加功力。如果你发现宝玉的脆弱无能、不想负责任，甚至有些贪图名利的一面，你能接受吗？如果你发现宝玉也很需要你像个爸爸妈妈一样去鼓励他、安慰他、指导他，你能接受吗？你愿意温柔地对待宝玉，就像母亲安抚婴儿一样，而不是仅仅要求他对你温柔吗？

②全面的性生活，即双方都感到满足的性生活形式，并且能够让彼此的多种性满足形式得到承认。这一点据我所知在你和宝玉的关系中基本上是一片空白。仅仅是通过共读《西厢记》，你们之间稍微有些暧昧的言语，而且当时你的愤怒立即爆发，又开始"父母—小孩"的角色轮换了。不过这一点带有我本人所处区域的文化特色，也许在你所处的区域性欲和爱情是可以分离的，这就要靠你自己判断了。

③双方共有的理想爱情模式和家庭模式，并且愿意为此共同努力。这当然对你们来说还太早，一般是在恋爱过程中逐渐形成的，你们的爱情才刚刚开始。

至于他究竟爱不爱你、你究竟爱不爱他这个问题，是所有恋人不断追寻而又得不到答案的问题。首先，这个问题是问宝哥哥和你自己的，问我我也答不上来。其次，既然你已经提出了这个问题，就说明你对什么是爱情，什么不是爱情，你们目前的关系中有多少是爱情的成分，有多少不是这些问题还缺乏确定感。我想，不确定性也许是每个人一生要持续面对的问题，而对具有很多创伤性不确定体验的你来说，可能更具有难度。

至于另外一个问题，你们的爱情是不是注定失败，也是要看你如何定义什么叫作失败的爱情，什么叫作胜利的爱情。这个世界上没有永恒不变的东西，宇宙尚有消亡日，况爱情乎。如果你认为爱情的形式产生了变化，如从早恋变成中年人之爱，就叫作爱情的失败的话，那么你的爱情就是注定要失败的了。毕竟失败和爱情一样是一种感觉，而不是一个事实。

祝

身体健康，心情平静

——摘自海之梦心理咨询网站

"坠入爱河"这个概念描述的是爱情的情感特征，两个感受到强烈生理吸引的人通常都会体验到爱情。这是一种十分有力的体验，它通常会发展成为恋爱关系。恋爱关系通常需要包含比情感更多的东西，不管这种情感多么强烈。恋爱关系需要恋爱行为。换句话说，言语表达上的"我爱你"必须和我如何对待你保持一致。这种爱情存在于所有的恋爱关系当中，而恋爱行为使得爱情体验增强并持续下去。我们关注于恋爱行为，因为恋爱关系既产生于此，也消失于此。

爱作为一种行为能够使生活更有意义，即使我们处于困难时期。在我们允许自己去爱他人的时候，我们是有风险的，他们有可能离我们而去，让我们比以前更加痛苦。爱情需要承诺，它是任何真正恋爱关系的基础。虽然承诺不一定保证恋爱成功，但它或许是抚育和滋养恋爱关系的最重要因素之一。同时我们还会发现，主动关心他人、了解他人并帮助他们更好地生活对我们自己也是有意义的。可是最为重要的是，爱自己不只强调对自己情感上的喜爱、欣赏以及行为上的爱护。如果我们不能拥有对自己的喜爱，那么也就不能接受别人对我们的爱、尊敬和欣赏。

第一节 读懂爱情的语言

恋爱的巅峰体验是令人陶醉的经验。我们彼此的心思被对方占据着。入睡的时候，我们想着对方；起床的时候，对方也是第一个进入我们思想中的。我们渴望在一起，一起消磨时光；当我们手牵手的时候，仿佛我们的血液也融合在一起了。一旦这样的恋爱经验持续了一段时间后，我们就又回到真实的世界。我们开始维护自己，开始关注自己所表达的意愿，开始发现对方身上以前没有看到的地方。比如，他想要周末休息而你想要出去逛街，你想要和他一起去见父母而他认为现在还不是时候。渐渐地，亲密的感觉消失了，个人的愿望、情绪、想法和行为模式完全现出原形。你们是两个不同的个体，心思并没有融合在一起，情绪也只是在爱的海洋中短暂地混合了一会儿罢了。现在，现实的波浪开始分离这两个人，使他们跨出情网。这个时候，你们或者退缩、分手，开始寻求新的恋爱经验，或者在这神魂颠倒的陶醉感清醒之际，开始学习相爱的艰难功课。

罗斯·坎贝尔博士是一位精神科医师，他有一个比喻，即每一个孩子心里都有一个“情绪的箱子”等着被爱填满。当一个孩子真正感觉到被爱，他才会正常地成长。但是，当爱的箱子空了的时候，孩子就会有问题行为。孩子们的多数问题行为是由空箱子的渴求所激发的。对爱的需求，不只是一种童年时期的成长现象。这个需求跟随我们进入成年期，进入亲密关系。恋爱的经验暂时满足了那种需求，可是那终究只是一种“止痛药”，它对生命的作用是非常短暂的。一旦“恋爱”那种神魂颠倒的兴奋感褪去，对爱的情绪需求又浮现出来了，因为那是我们本性的基础，是我们情绪愿望的中心。我们最基本的情绪需要不是坠入情网，而是真正地被另一个人所爱，而且知道那样的爱是出于理智和选择，而不是简单的本能。我需要被一个人爱，这个人选择爱我是因为看到我有值得爱的地方。

我们每一个人都带着不同的性格和个人历史进入亲密关系，同时也把各自情感的要求带进亲密关系。我们有不同的期望、不同的处理事情的方法，我们对于什么是人生中重要的事情有不同的看法，我们对于用什么样的方式表达爱也有不同的期待。

心理游戏

爱的五种语言测试题

这份测试题包含了30对陈述句。在每一对陈述句中，你只能从中选择了一个最能说明你的愿望的句子。阅读每一对陈述句，然后在右边的一栏中，在与这句陈述相对应的字母上画一个圈。有时候可能很难在两个陈述句之间做出选择，但为了确保测试结果的准确性，在每一对句子中你只能选择一个。一旦你做完了选择，回过头来计算一下你画了圈的字母的个数。你可以把结果写在测试题的结尾处。得分最高的那项就是你的主要爱语。

下面这些题中有些陈述可能是你的另一半无法做得到的，但如果他能够做得到的话，在每一个陈述句中，你会选择哪一个呢？

1	对方写的爱的短信让我感觉很好。	A
	我喜欢对方给我的拥抱。	E

2	我喜欢与我的另一半单独待在一起。	B
	当对方帮我带饭的时候，我感觉到被爱。	D

3	从对方那里收到特别的礼物会让我很开心。	C
	我喜欢我们一起去长途旅行。	B

4	当对方帮我洗衣服的时候，我感觉到被爱。	D
	我喜欢对方抚摸我。	E

5	当对方搂着我时，我感受到被爱。	E
	我知道对方爱我，因为对方送礼物给我，让我惊喜。	C

6	我不管去哪里，都愿意和对方一起去。	B
	我喜欢牵着他/她的手。	E

7	我很珍惜对方送给我的礼物。	C
	我喜欢听对方对我说他/她爱我。	A

8	我喜欢对方坐在我旁边。	E
	我喜欢听对方告诉我说，我很漂亮。	A
9	能和对方待在一起，会令我很高兴。	B
	对方送给我的即使是最小的礼物，对我来说都很重要。	C
10	当对方告诉我他/她以我为傲的时候，我感觉到被爱。	A
	当对方帮我整理东西时，我知道被爱。	D
11	不管做什么，我都喜欢和对方一起。	B
	对方给我的支持意见让我感觉很好。	A
12	和对我说的话相比，对方为我做的那些事情对我来说更重要。	D
	我喜欢拥抱对方。	E
13	对方的赞扬对我来说意义重大。	A
	对方送一些我很喜欢的礼物给我，对我来说很重要。	C
14	只要是对方在我身边，就会让我感觉很好。	B
	我喜欢对方帮我按摩。	E
15	另一半对我的成就做出的反应让我很受鼓舞。	A
	对方若能帮助我做一些他很讨厌做的事情，对我来说意义重大。	D
16	我从来没有厌倦过对方的亲吻。	E
	我喜欢对方对我所做的事情表示出真正的兴趣。	B
17	我可以请另一半帮助我完成一些任务。	D
	当我打开对方送给我的礼物时，我仍然会感到很兴奋。	C
18	我喜欢对方称赞我的外表。	A
	我喜欢对方倾听并尊重我的想法。	B

19	当对方在我旁边时，我忍不住要触摸对方。	E
	当另一半有时为我跑腿时，我很感谢。	D

20	对方应该为他帮助我所做的一切得到奖赏。	D
	有时候我会为对方送给我的礼物是如此用心而感到惊奇。	C

21	我喜欢对方给我全部的注意力。	B
	我喜欢对方为我做很多事情。	D

22	我期待看到对方会送什么生日礼物给我。	C
	我从来没有厌倦听对方告诉我，我对我的另一半多么重要。	A

23	对方通过送礼物给我，让我知道对方爱我。	C
	对方不需要我出声就主动帮我，表达了他/她对我的爱。	D

24	在我说话时，对方不会打断我，我喜欢这一点。	B
	我从来没有厌倦过收到对方的礼物。	C

25	在我累了的时候，对方善于问我他能帮着做些什么。	D
	我们去哪里不重要，重要的是我只喜欢和对方一起去这些地方。	B

26	我喜欢拥抱对方。	E
	我喜欢从对方那里收到礼物，得到惊喜。	C

27	对方鼓励的话语给了我信心。	A
	我喜欢与对方一起看电影。	B

28	我不敢奢求还有哪些礼物比对方送给我的礼物更好。	C
	我简直没有办法把自己的手从对方身上收回来。	E

29	对我来说很重要的，当对方尽管有其他事情要做，他却来帮助我。	D
	当对方告诉我欣赏我的时候，让我感觉非常好。	A

30	在我和对方分开一段时间后，我喜欢拥抱和亲吻对方。	E
	我喜欢听到对方告诉我，对方想念我。	A

A：__________　B：__________　C：__________

D：__________　E：__________

A＝肯定的言词　B＝精心的时刻　C＝接受礼物　D＝服务的行动

E＝身体的接触

美国著名婚姻家庭专家盖瑞·查普曼在他的畅销书《爱的五种语言》中表示，人对于爱的表达大抵有五种模式：肯定的语言、精心的时刻、接受礼物、服务的行动、身体接触。这五种爱的语言共同的价值指向是让人觉得对方的存在在你心中是重要的，彼此能够接纳、欣赏、认同，在关系中得到归属感和存在的价值感。

每个人的爱的语言会是这五种的一到两种。读懂了我们的对方愿意使用、善于使用的爱的语言，并且互相了解对方最渴望的是哪种爱的语言，或许彼此目前还做不到给予对方最需要的，但有这种觉知之后，就可以一起慢慢体悟、学习、成长，找到属于自己的、建立良性亲密关系的钥匙。

查普曼确定了感情关系中的五种爱的语言。

第一，肯定的语言，包括赞美、表扬、言语支持、书面说明和书信，以及其他可以表达一个人有价值、值得被欣赏的方式。肯定的语言通过听觉表达爱的肯定，提升对方的自我价值感和创造力。使用这种爱的语言的人很容易因为侮辱和嘲笑或者他们的努力没有被口头认可而受到伤害。

第二，精心的时刻。精心的时刻是一种双层意义的专注感：你愿意花时间来陪我说明我是重要的，你愿意一对一来陪我则说明我在你的心中是重要的。精心的时刻指当对方需要你的时候，你都在场并能提供帮助，而且在这段重要的时间里，你能给予对方毫无保留的、全心全意的关注。精神不集中和分心都会损害你们在一起的时间的品质。

第三，接受礼物。爱的礼物则是视觉、触觉、味觉等的满足。那些用礼物衡量爱情的人相信"送礼的心思代表了一切"。对他们来说，礼物的意义不在于贵不贵。能让收到的人欣赏就是最好的礼物。此外，对以礼物为导向的人来说，如果对方忽略了纪念某个重要的事件，就是一种关系越界行为。

第四，服务的行动。如给女朋友带早饭，会让对方感受到你是关注我的存在的。帮忙丢垃圾，给车加油，做家务等可以列入清单的服务行动是无止境的。和礼物相似，服务的关键也是知道哪些行为能够让你得到对方的赞赏。

第五，身体接触。身体的接触更重要，从生物的进化角度说，人类的皮肤上皮毛是最少的，这是因为我们在进化过程中需要抚摸、亲吻等一系列亲密的身体表达。虽然这种情况包括性行为，但有意义的接触范围要广得多：用手臂围住肩膀，紧握对方的手，轻摸脸颊，或是摩擦颈部等。

同时作者认为道歉的语言也是重要的，并且道歉中的某几个成分显然更要紧。他列举了其中五个成分，请见下文，思考如果某人想向你道歉，你最看重的是哪一点。

第一，表达后悔：我很抱歉。我对自己的所作所为感到难过。

第二，承担责任：我错了。这是我的错。

第三，做出弥补：我能做些什么才能让这一切都恢复原状？

第四，真诚地忏悔：我尽量不会重蹈覆辙。

第五，请求原谅：你愿意原谅我吗？

只有在道歉者的语言和非语言行为配合一致时，道歉行为才会具有诚意。即便如此，道歉之后想要立即获得原谅也是不切实际的期待。有时候，尤其是严重的越界行为，表达悔意并承诺改善后必须经得起时间的考验，才能让对方感受到真诚而愿意接受道歉。

第二节　恋爱中的男人和女人

恋爱是两个有着不同性格、不同经历的人亲密相处，并且彼此适应。恋爱双方产生矛盾的一部分原因是男人和女人对事情有着不同的心理需求与感受。男人和女人恋爱观的不同，如表 8-1 所示。比如，女人通常借由视觉来感受爱，需要看到男人实际送了什么或做了什么；但男人则是通过听觉来感受爱的，对他说“我爱你”会是比较有效的表达。男女在表达上的这种差异实际从远古时代就开始了。男人出门打猎，必须话少，否则容易惊动猎物没有收获；女人在家附近采摘果实，通常会相互交流评价。男人回家希望得到女人的赞赏，这是对他成果的肯定，但他身体却累了，不愿说话了。现在社会的发展都倾向于男人得表达爱，所以男人也在逐渐适应这个要求。但是，男人需要很清楚的指示，他怎么做才会让你感觉到关爱、贴心和帮助。

课堂活动

男生女生“爱不同”

步骤 1：请男生和女生分别回答以下问题。

1. 面对喜欢的人，你会怎么样接近对方？
2. 你怎么样向恋人表达关心？
3. 你怎么样向恋人表达不满？

4. 你怎么样向恋人表达感谢？
5. 你怎么样向恋人表达自己心情低落？
6. 你怎么样向恋人表达你最近生活压力很大？
7. 你会以何种方式应对两人相处时出现的冷战局面？
8. 你怎么看待爱情与性的关系？

表 8-1 男人和女人的不同

	女性	男性
在感情上的需求	关心、照顾、了解、尊重、专一、肯定、保证	信任、接纳、欣赏、羡慕、认可、鼓励
在爱的关系中	需要感到被珍爱，而不仅仅是得到生活照顾、物质满足	需要感到他的能力被肯定而不是接到不请自来的忠告
在情绪低落时	需要别人聆听她的感受，而不是替她分析和建议	需要安静独处，而不是勉强他说明事情缘由
在寻找自己的价值时	从人际关系中肯定自己	从成就中建立自我
在增进爱情时	需要感到被对方了解和重视	需要感到被对方欣赏和感激
在互相沟通时	总是以为男人的沉默代表对她的不满和疏离	总是喜欢用解决问题的方式来面对女人的情感表达

第三节 发现性别角色的力量

在某种程度上，我们所有人都是我们所处文化背景的产物。我们的行为取决于我们的早期经验、习得的态度、所处文化的期望、舆论的支持、实践的机会以及环境的需求，而不取决于我们的性别。我们通过与社会的接触来学习那些适合我们性别的行为。性别角色社会化是个体形成在特定社会中被人们所期望的行为(规范、角色)的过程。关于性别差异的学习不仅不会在儿童时期结束，并且恰恰相反，这种学习会贯穿我们的一生。

心理游戏

1. 了解我们的身体

你对自己的身体满意吗？

____

你对于自己的性别满意吗？

下辈子你想当男生还是女生？理由是什么？

2. 有关性的词汇

从下面这些词汇中找出你认为与性有关的词汇：

①快乐	②好玩	③污秽	④生育	⑤恐惧	⑥爱
⑦美妙	⑧信任	⑨羞耻	⑩不满足	⑪委身	⑫忠贞
⑬尴尬	⑭压力	⑮例行公事	⑯表现	⑰欢乐	⑱实验
⑲释放	⑳难为情	㉑舒服	㉒无奈	㉓罪	㉔厌恶
㉕内疚	㉖无助	㉗享受	㉘压抑	㉙乏味	㉚满足
㉛美丽	㉜征服	㉝沟通	㉞禁忌	㉟亲密	㊱融洽
㊲遗憾	㊳自卑	㊴自信	㊵和谐		

讨论：①你选了哪些词汇？②你的感觉以负面为主还是以正面为主？③这些词代表了你对性的什么样的态度？

一　什么是性

性，是自然的事情，如果没有性，生物就不复存在。性作为一种本能，贯穿于人类历史发展的全过程。作为延续生命的手段，性帮助人类完成种族繁衍；作为两性结合的方式，性维系着每个家庭的夫妻关系；作为衡量文明的标准，性还体现着社会的文明程度。因此，性有生物学、心理学和社会学三方面特征。

(一)性的生物属性

性的生物属性指男女在生物学上的差别，它是生物进化的结果。

(二)性的社会属性

性别角色是指社会按照人们的性别赋予人们不同的社会行为模式，因社会期望不同而形成。家庭是社会影响的一个缩影。

课堂活动

长成女人/男人

1. 你小的时候和母亲或父亲亲近不亲近？他们爱不爱你？你最喜欢他们哪一点，最不喜欢哪一点？

2. 你母亲对你亲切吗？她和你讲话的口气好吗？她会唱歌给你听吗？会帮你洗澡、弄头发吗？你们之间有没有摩擦？她在什么情形下会生气？现在你对她感觉如何？你喜欢陪她吗？

3. 你父亲对你亲不亲切？具体是什么样的？你们会一起出门吗？你喜欢他吗？你怕他吗？你尊敬他吗？你们会为什么事情吵架？现在你对他感觉如何？

4. 在你的面前，你的双亲是否表现出相爱的样子？他们会吵架吗？你从父亲那里学会了要用什么态度来对待你的母亲？你从母亲那里学会了要用什么态度来对待父亲？

5. 你的母亲有没有教导你要怎么样才会有女人味，要有女孩子样或淑女样？你如何定义女人味？

6. 你的父亲有没有教导你要怎么样才会有男人味，要有男人样或男子汉样？你如何定义大男人？

7. 你是不是(以前是不是)“野丫头”？好不好玩？有没有人斥责你太粗野，玩男孩子的游戏，没有淑女样？以前你主张不要做乖女孩吗？你是不是很叛逆？

8. 你是不是(以前是不是)很爱哭，喜欢和女孩子一起玩？你有没有被斥责过像个女孩一样？你是不是很叛逆？

(三)性的心理属性

性心理指人们在生理发展的基础上，在社会环境、文化背景的影响下形成的对性及性活动的认知、体验、观念和情感等心理活动。

我们的文化所界定的种种性别角色标准，鼓励的是一种固定不变的关于男女角色的概念和规定，是每一个生理上的男人和女人所必须遵循的。男子气概是和力量、权威以及控制相关的，女性气质则是和服从、被控制、抚育后代相联系的。尽管这些关于男子气概和女性气质的概念都是受历史和文化因素制约的，但这并不是一个男人或女人最基本的组成部分之一。

许多男人都已经变成了传统男性角色的囚徒，因为他们认为必须要按照那种角色的要求生活。许多文章谈到了传统男性角色带来的一系列问题，这些问题集中于以下的个人特点上：独立、具有侵犯性、俗气、直来直去、客观、积极、逻辑性强、拒绝害怕、自我保护、不会表达情感、对自己的身体缺乏关注、拒绝女性气质、刻板、迷恋工作、害怕亲密接触等。越来越多的男人现在开始挑战这些传统角色的束缚。那些描写男性问题的书籍描述了这些男人在挑战时所面对的传统角色的崩溃，以及他们如何寻找全新的自我的故事。

同样，长期以来，女人也总是受到由所处文化界定的性别角色刻板印象的束缚，这让她们一直处于被支配的地位。与女人有关的形容词通常包括温柔、谨慎、整洁、敏感、健谈、情感丰富、不坦白、遮遮掩掩以及富有同情心等。太多的女性在定义自己的行为方式时都认为应该和她们的同伴保持一致，而且不得不通过保护、帮助、抚养以及安慰他人来使自己被别人和团体接受。不管传统的性别角色期望还有多大的作用，越来越多的女性已经开始拒绝这种传统期望对她们的约束和限制。像男人一样，她们越来越意识到不同性别特点的优势，尽管她们时常还会从情感上抵制那些与她们从小所接受的相异的观点和行为方式。因此，对大多数人来说，最大的挑战在于如何才能从情感的层面上也认同那些我们在理智的层面上已经接受的更加自由的生活方式。

性认同最好的例子是性别角色，即社会文化所期待的“正常”男女应有的行为模式。男人当然应该有“男子气”，他们应该自信、独立、果敢、能干、好强；女人就应该有“女人味”，热情、敏感、感情丰富、友善。大多数人都认为男人和女人是“相反的”两性，因此全世界都不同程度地期望男性和女性有不同的社会行为。然而遗传在决定人们的自信或友善倾向时只起到四分之一到三分之一的作用，大部分行为是后天习得的。文化的影响持续而广泛，它通过社会化和榜样学习(而非生物学上的性别差异)促使我们期望所有的男性都应该彪悍，所有的女性都应该温柔。

刻板印象并不像你认为的那般符合现实，只有一半人的特质刚好符合性别角色期望。相当多的人(约35%)并不是完全的“男子气”或“女人味”，他们既自信又热情，既敏感又独立。这些人同时拥有传统上认为应该属于男性和女性的特质，因而被称为“双性化”。由于这些词语容易使人误解，研究者常用其他词汇来代替。把与任务有关的“男子气”称为工具性特质，把与社交和情感有关的“女人味”称为表达性特质。这两类特质在同一个人身上出现就一点也不奇怪了。双性化的人可能是这样一个人：在职场激烈的谈判中能有效、强悍地捍卫自己的利益，但回家后又能细腻、温柔地安慰刚刚失去宠物的孩子。大多数人只擅长一种技能，在一种情境下显得游刃有余，在另一种情境下就不会那么轻松。而双性化的人在两种情况下都能驾驭自如。

具有讽刺意味的是，人们还是给那些不完全符合“恰当”性别角色的人很大的压力。女孩如果像个“假小子”，大家都不会放在心上，但是如果男孩“娘娘腔”，大家就会很担心了。对男性的性别角色期望比对女性更为严格。社会的性别角色的变化虽然缓慢，但的确在改变，尤其是现在新时代的女性都变得更加具有工具性特质。刻板印象限制了我们的潜能，但它仍将持续地存在，我们仍期望和鼓励男性具有工具性物质，女人具有表达性物质。

我们认为，双重性别特质是彻底根除传统性别角色刻板印象的一个途径。但是，这并不是唯一的解决办法，也不一定是最好的办法。要改变传统的性别期望，一个重要的途径是从系统论的高度去关注如何消除制度上的性别歧视。在理想状态下，你应该能够超越传统上对男子气概和女性气质的界定，在人格特征的层面上达到两者的综合，并作为一种应对环境的个人功能表现出来。对于每一个人来说，真正的挑战在于自主地选择你想成为的男人或女人，而不是被动地接受传统文化所界定的性别角色刻板印象，也不是盲目地认同某种形式的反抗。当你开始反思你的性别角色以及开始思考是什么构成了一个男人或女人之后，你就可以决定你想成为什么样的人，而不是为了取悦他人而去迎合某种期望。

二 对性行为的态度

男性和女性的性观念是否存在差异？一般来说，的确存在差异：男性在性的价值取向和态度体验上更为宽容，虽然随着时代的进步，这种差异会越来越小，但这种差异的大小取决于所要测量的具体态度。男女两性在性观念上的最大差异是对待婚前随意性行为的态度。男性比女性更可能享受彼此没有亲密感的性行为，而女性则更愿意性行为成为心理上亲密关系的一部分。稍微小点的差异是，男性在对待婚外性行为的态度上比女性更宽容，虽然一般而言，大多数人强烈反对已婚人士与配偶之外的人发生性关系。

男女在性态度上的差异还体现在其他方面。传统上，人们对女性性经历或性宽容的评价要比对男性更为严厉。这种不一致就是性的双重标准，它在若干年前还非常明显地存在，但今天看来却更为微妙。举例来说，大多数男性在恋爱中喜欢性开放的对方，而却希望自己未来的妻子越贞洁越好。那些在性生活中喜欢乱交的男女都会受到他人负面的评价。然而男性和女性如果同样身患性传播疾病，人们对女性的评价远比对男性的评价更为苛刻严厉。人们似乎不会再有强烈的性的双重标准，但个体的性行为仍然会影响人们对他/她性经历的评价。

一旦双方发生性关系，其发生的背景会影响性行为的结果。如果第一次性行为遵循了对方明确表达出的爱意和忠诚，则双方常常会把它体验成关系的积极发展，能增加彼此的亲密情感。然而，如果第一次性行为没有这样的表达，性行为的结果通常使关系发生令人讨厌的变化，导致不确定性和悔恨。

第四节　学会喜爱和欣赏我们自己

在咨询中问及来访者喜欢自己什么地方的时候，他们有时会感到惊讶，甚至会看上去局促不安和尴尬。如果对他们说："如果你最好的朋友在这里，他们怎么描述你？""他们会认为你具备什么特征？""他们为什么选择你作为朋友？"那么，他们会更容易谈论如何积极地看待自己。

有人认为谈论自爱是自我中心的表现，然而，我们只有学会如何喜爱自己，才能应对在爱别人和允许别人爱我们时遇到的困难。我们不能给予别人我们不曾拥有的东西。如果我们能欣赏自己的价值，那么，我们就更能接受来自别人的爱，甚至包括去爱一个敌人。自爱是爱别人的先决条件，"如果你还不能爱自己，你将不能去爱你的敌人。但当你能够爱你自己的时候，你就能够爱任何人。"

爱自己并不意味着夸大自己的重要性，或者把自己置于别人之上或宇宙的中心。相反，它意味着我们要尊重自己，即使我们并不完美。这需要我们关心自己的生活，并努力变成自己想要成为的人。

许多人都强调自爱是爱别人的条件。在《爱的艺术》中，弗洛姆将自爱描述为尊重我们自己的完整性和独特性，并声称自爱不能和爱以及对他人的理解分离。我们经常问那些只付出而难以为自己索取的来访者，"你值得为此人如此无私地付出吗？""如果你自己的井干枯了，你又怎么能去给别人？"我们不能给予别人我们还没有学会和体验过的东西。穆尔(1994)写道，那些努力获得别人爱的人之所以不能成功，是因为他们并没有意识到他们必须首先做到爱自己，然后才能够得到别人的爱。

随着我们学会越来越尊重自己，我们也增强了接受他人想要给予爱的能力，与此同时，我们也拥有了去真正爱别人的基础。关心自己和关心他人是有很大关联的。

想一想你以前做出的关于你自己的爱或被爱的决定。你曾经有过以下这样的想法吗？

①我是不可能爱的，除非我迎合别人的期望。

②我是值得去爱的，因为我就是我。

③我不会爱上另一个人，因为我害怕被拒绝。

④爱让生活有价值。

课堂活动

写下部分你收到的或许未加批判就接受的信息。

1. 你从你最初的家庭获得过什么信息？

2. 你感受被爱或给予爱的能力是怎样的？

3. 你是如何受这些信息影响的？

自我成长

1. 除非你先喜爱自己，否则你不能全身心地去爱别人，你同意这个命题吗？在你的日记里写一些关于你不欣赏自己的情况，同时记录你重视和尊重自己的时期和事件。

2. 你是一位主动的还是被动的爱人？请写下你用什么方式证明你关心你所爱的人，之后请他们读出你列出的项目，并就你的恋爱风格进行讨论。

3. 写下你身上与男人或女人相关的那些个人特点。然后想一想你是怎样获得这些特点(或观点)的？你在多大程度上对这些特点(或观点)感到满意？

4. 男人和女人都在挑战着传统的性别角色。根据你自己的观察，你觉得这种情况在多大程度上是真实的？你的朋友中有没有谁是很典型的传统男人或女人？有没有谁是传统社会期望的挑战者？

5. 以清单的方式列出传统男性的性别角色特点，以及传统女性的性别角色特点。然后选择不同年龄段的人，询问他们在多大程度上赞同或反对这些角色特点。

6. 花一至两周的时间，仔细观察电视上的节目，包括电视剧和广告，寻找与性别角色和社会性别期望有关的信息，在日记中写下你的印象和感觉。

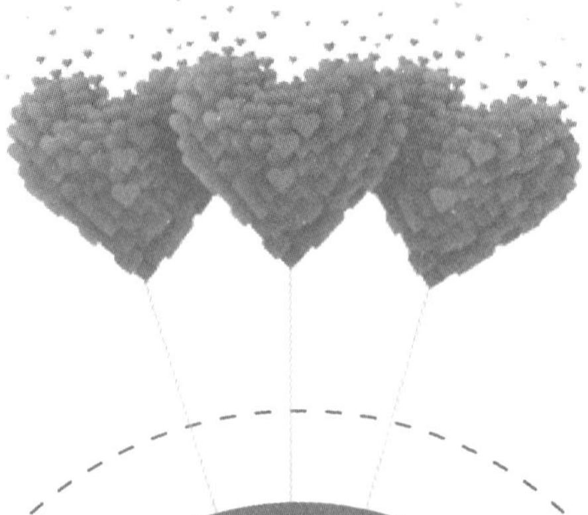

第九章

感受压力

涓滴之水终可磨损大石，不是由于它力量大，而是由于昼夜不舍的滴坠。

——贝多芬

自我评估

请依据个人的真实情况，这些描述符合自己的记1分，不符合的记0分。

1. 我的生活充满压力。
2. 我依赖药物或酒精度过艰难时光，但是我并不滥用这些东西。
3. 对我来说，全身放松是比较容易的事情。
4. 有时我会担心我的生活方式可能引发心脏病。
5. 我能认识到是我自己的想法给自己带来了压力。
6. 有时压力会让我生病。
7. 我相信如果我不能控制压力，那么压力将控制我。
8. 我能缓解我的压力。
9. 我真的担心我的精力会被耗尽。
10. 我觉得我真的需要学习更多管理压力的技巧。

成长故事

郑然刚来到大一就想着要去专升本，对他来说，这是他来到大学唯一的目标。他的父母是从国企下岗的工人，他们一直都很怀念以前国企的生活。因此，他们在郑然小时候就对他说一定要考到国企单位，这才是理想生活。在那里，不用承受什么压力，每个月能拿到足够养活自己的薪水，不用加班，下了班都是笑盈盈地，哪像现在这样，一天到晚要担心柴米油盐。郑然从大一开始就准备专升本考试，每天都按时到图书馆去复习看书，不和同学交往，也没有其他的娱乐活动。慢慢地他发现，自己越来越不想去看书了，每天早上睡醒都感到很累，胃也开始不舒服了……

第一节　什么是压力

压力一词来源于物理学，心理学最早称之为“应激”，“压力之父”汉斯·赛利最早用压力一词用于人类研究。心理学家最早体现对于压力的兴趣始于美国一些大学专门开设压力课程。人们每天都要应对挫折、冲突、压力，不仅如此，我们中绝大多数人在生命中的某一时刻都会面临严重的、难以应对的压力情境，这些情境构成了生活的常态——变化，如家庭成员或者亲密朋友的亡故、自然灾难、丢掉工作、个人的失败或者受伤，甚至我们认为是好的变化，如升迁或者乔迁新居也是会带来压力的，并且需要一段时间的调整。此外，在井井有条的日常生活中我们也会不断地遭遇潜在的充满压力的事件。可以说，世界上不存在没有任何压力的环境。压力的产生来源于变化，而变化本身就是生活的常态。

压力是我们生活的一部分，我们没有必要也没有办法逃离。我们愿意承担压力，是因为我们在不断接受挑战中获得成长，努力实现自己的潜能和价值；我们愿意承担压力，是因为总有那些我们爱的人和爱我们的人，让我们为之奋斗；我们愿意承担压力，是因为压力的背后正是生活的意义。与其恐惧，不如拥抱。

课堂活动

双臂交叉与十指交叉

对于变化，人们的感受是怎样的。

1. 请每位同学快速将双臂在胸前交叉，然后看一看是哪只手臂在上。

2. 立即放下手臂，重新交叉，但是刚才左手在上的改成右手在上，右手在上的改成左手在上。

3. 迅速十指交叉，然后看自己到底是右手拇指在上还是左手拇指在上。

4. 松开手，再立即将十指交叉，但这一次要把原来在上面的左手拇指改为右手拇指，而原来在上面的右手拇指改为左手拇指。

小组讨论：你觉得改变自己的习惯容易吗？当要求你变化时你的感受如何？

压力反应

当你听到压力这个词的时候，你有什么样的情绪反应？________________

你头脑里出现了什么样的场景？________________________

一 压力定义

压力的概念非常复杂，很难有一个明确的定义可以包罗一切，这里列出一些比较容易理解的定义。一种观点认为压力有三层含义：①导致机体产生紧张反应的刺激；②机体对刺激的紧张性反应；③由于机体与环境之间的失衡而产生的一种身心紧张状态。心理学家拉扎勒斯提出，压力是指个人与环境之间的一种特殊关系，当环境超过个人能力及可利用的资源，并危及其心理的平衡与生活步调的和谐和完整性时，个人便感受到压力。

简单通俗地来讲，压力是一种不胜任感的表现，当你关注和害怕压力时，压力就存在。

基于这一定义，压力始于你对某个情境的判断：①这个情境的危险和困难程度有多大？②你有什么办法使自己能够应对这个情境？

还有一种观点来自《与压力做朋友》，该书作者是一名健康心理学家，她认为压力就是你在乎的东西发生危险时引发的反应。这个定义也足够宽泛，可以涵盖失败引起的沮丧和失去事物的痛楚。它包括感到压力时的想法、情绪、生理反应，以及你选择怎样应对压力情境。这个定义也强调了有关压力的一个重要真理：压力和意义无法分割。对不在乎的事情，你不会感到压力。不经受压力，你也无法开创有意义的生活。

课堂活动

压力知多少

你对压力到底了解多少？请做一组有关压力的是非题，在以下10道题的题号上面画圈或者打叉，认为这个观点是对的请画上圈，觉得这个观点是错误的或不赞同的请打上叉。

1. 人一旦有压力的感受，首先一定会觉得神经紧张。
2. 只要你遭受到压力，你一定会知道的。
3. 长期的运动会减弱你抗拒压力的能力。
4. 有压力总是不好的。
5. 压力会制造不愉快的问题，但不会置你于死地。
6. 打针吃药就可以控制压力。
7. 当你离开教室的时候，会留下学习的压力，而不会把它带回寝室。

8. 压力只是心事，与身体无关。

9. 压力是可以完全消除的。

10. 除非你改变生活方式，否则你对压力一点也没办法。

题做完了，数一数你画圈的题数。理想的答案是上述题目全部打叉。

二　压力源

压力源是导致压力的刺激、事件或者环境，可以是外界物质环境、个体的内环境及心理社会环境。

自身的压力源包括痛苦、疾病、记忆、罪恶感、不良的自我概念等。环境的压力源包括热、冷、噪声等。人类活动最主要的压力源是人，人际关系是压力最主要的来源。压力源大致可以分为躯体性、心理性、社会性和文化性四大类。

(一)躯体性压力源

躯体性压力源是指经由人的躯体直接发生刺激作用的刺激物，包括各种物理的、化学的、生物性的刺激物，如过高过低的温度、环境污染、酸碱刺激、微生物、变质食物、疾病、缺乏锻炼、不良的睡眠习惯等。这一类刺激是引起压力和压力的生理反应的主要原因。

(二)心理性压力源

心理性压力源是指来自人们头脑中的紧张性信息。压力存在于观察者的头脑中，我们对于压力事件的评价是非常主观的。在生活中，我们怎样定义、解释、认识事件和对事件做出的反应，与我们认为这些事件是否有压力有关。常见的心理性压力源有挫折、冲突、不切实际的期望、不祥预感以及责任有关的紧张和压力等。

1. 挫折

来源于阻碍你获得你的需要和目标性的事物，外部的挫折源包括失败、丧失、歧视、意外事故、耽搁、交通拥挤、伤害性的人际关系。内部的因素包括缺少基本的技能、身体残疾、缺少自信和任何自己设置的阻碍。

2. 冲突

由于两种或者更多矛盾的动机或者行为竞争的出现而产生。

①双趋冲突：当你必须在两个或者多个具有吸引力的、你想要的选择对象中选择一个时，这种冲突就难以避免了。因为我们的精力、时间有限，无法完

成所有的事情和去所有我们想去的地方。

②双避冲突：当必须在两个没有兴趣的、不想要的目标中做出选择时，这种冲突就出现了。这种冲突最令人不愉快和最有压力。

③趋避冲突：当必须在两个或者多个目标中选择，而每个目标既有吸引力又有不具有吸引力的成分。

(三)社会性压力源

社会性压力源是指造成个人生活样式上的变化，并要求人们对其做出调整或适应的情境和事件，如家庭中存在的导致大量持续性压力的因素(照顾年迈的双亲、配偶、孩子等)，食堂就餐高峰期你要排着长长的队伍，你想选的选修课抢不到，经济问题需要你去兼职打工养活自己等。

1967 年，美国研究者霍尔姆斯与雷赫曾探讨不同的生活事件如何影响个体的健康。他们访谈了数以千计的人，制定了一套“社会再调节评定量表”，简称 SRRS。量表包括 43 个项目，每个项目都对应了一个压力值，压力值范围从“丧偶”的 100 分到“圣诞节”的 12 分不等。其中 24 个项目是直接与家庭内部的人际关系有关的，而其他项目都间接与家庭有关。结果发现，在得分最高的前 15 个项目中，有 11 个直接与家庭中的人际关系有关，其他 4 个则强烈地影响着家庭的稳定性。见表 9-1 可见，家庭虽然是爱的源头，但同样也是压力的源头。

表 9-1 压力事件及压力量举例(社会再调节评定量表)

事件	压力量	事件	压力量
丧偶	100	受伤及大病	53
离婚	73	结婚	50
近亲死亡	63	被辞退工作	47
怀孕	40	与上司争执	23
经济状况变化	38	迁居	20
挚友死亡	37	转校	20
婆媳不和	29	改变社交活动	18
开学	26	改变食物习惯	15
生活情况改变	25		

(四)文化性压力源

这种压力源最常见于文化性迁移，如由一种语言环境进入另一种语言环境，从一个地方迁入另一个地方。面临全新的环境、生疏的生活方式、陌生的风俗，从而不得不改变自己原有的生活方式和习惯，以顺应新的变化。

三 压力症状

当个体体验到较高的压力时，其症状可以从三个方面表现出来：生理症状、心理症状、行为症状。

（一）生理症状

头痛的频率和程度不断增加；头部、颈部、肩部和背部的肌肉紧张，皮肤干燥，有斑点和刺痛感；消化系统出现问题，如胃痛、消化不良或胃溃疡；心悸和胸部疼痛；睡眠不好，等等。

（二）心理症状

容易烦躁或喜怒无常；消沉和经常性的忧愁，丧失信心和自暴自弃；感觉精力枯竭且缺乏积极性；有疏远感，注意力不集中，优柔寡断，难以迅速做出决定，记忆力减退，判断力差，导致做出错误决定；对自己及周围环境持消极态度。

（三）行为症状

睡眠质量差；酗酒、吸毒、吸烟；为了逃避压力而过度饮食，导致肥胖；没胃口，体重迅速下降；与朋友家庭、同学疏远；经常烦躁和坐立不安；冒险行为增加，甚至自杀或者企图自杀。

四 压力的调节因素

基于压力的定义，我们可以看到在压力源和压力反应中间有一个调节因素。生活在同样的情境下，接受同样的刺激，个体的反应却不同。

（一）认知评价

1998 年，3 万名美国成年人被邀请回答在过去一年中他们承受压力的状况，同时他们被问：你们认为压力有碍健康吗？8 年后，研究人员彻查了公开的记录，以找出 3 万名参与者中哪些人去世了，结果是高压力提高了 43％的死亡风险，但是提高的死亡风险只适用于那些相信压力对健康有害的人。研究中显示，承受了高压力但不认为压力有害的受访者并不容易死亡。实际上，他们是调查中死亡风险最低的，甚至低于那些报告自己只承受着很少压力的人。研究人员得出结论，杀人的并不是压力，而是压力加上认为压力有害的信念。相信压力有促进作用的人，比那些认为压力有害的人，更少抑郁，对生活更满意，更有活力，亚健康问题更少，更快乐，学习或工作更高产。他们与压力的关系也有所不同，更乐于视压力状况为挑战而不是打垮自己的困难。他们对自己战胜挑战的能力更有自信，更善于在困难情境中发现意义。

改变自我挫败的想法。你的想法和你告诉自己的话会对你的压力体验产生影响。例如，我做事一直很急的。

(二)社会支持系统

社会支持系统是指个体经历的各种社会关系对其的影响。社会支持系统能缓冲压力事件对身心的消极影响，保持与提高个体的身心健康水平。大量研究表明，那些较少发病的个体比多发病的个体有着更多的社会关系。那些受到来自对方、朋友或家庭成员较高心理支持的人比受到较少支持的人压力感小，身心更为健康。社会支持丧失将加重压力对身心健康的影响。

课堂活动

我的支持系统

尽可能多地写出你在遇到困难时可以求助的人的名字。

第二节　压力与健康

人们总认为压力会有害于身体，在每天为生活而奔波的过程中，我们的身体经历着“战斗或者逃跑”的反应，不断保持警觉状态，随时准备采取攻击行为来战胜我们面对的那些“敌人”。如果我们处于太多的压力中，在“战斗或逃跑”的反应中就会出现生物化学的变化，可能会导致长期压力和焦虑。

美国心理学家霍曼声称，过去 20 年不断增加的研究已经表明，压力与近 80％的身体疾病有关，其中包括心血管疾病、癌症、内分泌和新陈代谢疾病、皮疹、胃溃疡、偏头痛和紧张性头痛、脱发等。确实，压力会引起这些身心疾病。

在 2014 年，罗伯特·伍德·约翰逊基金会和哈佛大学公共卫生学院做的调查中，85％的美国人同意压力对健康、家庭生活和工作有消极影响。根据美国心理协会的调查，多数人认为他们承受的压力水平不利于健康。即使那些说自己压力不大的人，也认为合理的压力水平应该比他们正在承受的要低。近年来，越来越多美国人认为的理想压力水平实际有所下降。从2007年开始，美国心理协会开始了年度压力调查，那时人们认为中等压力水平相对合理，现在，被调查者认为同样程度的中等压力水平不利于健康。

由此，健康心理学家凯莉·麦格尼格尔在5年前通过各种途径不遗余力地告诉人们压力会导致疾病，而最近她用心理学和神经科学最前沿的研究提出还可以从另一个角度看待压力的观点。以前我们的观点是压力是可怕的，是各种心理问题的罪魁祸首，压力会导致焦虑、抑郁、强迫、拖延、酗酒、离婚……因为所有痛苦都伴随着压力。而从另一个角度看，真正有害的不是压力，而是“压力有害”的观点。

一 积极的压力

在一次心理健康课上，就理想生活的样子，小张同学分享说最讨厌的就是动脑子，他的理想生活是睡觉睡到自然醒，点钱点到手抽筋。这是一个多么美好的生活规划啊，什么都不用干，每天一睁眼就能点钱点到手抽筋。这样真的好吗？

虽然心理学家们对压力的利弊有多种不同的研究结论，但有一个观点是共通的，适度的压力有助于提高人的学习生活效率，过度的压力会危害人的健康。然而，如果我们客观的压力水平长期处于阈值之下，活得很悠闲，那么时间长了，会出现以下三个问题。

(一)积极动机不足

长期摆脱压力，摆脱社会生活，摆脱一切角色的话，就会动机不足。

课堂活动

角色扮演

姜文演过一个电影叫作《本命年》，里面有这样的一个角色，他借了姜文的钱长时间不还，姜文急了，找上门去。

电影片段

A：“你为什么还不还我钱?”

B：“没钱。”

A(伸手揪住起脖领子)：“没钱你找工作挣啊。”

B：“找工作吧，没劲。”

A：“那你就在家待着啊。”

B：“在家待着，没劲。”

A：“那你找女朋友。”

B：“找女朋友，没劲。”

A：“那你就一人。”

B：“不找也没劲儿。”

分析一下B欠钱不还，干什么都没劲角色的心理状态。

(二)自我价值感来源不足

自我价值感的存在，简言之，作为儿子，你的父母需要你，作为学生，老师需要你，作为丈夫，你的妻子需要你，等等。在你被别人需要的时候，你会觉得自己挺有价值，活得很滋润，活得很有意思。但是如果你没压力，没人需要你，你怎么办？

(三)注意力空置

什么叫注意力空置？大家把自己的大脑想象成一个水杯，这个水杯中装满了水，这些水代表着我们在生活当中各种各样的动机，各种各样的事情。比如，今天要赶一篇通讯稿，下午要开会，晚上要上课，等等，这些事情我们干脆把它们叫作正经事，也就是说我们的大脑被正经事情填满了。这时我们的大脑是被各种各样的自我价值感、各种各样的积极动机填满的。如果把这杯水倒了，所有的积极压力全没了。这时水是没了，但是杯子没空，水倒出去以后空气就进去了，也就是一些乌七八糟的，甚至是你不需要的，也就是说很有可能会无事生非。

2013年，心理学家对正在参加斯坦福大学领导力发展项目的首席执行官、副总裁和总经理们做了个测试，51%的人说自己在压力状况下表现最出色。在2014年哈佛大学公共卫生学院做的调查中，占67%报告承受着高压的人也说，压力给了自己至少一方面的益处。

二 消极的压力

压力可以很可爱，但也的确挺讨厌。压力的讨厌之处在于持续的压力状况下，如果压力水平特别高，会摧毁我们的心理环境。

(一)压力接踵而至

上一种压力感受还没过去，还处在恐惧、愤懑、焦躁中，下一种压力已经接踵而至了。当压力积累到一定程度时候，人们会由于承受不住而导致精神失常，出现偶发性的歇斯底里。在电影《没完没了》中，演员傅彪演的阮大伟就曾出现了如前所述的一幕。

(二)压力相互掺杂，细碎而持续

我们每天都身处在这种细碎而持续的压力中，如果处理不好，似乎不会有灭顶之灾，也不会因此让自己一蹶不振。但是，任何一种小压力，在处理不好的情况下，会让我们有情绪崩溃的可能。比如，学生小赵早上刚醒来，一看表，八点了，上课要迟到了，寝室里也没人了。他一下子从床上蹿起来，急急忙忙下楼，这时焦虑来了。他要刷卡时发现一卡通又没带，只能找宿管阿姨，宿管阿姨又恰好没在，此时也没进出门的同学，这时事件压力产生了。终于宿管阿姨来了，说了小赵两句，他心情更不好了，人际压力产生了。由于时间紧迫，他只好咽这口气，立马跑出了宿舍楼。他要过马路时，又遇到红灯了，等了半天红灯，心里着急啊，心想这红灯怎么还没完。红灯一变他便立马奔过马路，爬了五楼到教室门外，老师便责备道："小赵，这学期你已经迟到三次了，再迟到就要记过了"。小赵心里委屈啊，几乎就要和老师吵起来了。

(三)偏执型的压力感受

这种方式发生率最低，但是是最厉害的一种方式，来源于我们内心深处的某些偏执动机。

偏执动机包括：没有你我就不能活；如果上台就紧张就说明自己很没用，等等。《红楼梦》中的林黛玉是一个非爱不能苟活的人。大观园是一个极端复杂的人际环境。在大观园这个环境中，林黛玉是寄人篱下的，每天感受到是巨大的人际压力。当遇到宝玉时，她感觉情感有寄托了，而最终和宝玉订婚的不是自己，偏执型压力产生了。林黛玉当时的表现是一会儿哭一会儿笑，把自己关在闺房里不出门，三天粒米未进，之后便撒手人寰了。

总之，每个人能够承受的压力是不同的，适度的压力能够增加人的积极性，过度的压力只会压垮人(图 9-1)。因此，压力适度理论提出，压力过大与压力过低都不能给生活带来幸福。

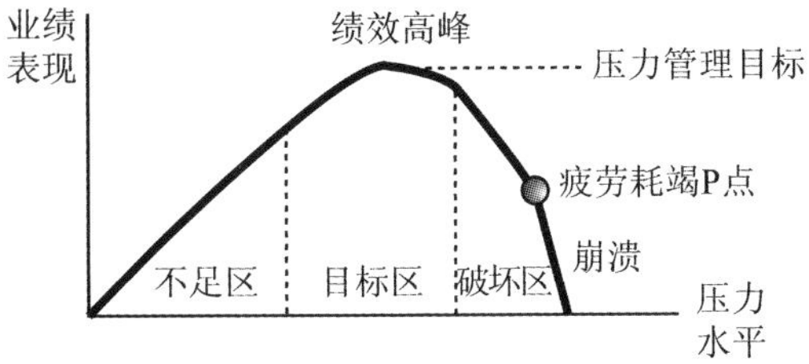

图 9-1 压力与工作绩效关系图

“国际压力与紧张控制学会”是一个关注压力研究及压力处理问题的国际学术组织。学会创始人之一华莱士研究开发的压力测试表“心理身体紧张松弛量表”(PSTRI)可以用来了解个体的压力程度。

课堂活动

压力测试

请用大约 10 分钟的时间填写 PSTRI，注意不要在每一题上花太多时间考虑。

阅读下表中的每一个项目，根据每个项目在你身上的发生频率选择相应的分数。

	总是	经常	有时	很少	没有
1. 我受背痛之苦。	4	3	2	1	0
2. 我的睡眠不足，且睡不安稳。	4	3	2	1	0
3. 我有头痛。	4	3	2	1	0
4. 我的腭部疼痛。	4	3	2	1	0
5. 若需等候，我会不安。	4	3	2	1	0
6. 我的后颈感到疼痛。	4	3	2	1	0
7. 我比多数人更神经紧张。	4	3	2	1	0
8. 我很难入睡。	4	3	2	1	0
9. 我的头感到紧或痛。	4	3	2	1	0
10. 我有胃病。	4	3	2	1	0
11. 我对自己没有信心。	4	3	2	1	0
12. 我常对自己说话。	4	3	2	1	0

续表

	总是	经常	有时	很少	没有
13. 我忧虑财务问题。	4	3	2	1	0
14. 与人见面时，我会窘怯。	4	3	2	1	0
15. 我害怕发生可怕的事情。	4	3	2	1	0
16. 白天我觉得累。	4	3	2	1	0
17. 下午我感到喉咙痛，但并非由于染上感冒。	4	3	2	1	0
18. 我心情不安，无法静坐。	4	3	2	1	0
19. 我感到口干。	4	3	2	1	0
20. 我有心脏病。	4	3	2	1	0
21. 我觉得自己不是很有用。	4	3	2	1	0
22. 我吸烟。	4	3	2	1	0
23. 我肚子不舒服。	4	3	2	1	0
24. 我觉得不快乐。	4	3	2	1	0
25. 我流汗。	4	3	2	1	0
26. 我喝酒。	4	3	2	1	0
27. 我很自觉。	4	3	2	1	0
28. 我觉得自己像四分五裂。	4	3	2	1	0
29. 我的眼睛又酸又累。	4	3	2	1	0
30. 我的腿或脚抽筋。	4	3	2	1	0
31. 我心跳过速。	4	3	2	1	0
32. 我怕结识人。	4	3	2	1	0
33. 我手脚冰冷。	4	3	2	1	0
34. 我患便秘。	4	3	2	1	0
35. 我未经医生指示使用各种药物。	4	3	2	1	0
36. 我发现自己很容易哭。	4	3	2	1	0
37. 我消化不良。	4	3	2	1	0
38. 我咬指甲。	4	3	2	1	0
39. 我耳中有嗡嗡声。	4	3	2	1	0
40. 我小便频繁。	4	3	2	1	0
41. 我有胃溃疡。	4	3	2	1	0
42. 我有皮肤方面的病。	4	3	2	1	0

续表

	总是	经常	有时	很少	没有
43. 我的咽喉很紧。	4	3	2	1	0
44. 我有十二指肠溃疡。	4	3	2	1	0
45. 我担心我的工作。	4	3	2	1	0
46. 我口腔溃疡。	4	3	2	1	0
47. 我为琐事忧虑。	4	3	2	1	0
48. 我呼吸浅促。	4	3	2	1	0
49. 我觉得胸部紧迫。	4	3	2	1	0
50. 我发现我很难做决定。	4	3	2	1	0
总分					

回答完毕请把总分加起来，然后从分数解释表上找到你的总分位置，并认真阅读后面的解释。

43～65 分，压力适中，不必寻求改变生活形态。

低于 43 或者高于 65，你可能需要调整生活形态，低分者需要更多刺激，高分者需要减轻压力。

PSTRI 压力程度分析

分数	程度分析
98(93 或以上)	你确实正以极度的压力反应在损害自己的健康。你需要专业心理治疗师的帮助，他可以帮助你消减你对于压力的知觉，并帮助你改善生活的品质。
87(82～92)	你正经历过多的压力，正在损害你的健康，并令你的人际关系发生问题，你的行为会伤害自己，也可能影响其他人。因此，对你来说，学习减少自己的压力反应是非常重要的。你可能必须花许多时间做练习，学习控制压力，也可以寻求专业的帮助。
76(71～81)	你的压力中等，可能正开始对健康不利。你可以仔细反省自己对压力是如何做出反应的，并学习在压力出现时控制自己的肌肉紧张，以消除生理应激反应。
65(60～70)	你生活中的兴奋与压力量也许是相当适中的。偶尔会有一段时间压力太大，但你也许有能力去享受压力，并且很快回到平静状态。因此，压力对你的健康并不会造成威胁，做一些松弛的练习对你来说仍有益处。

续表

分数	程度分析
54(49～59)	你能够控制自己的压力反应，是一个相当放松的人，也许你对于所遇到的各种压力并没有将它们解释为威胁，所以你很容易与人相处，可以毫无畏惧地工作，也没有失去自信。
43(38～48)	你很不易为压力所动，甚至不把压力当一回事，好像并没有发生过一样，这对你的健康不会有什么负面的影响，但你的生活缺乏适度的兴奋，因此趣味也就有限。
32(27～37)	你的生活可能相当沉闷，即使刺激或有趣的事情发生了，你也很少做反应。可能你需要参与更多的社会活动或娱乐活动，以增加你的压力激活反应。
21(16～26)	你在生活中所经历的压力经验不够，或者你并没有正确分析自己，你需要更主动些，在工作、社交、娱乐、学习等活动中多寻求一些刺激。松弛练习对你没有什么作用，但接受一些辅导也许会有帮助。

第三节　压力的应对方式

问题本身不是问题，怎么面对问题才是问题。

应对和压力都是复杂的概念。拉扎勒斯将应对分为两种：以问题为中心的应对和以情绪为中心的应对。拉塔克将应对方式分为：行动(当事人对压力事件所做的内外在改变)，认知重估(当事人重新对事件加以评估，以减轻主观的压力)，症状管理(以肌肉松弛、运动或是抗焦虑剂来减低压力引起的各种症状)。国内的姜乾金、黄丽将应对方式区分为消极应对与积极应对：消极应对包括易陷入幻想和回忆之中不能摆脱，通常会苦苦思索、感到矛盾重重等；积极应对包括当作事情根本没有发生，能较快地将消极因素转化为积极因素。

课堂活动

你的压力应对方式

一般情况下，当你面对压力时，你是怎样应对压力的？至少写三种方法。

____

____

____

以下是应对压力的常见错误方法。

1. 抽烟

烟草也是一种兴奋剂，有一定镇静作用。有些人压力大时拼命吸烟，以缓解紧张的神经。但吸烟过量会引起神经过敏，吸入大量尼古丁会使心肺呈现紧张状态，产生一些意料不到的反应和后果。

2. 饮酒

酒精是神经系统的刺激物，同时也是一种镇静剂，能够暂时起抑制中枢神经系统的作用，但经常饮酒容易导致酒精中毒而危害健康，且饮酒过量会影响人的判断力。

3. 依赖药物

有些人相信药物可以消除压力，因而常常服用，甚至滥用。药物只是会暂时消除紧张情绪，不可能治疗压力的根源。长期使用药物而不主动去控制自己的压力行为会使人对药物产生依赖，失去个人尊严并患上各种疾病。

4. 持续压力的结果：枯竭

枯竭是一种生理、情感、智力和精神上的疲惫，特点是感到无助和无望，这是持续压力的结果，通常与长时间高强度的工作有关。对不现实的高目标的追求会产生一种慢性的挫折感和失望感。枯竭的人易在人体功能的各个水平上耗尽自己。尽管他们也想为他人做些事情，但他们忽略了照顾自己并且给自己和他人都造成不好的感觉。

一旦药物或酒精的效用消失后，我们仍旧要面对我们想要回避的痛苦现实。尽管药物和酒精能歪曲现实，但同时也阻止了我们寻找直接有效的应对压力的方法。这是压力控制了我们，而不是我们控制了压力。

努力使自己逃离压力源，而不是搞定它。集中精力摆脱压力感受，而不是采取步骤追根溯源解决压力。

自我成长

1. 请回顾你自己的成长历史，你觉得让你感到压力比较大的事件主要是来自哪里？

2. 请列举一件最近发生的让你感到压力很大的事件，然后记录下你应对压力的方式有哪些，哪些是相对比较健康的？哪些是不那么健康的？

3. 请展望一下你未来几年的大学生活，你觉得最有可能造成压力的事情会是什么？

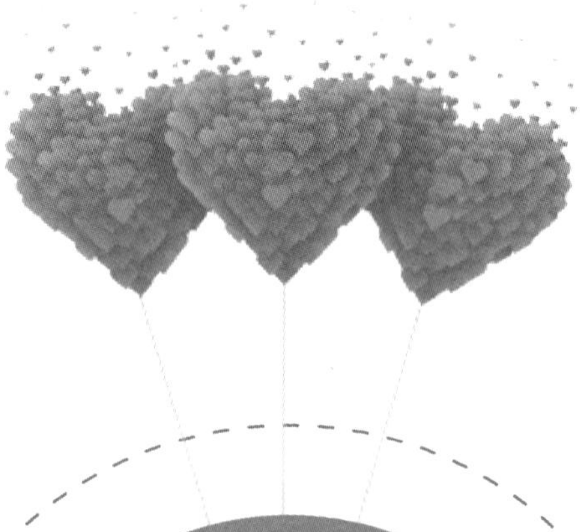

第十章

穿越挫折

黑夜无论怎样悠长，白昼总会到来。

——莎士比亚

自我评估

请依据个人的真实情况，这些描述符合自己的记 1 分，不符合的记 0 分。

1. 我不愿意去回忆过去的那些伤害，因为它一直在那里，不曾离开。
2. 我认为我之所以成为现在这样，就是因为过去的那些伤害。
3. 面对挫折，我很难调整自己。
4. 我觉得自己是一个活在过去的人。
5. 因为过去的那些事情，我宁可像现在这样活得很安全。
6. 网络世界对我来说，比现实世界更重要。
7. 我更喜欢网络里的那个我。
8. 我更喜欢和网络世界里的朋友交往。
9. 我很想摆脱网络游戏，可是不行。
10. 离开网络游戏，我已经不知道要做些什么了。

成长故事

吴同是一个长得有些胖胖的男孩，性格比较内向，一直不知道如何和女孩子打交道，所以来到大学快一个学期了，班里的几个女生还不知道有他这个人。对于吴同来说，他更喜欢网络游戏里的那个自己，霸气，有力量，而且说话有意思，很风趣。在虚拟世界里，他是一个很有范儿很有领导力的人，他可以在游戏中和女孩谈笑风生，慢慢地和她们熟悉起来，接着可以帮助她们做些软件设计上的事情，这样就可以和现实世界中的她们产生联系。可是因为要维持网络上的那个形象，他需要不断花时间、花精力，更重要的是还要花钱。渐渐地，他发现自己快要分裂了，一个现实中越来越木讷的自己，另一个是网络世界里越来越“闪亮”的自己……

第一节 什么是挫折

所谓挫折，就是指人们在某种动机的推动下，在实现目标的活动过程中遇到了无法克服或自以为无法克服的障碍和干扰，使得动机不能实现、需要不能满足、目标不能达成，产生失望、不满意、沮丧等负面感受的过程。

要克服挫折，就要正确地认识挫折。

首先，挫折是前进中的暂时跌倒。人总是需要不断前进，只有在前进中才需要抗争，才需要拼搏，才需要用理性的利剑去披荆斩棘，才能在征服自然和改造社会的实践中完善自身。作为现实的人，我们必须前进。

其次，在挫折之中，失望与希望并存。在经历挫折的过程中，如果无法克服，那么就很容易陷入挫折带来的失望，甚至有时候是绝望情绪，很多人都会被这些情绪所控制，停止了前进的脚步。但是，如果能够克服挫折，就能从这个过程中汲取成长的营养，成为一个更为成熟的自己。

最后，挫折是客观存在的，关键在于我们怎么样认识它和对待它。如果对于挫折没有自己的应对策略，缺乏相应的心理准备，那么遇到挫折就会惊慌失措，痛苦绝望。如果有了自己的应对策略，做好了相应的心理准备，认识到挫折就是人生中不可避免的一部分，并且敢于直面挫折，向挫折挑战，就能把挫折当作人成长过程中的磨炼。

第二节 挫折反应特点

人们对挫折的反应有着不同的情形，有的反应强烈，有的则不明显；有的以各种偏激的行为表现出来，有的则以积极的方式来对待。一般来讲，人的挫折反应主要表现在以下三个方面。

一 情绪性反应

情绪性反应是指人们在受到挫折时伴随着强烈的紧张、愤怒、焦虑等情绪所做出的反应，可能表现为强烈的内心体验，也可能表现为特定的表情或行为反应。情绪性反应多为消极性反应，主要表现为焦虑、冷漠、退化、幻想、逃避、固执、攻击、自杀等。

(一)焦虑

焦虑是一种模糊的、紧张不安的综合性负面情绪，常常伴随焦虑、忧虑、恐惧等感受，甚至可能会出现冷汗、恶心、心悸、手颤、失眠等神经生理反应。当人们面临心理冲突、情境压力或遇到挫折，或者预感到某种不祥的事情或不良的后果将要发生，或者感到需要付出努力的情境将要来临而又感到没有把握预防和解决时，一般都会产生焦虑情绪。挫折是引起焦虑的重要方面，人们遇到挫折时一般都会表现出某种程度的焦虑情绪。

(二)冷漠

冷漠是指当一个人遇到挫折时，表现出的一种无动于衷和漠不关心的态度。这是一种复杂的挫折反应。表面上看，冷漠似乎是逆来顺受，毫无情绪反应，而事实上并不意味当事人没有反应，而是他们对挫折更加痛苦的内心体验，只是被压抑或以间接的形式表现出来了。一般情况下，人们对挫折的冷漠反应是由于他们长期遭受挫折，感到没有任何希望摆脱或消除困境时产生的。

(三)退行

退行是指当人们遭遇挫折时所表现出的与自己年龄和身份不相符的幼稚行为。通常，不同年龄阶段的人有不同的情绪和行为模式。随着年龄的增长，在社会生活的影响下，人在情绪和行为方面会日益发展和成熟，逐渐学习自己控制自己，懂得在适当的场合和适当的时候，做出与自己年龄相符的情绪反应和行为表现。当人们遇到挫折后，一些人在一定程度上会失去对自己的控制，退行到幼童的状态，用一种幼稚的方式应对挫折，以回避自己和他人的失望情绪，求得别人或的同情和照顾。在这种情况下当事人常常不能清醒地意识到自己的异常行为。

(四)幻想

幻想是指一个人在遇到挫折时企图以自己想象的虚幻情境来应对挫折。任何人都有幻想，而大学生又处在喜欢幻想的年龄段。通过幻想，人们可以暂时脱离现实，在自己想象的情境中满足一些自己的需要和欲望，使人产生一种愉快和满足的感觉。当人们遇到挫折时，暂时的幻想可以使人在一定程度上缓解挫折情绪，偶尔为之也是正常的，但如果长期用幻想来应对现实中的挫折，特别是长期处于幻想状态，形成了从幻想中实现现实生活中实现不了的目标的习惯，就会使人适应现实生活的能力降低和严重脱离现实生活，甚至可能导致精神疾病。

(五)逃避

逃避是指一个人在遇到挫折或感到面临挫折时不能面对现实、正视挫折，而是以消极的态度逃避现实的一种反应方式。比如，有些学生谈恋爱失败后就不敢再谈恋爱，有些学生当众演讲失败受别人嘲笑后再也不参加集体活动等。逃避虽然可以使人降低因挫折产生的紧张感，可以避免再次受到挫折的伤害，但当事人面对的现实问题并没有解决，而且有些问题又是不能回避的，所以，逃避常常使人害怕困难，甚至不求进取，长期下去，人们的适应能力和自信将会下降，甚至可能会导致适应不良。人们逃避挫折的方式各种各样，幻想是一种典型的特殊逃避方式。

(六)固执

固执是指一个人在遇到挫折后，采取刻板的方式盲目地反复进行某种单调、机械的无效动作，尽管知道这些动作对目标的达成、需要的满足并无帮助。通常，固执是在一个人反复遭受挫折而又一时无法克服或回避的情况下产生的。人们在遭到过多、过严的惩罚和指责，或处于惊慌失措的状态时也容易产生固执行为。固执行为的特点是呆板无弹性，且具有很大的强制性，是在人们遇到挫折后感到无能为力和不知所措时产生的反应方式，挫折反应方式并不是不可改变的，当人们一旦获得了更恰当的反应方式，固执行为就会被取代。

(七)攻击

攻击是指当一个人遇到挫折时，为了将愤怒的情绪发泄出去，或者对构成挫折的对象进行报复而产生的攻击性行为。攻击性行为的对象可能是造成当事人受挫的人或物体，也可能是替代的人或物体，更有可能是当事人本身，这时就是自虐。攻击性行为的表现形式多种多样，一般分直接攻击和转向攻击两种。直接攻击是指受挫者将愤怒的情绪直接指向构成挫折的人或物，通过动作、表情、言语、文字等形式表现出来。转向攻击是指受挫者感到引起挫折的真正对象不能直接攻击或不便攻击，或者挫折的来源无法确定时，将愤怒的情绪发泄到其他人或物上的一种变相的攻击方式。比如，有些学生在比赛时没有得到理想的名次，就回寝室乱扔东西。

(八)自杀

自杀是一个人遭受挫折后的一种极端反应方式，也可以看作受挫后针对自身的一种典型的特殊攻击行为。当一个人受到突然且沉重的挫折打击，或者长期受到挫折的困扰或折磨时，使受挫者感到万念俱灰不能自拔，受挫者就可能产生自暴自弃、轻生厌世的想法，此时若得不到外力的帮助，受挫者就可能采取上吊、跳楼、投河、服毒等方式自杀。通常，自杀行为是在挫折的打击太大且超出受挫者承受能力的情况下发生的，特别是当受挫者将受挫的原因归因于自己，对自己丧失信心，并将自己作为迁怒的对象时更易于导致自杀行为。

二 理智性反应

理智性反应是指人们在遇到挫折后采取积极进取的态度，在理智的控制下做出的反应。通常，人们遭受挫折后都会有情绪，只是有些人能够处理好情绪，并用一个相对理智的方式应对挫折，而有些人被这些情绪控制，采用了情绪性的反应。理智性反应是对挫折的积极反应方式，主要表现在以下两个方面。

①坚持目标，逆境奋起，矢志不渝。人们遇到挫折后，经过客观冷静的分析，发现自己所追求的目标是现实的和正确的，认识到当前的挫折只是暂时的，是在实现目标的道路上遇到的一些曲折，是经过努力可以克服和逾越的。因此，他们应设法排除障碍，克服困难，坚持不懈，朝着既定目标矢志不渝地迈进，直至最终实现自己的愿望和目标。

②调整目标，循序渐进，不断努力。由于自身条件或社会因素的限制，人们的需要与目标并不是都能满足和实现的，或者在目前的条件下是不可能满足和实现的。因此，在实现目标的过程中，经过多次努力和尝试失败后就要冷静下来，认真客观地分析导致失败的真正原因，并根据实际的情况对自己的奋斗目标进行适当的调整。

心理游戏

应对方式问卷

下表中的每个问题有两个答案："是""否"。请你根据自己的情况在每个问题后面选择一个答案。

问题	是	否
1. 能理智地应对困境。		
2. 善于从失败中吸取经验。		
3. 制订一些克服困难的计划并按计划去做。		
4. 常希望自己已经解决了面临的困难。		

续表

问题	是	否
5. 对自己取得成功的能力充满信心。		
6. 认为“人生经历就是磨难”。		
7. 常感叹生活的艰难。		
8. 专心于工作或者学习以忘却不快。		
9. 常认为“生死由命，富贵在天”。		
10. 常常喜欢找人聊天以减轻烦恼。		
11. 请求别人帮助自己克服困难。		
12. 常常只按照自己想的做，而不考虑后果。		
13. 不愿过多思考影响自己情绪的问题。		
14. 投身其他社会生活，寻求新寄托。		
15. 常自暴自弃。		
16. 常以无所谓的态度来掩饰内心的感受。		
17. 常想“这不是真的就好了”。		
18. 认为自己的失败多数是外因所致。		
19. 对困难采取等待、观望的态度。		
20. 与人冲突，常是对方性格怪异引起的。		
21. 常向引起问题的事情或人发脾气。		
22. 常幻想自己有克服困难的超人本领。		
23. 常自我责备。		
24. 常用睡觉的方式来逃避痛苦。		
25. 常借助娱乐活动来消除烦恼。		
26. 常想些高兴的事情自我安慰。		
27. 避开困难以寻求内心的宁静。		
28. 为不能回避困难而烦恼。		
29. 常用两种以上的办法来解决困难。		
30. 常认为没有必要那么费力去争成败。		
31. 努力去改变现状，使情况向好的一面转化。		
32. 借烟酒消愁。		
33. 常责怪他人。		
34. 对困难常采用回避的态度。		
35. 把不愉快的事情埋在心里。		

续表

问题	是	否
36. 常自卑自怜。		
37. 常认为这是生活对自己不公平的表现。		
38. 常压抑内心的愤怒和不满。		
39. 吸取自己和他人的经验去应付困难。		
40. 常不相信那些对自己不利的事情。		
41. 为了自尊，常不愿意让人知道自己的遭遇。		
42. 常与同事、朋友一起讨论解决问题的办法。		
43. 常告诫自己“能忍者自安”。		
44. 常祈祷神灵保护。		
45. 常用幽默与欢笑的方式缓解冲突和不快。		
46. 自己能力有限，只能忍耐。		
47. 常怪自己没出息。		
48. 常爱幻想一些不现实的事情来消除烦恼。		
49. 常抱怨自己无能。		
50. 常能看到坏的事情好的方面。		
51. 自感挫折是对自己的考验。		
52. 向有经验的亲友、师长求教解决问题的办法。		
53. 平心静气、淡化烦恼。		
54. 努力寻求解决问题的办法。		
55. 选择职业不当，是自己常遇到挫折的主要原因。		
56. 总怪自己不好。		
57. 经常是看破红尘，在乎自己的不幸遭遇。		
58. 常自感运气不好。		
59. 向他人诉说心中的烦恼。		
60. 常自感无所作为而任其自然。		
61. 寻求别人的理解和同情。		

评分标准：

该量表共分成 6 个方面：解决问题、自责、求助、幻想、退避、合理化。请按照以下步骤进行评分。

1. 根据下表进行评分，各个问题编号前没有“—”的选“是”得 1 分，有“—”

的选“否”得1分。

应对方式问卷分量表项目构成

分量表	分量表构成编号
①解决问题	1，2，3，5，8，—19，29，31，40，46，51，55
②自责	15，23，25，37，39，48，50，56，57，59
③求助	10，11，14，—36，—39，—42，43，53，60，62
④幻想	4，12，17，21，22，26，28，41，45，49
⑤退避	7，13，16，19，24，27，32，35，44，47
⑥合理化	6，9，18，20，30，33，38，52，54，58，61

2. 按照以下公式计量各个分量表的因子分：

分量表因子分=分量表单项条目分之和/分量表条目数

3. 将6个因子的因子分进行排序，因子分最高的代表个体最常用的应对方式。

三 个性的变化

通常情况下，挫折对人的影响都是暂时的，随着具体挫折情境和条件的改变，随着时间的推移或受挫者认识上的变化，受挫者在受到挫折后感受到的紧张状态会逐渐消失。但人们遭受挫折后，除了直接表现出来的挫折反应外，还会出现间接的反应，并对受挫者产生久远的影响，甚至影响到个性的形成与发展。当人遭受连续挫折，或者遭受特别重大的挫折时，会导致挫折的紧张状态和反应反复出现，慢慢地这些反应方式就会固定下来，成为受挫者的习惯和个性特点。比如，有很多同学在刚入学的时候是很希望能够参加一些学生组织的，刚开始都积极准备，可是如果遭遇一次挫折那还好，但如果反复遇到这样的挫折，慢慢地，他就不想再去尝试了，也不像以往那样开朗了。可是如果说，这个同学能够对这些挫折进行总结，发现自己身上的不足，那么这些挫折就成了他成长过程中的养分，而不是障碍了。

第三节　网络世界——寻找另一个自己

一　互联网与青少年发展现状

2018年2月，中国互联网络信息中心(CNNIC)发布的《中国互联网络发展状况统计报告》调查结果表明，截至2017年12月，中国网民规模达到7.72亿，全年共计新增网民4074万人，互联网普及率达到55.8%，较2016年底提升2.6个百分点，超过全球平均水平(57.1%)4.1个百分点，超过亚洲平均水平(46.7%)9.1个百分点。截至2017年12月，我国手机网民规模达7.53亿，较2016年底增加5734万人。网民中使用手机上网人群的占比由2016年的95.1%提升至97.5%，网民手机上网比例继续攀升。

截至2017年12月，中国网民男女比例为52.6∶47.4，网民性别结构进一步与人口性别比例逐步接近。10～39岁群体占整体网民的73.0%，与2016年底相比，60岁以上高龄群体的占比有所提升，互联网继续向高龄人群渗透。网民中学生群体规模最大，学生群体占比为25.4%，其次为个体户/自由职业者，第三位是企业/公司的管理人员和一般职员。

2017年，中国个人互联网应用保持快速发展，各类应用的用户规模均呈上升趋势，其中网上外卖用户规模增长显著，年增长率达到64.6%，继续保持高速增长；在手机应用方面，手机外卖、手机旅行预定用户规模增长明显，年增长率分别为66.2%和29.7%。

截至2017年12月，中国网络游戏用户规模达到4.42亿人，占整体网民的57.2%，较去年增长2457万人。手机网络游戏用户规模较去年底明显提升，达到4.07亿人，比2016年12月增长了5543万人，占手机网民的54.1%。从产品类型变化来看，得益于游戏直播的强大宣传能力。网络直播用户规模达到4.22亿。其中，游戏直播用户规模达到2.24亿，较去年年底增加7756万，占网民总体的29.0%；真人秀直播用户规模达到2.2亿，较去年底增加7522万，占网民总体的28.5%。

2016年8月CNNIC发布的《2015年中国青少年上网行为研究报告》显示，截至2015年12月，中国青少年网民规模达到2.87亿，占中国青少年人口总体85.3%，远高于2015年全国整体网民互联网普及率(50.3%)。从年龄结构来看，青少年网民中19～24岁占比最高，为48.1%。2015年，青少年网民平均每周上网时长为26小时，青少年网民网络音乐、游戏、视频、文学的使用率分别为80.2%、66.5%、75.4%和44.6%，均高于网民总体水平。中国未成年网民规模为1.34亿，未成年网民占青少年网民的46.6%。未成年网民在家使用电脑上网的比例为95.1%，明显高于青少年网民总体水平。除了网络游戏使用率达到69.2%以外，未成年网民其他网络应用的使用率均低于青少年网民整体水平。

青少年网民对网络娱乐类应用存在明显偏好，促使青少年群体各类网络娱乐类应用使用率均高于网民总体水平，其中青少年网民对网络游戏和网络音乐的使用率分别高于网民总体水平9.6和7.4个百分点。中学生的网络游戏使用率最高，占比达到70%，较网民总体水平高出13.1个百分点。大学生网络游戏使用率为66.1%，小学生为66.3%。

通过对25岁以下青少年网络文学用户的在线调查问卷进行分析可以发现，爱情类网络文学是青少年最常关注的文学内容类型，使用率达到47.8%；其次是校园类网络文学，使用率为39.1%。玄幻、科幻、悬疑和历史类网络文学作品也分别拥有较为广泛的用户群体，使用率均在30%左右。经典名著累文学作品在互联网渠道的青少年网民中使用率较低，比例为7.6%。

随着互联网在青少年群体中的普及，网络文化娱乐行为在青少年日常生活中扮演的角色越来越重要，而随之产生的如贴吧文化、二次元文化等网络文化类型也日益得到社会的重视。在过去几年中，以具有架空世界观的小说、漫画、动画、游戏作为主要载体的"二次元"网络文化通过各类互联网娱乐应用在青少年网民中快速渗透。由于青少年网民的人生观、价值观尚未定型，他们在成长过程中容易受到环境和所接触的文化内容的影响，因此世界观独立于现实世界的二次元文化可能给青少年带来某些不良干扰。比如，过度沉迷于二次元世界的青少年可能产生偏激思想、虚拟偶像崇拜、存在的感缺失甚至对现实世界丧失兴趣等问题。

CNNIC发布的《2014年中国青少年上网行为研究报告》中对青少年网络游戏方面有着详细的解读：青少年较高的网络游戏使用率以及较长的游戏时间也是其对网络游戏产生强烈依赖性的体现。他们自控能力差，长时间使用网络游戏会导致其沉迷于网络游戏，严重影响他们正常的学习和生活。青少年网络玩家更偏爱暴力网络游戏，男性玩家更多，并且更少在游戏中改变他们的性别角色，更可能牺牲学习、工作时间来玩网络游戏。同样地，男性的平均网络游戏成瘾分数也要高于女性。目前最新的研究显示，网络游戏玩家的构成趋于多样化，年龄跨度和性格构成发生了变化。近年来，以女性青少年主题设计的网络游戏数量逐渐增多，女性青少年玩家也在逐渐增多。

在虚拟游戏的刺激下，青少年会体会到在现实世界体会不到的快感，无法抑制游戏带来的乐趣，很多青少年会出现网络游戏成瘾。通常来说，网络游戏使人成瘾的因素包括想完成游戏的动力、竞争的动力、提高操作技巧的动力、渴望探险的动力、获得高分的动力。网络游戏成瘾者常常在虚拟的世界中实现对权利、财富等需求的满足，并逐步代替现实生活中的有效行为和实践尝试，但是虚拟世界的满足永远无法代替现实生活，从而导致他们情绪低落、志趣丧失、生物钟紊乱、烦躁不安、人际交往能力丧失等，对玩家的心理产生很强大的消极影响。

二 青少年网络游戏行为分析

(一)网络游戏动机

研究显示，玩家的网络游戏动机主要是体验控制感和成为英雄的快感与成就感，以及人际沟通和情感交流等。团队合作和竞争是最重要的两种游戏动机。资深的网络游戏玩家通常具有很强的竞争动机，而网络游戏恰好满足了他们对于竞争的需要，因此他们会更加投入。同时在虚拟世界的人际交往已经开始逐渐成了当代大学生人际交往的主要渠道之一。玩家可以在屏蔽自身信息和凸显自身优点的前提下，帮助他人，结交新朋友，进行社交互动。相对于现实世界的人际交往，虚拟世界的人际有着其独特的魔力。

(二)网络游戏体验

所谓网络游戏体验，是指玩家在游戏过程中产生的主观感受和情绪体验，是个体在和网络游戏诸要素交互时产生的。通常不同的玩家和游戏类型会带来不同的体验，如有趣、放松、竞争、合作、沉醉、享乐或者浪费时间、挫折、无聊等。即使是同一款网络游戏，不同玩家获得的游戏体验也可能会有不同。网络游戏的积极体验越多，个体就越可能依赖网络来满足自己的需要，从而与现实世界更加疏离，在这一过程中就容易出现网络游戏成瘾。

(三)玩家对网络游戏的信念

玩家对网络游戏的信念主要分为两种。第一，玩家认为玩网络游戏有助于提升自己的行为表现时才会去玩，比如，认为玩网络游戏能够发展和维护人际关系，满足个人的幻想、控制感和成就感等。第二，玩家认为玩网络游戏的容易程度。一般来说，玩家喜欢容易操作的网络游戏，如果网络游戏能够增强青少年对网络游戏的积极态度，就会增加对游戏的使用。同时，当玩家对网络游戏产生了积极态度和评价时，才有可能去玩网络游戏，从而增加成瘾倾向。

(四)玩家对游戏角色的态度、认同和依恋

网络游戏为玩家创建了一个独立于现实生活的虚拟世界。游戏设计者投入大量的时间和精力来设计各具特色的游戏角色。在这里，游戏玩家可以做任何他们想做的事情，设想虚构人物的角色并完全控制其行为。游戏玩家也花费无数时间和精力来用于游戏角色的建构(外貌、服饰、技能等的选择)与增强(等级、属性和装备等的提升)。选择与自我一致的游戏角色，为玩家提供了试验和探索自我认同的机会，这同样也加强了玩家对游戏角色的态度和认同。成瘾玩家认为自己的游戏角色与众不同，更希望能在现实生活中像游戏角色那样行事。游戏玩家通过扮演他们选择的角色来完成任务，提升角色等级和属性以及推动故事发展。在这个过程中，玩家的情绪随着人物的发展而变化，随着故事的推进而波动。在这个过程，两者会产生紧密的情感联系，玩家会因为游戏角色的出色表现和装备的升级而欢欣鼓舞，也会因为游戏角色的受伤和死亡而情绪低落。

(五)玩家的个性因素

各项研究显示，网络成瘾者往往具有某些特定的人格倾向，如更高水平的感觉寻求、攻击、敌意、孤独、焦虑、冲动、社交抑制和自恋，以及更低水平的自我调节、情绪智力、冲动控制和自尊等。青少年是一个相对非常敏感的群体，对外部的压力和变化的心理承受能力弱，他们常常比较容易陷入焦虑和抑郁情绪。网络游戏能够让他们暂时隔绝和现实世界的联系，回避现实世界的冲突。但是，过度的网络游戏就会让他们逐渐远离现实生活，无法平衡现实社会与虚拟游戏世界之间的矛盾和冲突，更容易陷入抑郁和焦虑情绪。

三 青少年网络游戏成瘾的测评和治疗

(一)网络游戏成瘾的测评

网络成瘾的概念来自物质依赖和病理性赌博两个概念，匹兹堡大学的金伯利·扬(Kimberly Young)最早对网络成瘾现象进行了研究，依据《精神障碍诊断与统计手册》第5版(DSM-IV)对于病理性赌博的界定标准，确定了网络成瘾的8个指标：

①觉得脑子里想的全是上网的事情(总是想着先前上网的经历或下次去上网的事情)。

②感到需要花更多时间在网上才能得到满足。

③多次努力试图控制、减少或者停止上网，但没有成功。

④当减少或停止上网时，感到心神不安、郁闷或者易激惹。

⑤每次上网实际所花的时间都比计划的时间要长。

⑥因为上网而损害了重要的人际关系，或者损失了受教育或工作的机会。

⑦曾向家人、朋友或他人说谎以隐瞒自己上网的沉迷程度。

⑧把上网作为一种逃避问题或排遣不良情绪(如无助感、内疚、焦虑、沮丧)的方法。

研究者认为如果符合5个以上的就可以判定为网络成瘾。

想对网络成瘾有着更为详细的判断，可以参考Young的网络成瘾游戏成瘾完整版量表(表10-1)。

表10-1 网络游戏成瘾完整版量表

项目	完全不符合	不符合	无法确定	符合	完全符合
1. 上网时间常常超过自己事先的规定。	1	2	3	4	5
2. 因为上网而忘了做作业。	1	2	3	4	5
3. 经常觉得上网比跟同学或伙伴一起玩更有意思。	1	2	3	4	5
4. 经常在网上结交新朋友。	1	2	3	4	5
5. 经常听到别人抱怨你花太多时间上网了。	1	2	3	4	5
6. 经常因为花太多时间上网而影响了学习和成绩。	1	2	3	4	5
7. 不顾身边需要解决的一些问题而上网查电子邮件或看留言。	1	2	3	4	5
8. 常常觉得由于上网而影响了你的学习成绩和效率。	1	2	3	4	5
9. 当别人问起你在网上做什么事情，尽量隐瞒自己的所作所为。	1	2	3	4	5
10. 常常觉得通过上网能够消除生活中的烦恼。	1	2	3	4	5
11. 常迫不及待地想再次上网。	1	2	3	4	5
12. 常常觉得如果没有互联网，生活将变得无聊、空虚或烦躁。	1	2	3	4	5

续表

项目	完全不符合	不符合	无法确定	符合	完全符合
13. 在你上网时，如果有人来找你，你经常觉得很生气。	1	2	3	4	5
14. 经常因为上网而缺少睡眠。	1	2	3	4	5
15. 下网离线时，常常会觉得若有所失或恋恋不舍。	1	2	3	4	5
16. 上网时，经常对自己说“再玩一会儿就不玩了”。	1	2	3	4	5
17. 曾想努力减少上网时间，但是觉得做不到。	1	2	3	4	5
18. 经常设法对自己的家人隐瞒上网的时间。	1	2	3	4	5
19. 更愿意选择待在网上，而不想跟别人一起玩。	1	2	3	4	5
20. 下网时常常觉得不开心、焦虑，而一旦重新上网，这些不快将一扫而空。	1	2	3	4	5

网络游戏成瘾完整版量表采用1～5点计分，分别代表完全不符合、不符合、无法确定、符合和完全符合。量表总分范围为20～100分：得分在20～49分的测试者为正常网络使用者；得分在50～79分的测试者尚没有明显的网络游戏成瘾症状，但是已有网络成瘾倾向；得分在80～100分的测试者已经有了明显的网络游戏成瘾症状。

(二)网络游戏成瘾的治疗

网络成瘾的治疗可以分为心理治疗(认知行为治疗、家庭治疗等)、运动治疗、药物治疗和综合模式治疗，其中心理治疗和药物治疗比较普遍，而这两种治疗方式相结合的综合矫治方案也较多。比如，有研究者采用了药物和心理治疗相结合的方法对6位网络成瘾者进行治疗。药物治疗以东莨若碱为主，每日注射一次，连续用药3～5天，目的是抑制大脑皮层，使其在睡眠和休息过程中恢复机体平衡，中断强迫性上网行为。心理治疗的作用是让他们培养上网之外的兴趣，发现现实生活中的美好。研究结果表明，综合治疗的效果优于单纯的药物治疗。

自我成长

1. 泰戈尔曾说过，你的负担将变成你的礼物，你受的苦将照亮你的路。请写下你自己过去成长经历中最难的一个挫折，当时你采用了什么样的应对方式，你从这个挫折中获得了什么样的收获？

2. 现代生活中网络影响我们生活的各个方面，我们已经习惯于通过朋友圈去了解对方而不是通过自己的眼睛。请举例说明网络对你的影响有多大。如果给你一天，让你不带手机不去上网，你会如何来安排你的生活？

3. 有人说，虚拟世界之所以这样迷人，是因为现实世界里没有他们想要的东西和感兴趣的事情。请列举你除了上网还有什么样的兴趣爱好？这些兴趣爱好是如何影响你的？

4. 网络对人的影响是一把双刃剑，取决于自己的自控力。请分享一下，在面对网络成瘾时你是如何把控自己的？

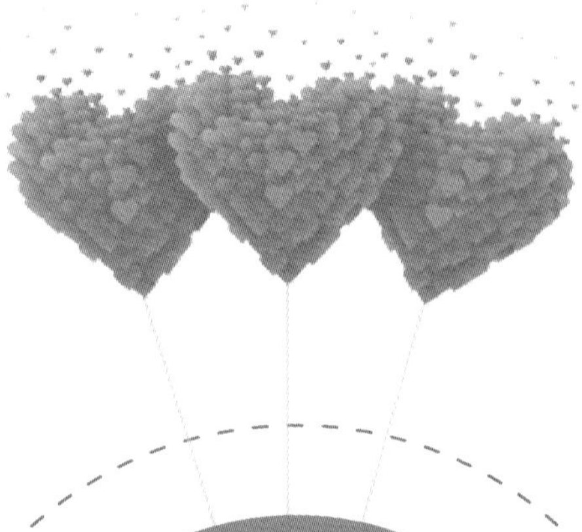

第十一章

理解心理障碍

> 我和世界隔了一片沙漠。
>
> ——一位抑郁症患者的心声。

自我评估

请依据个人的真实情况，这些描述符合自己的记 1 分，不符合的记 0 分。

1. 我觉得闷闷不乐，情绪低沉。
2. 我总是一阵阵想哭。
3. 我无缘无故地感到疲乏。
4. 我觉得以前经常做的事情现在越来越困难了。
5. 我觉得不安而平静不下来。
6. 我对自己的未来不抱有希望。
7. 我觉得我的生活没有什么意思。
8. 我比平常要容易生气激动。
9. 我觉得做出决定是困难的。
10. 平常感兴趣的事情我现在不感兴趣了。

成长故事

一个被诊断为精神分裂症的 30 岁女性写道：我想让你了解一个精神分裂症病人的生活是怎样的，以及得了这种病的人要面对些什么……我生活得很正常，如果我不告诉别人，没有人能看出我有病……我服药之前的妄想可以沿着任何一个线索编成一个故事，而又随意地改变。在接受帮助之前，随着时间的推移，我感到我整个脑子逐渐被疾病控制，我是多么希望我的心智和生活能恢复到从前的样子，那时我可以自由地笑，自由地哭，可是现在的我已经完全不由我自己控制了。我害怕和人交往，害怕他们会看出我的不正常，我只能在自己的世界里，可是这个世界是一个疯子的世界，我知道明天又会有人过来看我了，看我有没有按照他们的计划准备，如果我不听他们的话，我会被杀的，这里没有人能够救我……

第一节　什么是心理障碍

心理健康是身心健康协调的基础，是一个人能够成长发展的基本条件。在整个生命历程中，心理健康是思考、交流、学习、适应生活、保持自尊的源泉。但心理健康问题往往被人忽视，直至问题产生。对大多数人来说，心理障碍和异常行为两个名词指向同一个意思。人们之所以这么想是因为大家觉得各种形式的精神病特征都很相似，即在常人看来都是不正常的思想、感觉或行为。但是，在心理学领域，这两个名词的含义其实是不同的。例如，某些类型的抑郁经常被贴上异常或者统计上“违反常态”的标签，但是并不被归类为心理障碍。还有一些行为则被认为是社会行为偏差或不正常，如在足球比赛场上裸奔，但是并不被认为是精神病的表现。因此，我们首先将从了解定义心理障碍的普遍标准开始。

当你知道心理障碍、正常行为和非正常行为其实没有精确、公认的定义或界定标准时，可能会感到吃惊。每一种界定标准都有着优点和缺点。不过，尽管存在这些不明确的地方，行为、想法和情绪的确会集中到一起形成各种模式，从而使得我们能够从医学上识别各种心理障碍。这类问题最权威的指南是由美国精神病协会出版的《精神障碍诊断与统计手册》(DSM)。因为新的研究成果不断出现，新的诊断技术不断更新，以及社会在不断发展变化，所以DSM的内容会定期进行修订。

一　心理障碍的定义

现在，我们可以把心理障碍定义为一种临床上显著的行为或心理模式，这种模式与以下症状相关联。

(一)个人困扰

个人困扰是指对个人幸福感或社会功能造成干扰的强烈的或长期的消极自我意识，这是一个主观评定的指标。个人困扰程度是诊断心理障碍的主要因素之一。例如，长期恐高或情绪反复波动都可能符合心理疾病的标准。反之，如果一个人行为怪异但同时是快乐且功能正常的，则不一定有心理障碍。尽管个人困扰的标准很有用，但是它也还不是我们定义或诊断精神病的充分依据。

（二）适应不良行为

适应不良行为是判断心理障碍的一个重要因素。它意指对一个或多个心理功能严重丧失或受损，尤其是在工作和人际交往方面。这个概念与日常生活联系紧密。患有该疾病的人在工作、生活自理或与家人、朋友相处上有障碍。

（三）残疾或功能受损

第三个相关因素是个体面临残疾、疼痛和死亡风险的高低。适应不良或者生活不能自理的人会增加自己受伤的风险。例如，一个物质成瘾的人通常无法关心自己的生理健康，无法照顾自己。

（四）违反社会规范

最后一个心理障碍的测量标准是看个体是否违反社会规范。社会规范是关于个体在一定情境或社会中做出怎样的行为是合理的，这是一种普遍的社会期望。每个社会人都生活在规范之下，规范告诉我们什么是可以被接受的，而什么是不可以的。

（五）心理疾病跨时间和文化的多样性表现

心理疾病的界定会随着时间和文化的变化而发生变化。比如，1974 年以前同性恋被诊断为心理障碍，现在已经不是了。尽管幻听在现代被认定为心理障碍，但在某些地区，听到“亲人的召唤”则不是心理障碍。

二 心理障碍是如何分类的

分类就是按某种规则将事物纳入一种类目系统的方法。疾病分类的原则有多种，对疾病按病因、病理改变进行诊断和分类，是医学各科所遵循的基本原则。但在精神医学实践工作中，只有 10%左右的精神障碍病例的病因、病理改变比较明确，而 90%左右的病例则病因不明。因此，精神障碍的诊断和分类无法全部贯彻病因病理学分类的原则。世界卫生组织编写的国际疾病分类第 10 版，基本上遵循病因病理学分类和症状学分类兼顾的原则，但美国的《精神障碍诊断与统计手册(第 4 版)》，主要按照症状学分类原则进行。

DSM 以实践标准作为分类的基础，定义、描述和划定了超过 200 种心理障碍。精神科医生通过对比“病人”和手册的描述来选出最匹配的条目，从而达到诊断的目的。诊断的目的是提供对个体整体问题和功能状况的精确描述，并且对病情的发展进行预测，从而有助于治疗。诊断同时能促进专业人士与病人的交流以及对他们的理解。

人们通常认为诊断是对人进行分类，其实DSM所强调的是区分不同的行为模式，而不是人。DSM重在描述而非解释心理障碍，尤其是在病因未知的时候。DSM为临床医生提供了一种诊断有心理障碍病症的人的实用的、行为取向的方法。

三 心理障碍有多普遍

(一)发病率和流行率

精神分裂症可见于各种社会文化和各个地理区域中，其发病率与患病率在世界各国大致相等，终身患病率约为1%。精神分裂症患病率男女大致相等，性别差异主要体现在初发年龄和病程特征上。90%的精神分裂症起病于15～55岁，发病的高峰年龄段男性为10～25岁，女性为25～35岁。与男性不同，中年是女性的第二个发病高峰年龄段，3%～10%的女性患者起病于40岁以后。多数随访研究支持女性患者总体预后好于男性，原因可能与男性患者罹患更多的脑损伤以及雌激素的保护作用等有关。我国1993年的全国流行病调查资料显示，精神分裂症的终生患病率为6.55‰，与1982年的流行病调查结果显示的5.69‰患病率相比差别不大。浙江省在2001年的调查资料显示，15岁及以上人群精神分裂症的时点患病率为3.01‰，而河北省(2004年)的调查资料显示，18岁及以上人群精神分裂症的时点患病率为5.46‰，终生患病率为6.62‰。国内的调查资料都提示女性患病率略高于男性，城市患病率高于农村。同时发现，无论城乡，精神分裂症的患病率均与家庭经济水平呈负相关。

女性抑郁障碍的患病率高于男性1倍以上，而双相情感障碍患病率男女比例为1∶1.2。这一趋势在各种文化和各种族人群中是一致的。研究显示，这种差异可能与激素水平的差异(尤其是怀孕、分娩和哺乳期间)、心理社会应激事件及应对方式等有关。世界卫生组织有关全球疾病总负担的统计显示，1990年抑郁障碍和双相情感障碍分别排在第五位和第十八位，抑郁障碍和自杀共占5.9%，列为第二位。预计到2020年，抑郁障碍的疾病负担将上升到第二位，列在冠心病之后。在我国，1990年抑郁障碍和双相障碍分别排在第二位和第十二位。

(二)年龄、性别和文化的影响

有心理障碍的人往往在成年早期就出现第一次症状，大约3/4的心理障碍者报告称他们的第一次症状出现在24岁之前。但是，有一些心理障碍，如强迫症、双相障碍和精神分裂症会更早。值得注意的是，性别和文化差异会影响心理疾病的流行率。尽管男性和女性同样容易遭受心理疾病的困扰，但他们易患病的类型稍有不同。女性更容易患恐惧症和抑郁症，男性则更容易滥用酒精和药物，及出现长期反社会行为。此外，女性寻求帮助的意愿是男性的2倍，也许是因为这样所以过去有一种错误的印象，即女性更容易患上心理疾病。另外，心理障碍的流行率还会因文化而异。例如，与美国恰恰相反，抑郁症在中国和非洲的某些地区流行率低。一种解释是，在西方(或个人主义)社会，人们更倾向于把自己的失败和不幸归咎于自己的责任，因为他们对自己存在的不足关注更多，从而抑郁的概率更高。

第二节　常见的心理障碍

在这里，我们将讨论两大类不同的心理障碍：①常见的心理障碍，如焦虑障碍、心境障碍等；②罕见但严重的心理障碍，如精神分裂等。值得注意的是，无论这部分内容能否加深你对心理疾病的认识，都不应该用这些去诊断自己和他人的心理。如果相关问题出现，你应该寻求专业心理健康机构的帮助。

一　焦虑障碍

无论是因为工作、人际关系、经济还是其他什么问题，我们大部分人一生中都会反复地体验到焦虑(或恐惧)。这是对压力的自然情绪表达，是生活中的正常部分。虽然有些焦虑能够使人充满动力，但水平过高的焦虑仍会让人无法动弹。高度焦虑会使人不想出门、消息闭塞、不想接电话或与人交流，总的来说，就是难以享受生活的乐趣。焦虑障碍的症状是过度或者不恰当的焦虑，或者逃避焦虑的方式不恰当。对于有焦虑障碍的人来说，即使是在非特定的危险情况下，焦虑也可能产生。主要的焦虑障碍共有五种：广泛性焦虑障碍、惊恐障碍、恐怖症、强迫症和创伤后应激障碍。下面我们将分类进行详细说明。

(一)广泛性焦虑障碍

广泛性焦虑障碍是一种长久的“如影随形”般的焦虑，无论身在何处，焦虑都会紧随着你。患广泛性焦虑障碍的人往往说不清自己在担心什么，只知道自己大多数时候都感到焦虑不安。他们常常有很多担心，并想象不好的事即将发生，难以集中注意力或做出决定。患广泛性焦虑的人可能会头痛、面容憔悴、消化不良、寝食难安，还经常担忧当下的状况会使自己崩溃、心脏病发作或发疯。广泛性焦虑障碍是最常见的焦虑障碍，终生患病率约为4.1%～6.6%，在普通人群中年患病率在1.9%～5.1%，45～55岁年龄组比例最高，女性患者是男性的2倍。广泛性焦虑障碍常为慢性病程，国外资料显示患者在明确诊断前已经有10年病程者并不少见。多数广泛性焦虑患者合并有抑郁障碍或其他焦虑障碍，称为共病现象。常见的共病有抑郁障碍、惊恐障碍、强迫障碍等，共病造成广泛性焦虑障碍的诊断和治疗困难。

(二)惊恐障碍

惊恐障碍是一种强烈惊恐的反复出现，也被称为惊恐发作。这种可怕的发作会发生在毫无危险的情境中，通常持续15～30分钟，也可能长达1小时。在一些案例中，惊恐发作也可能针对特定的情境，如在交通拥挤的城市中开车或是公开演讲。在另一些案例中，又好像毫无诱因地发生了。当惊恐发作时，人们往往难以忍受，会流冷汗、眩晕，甚至呼吸困难。受害者会觉得这是难以逃脱的宿命，如果不能安全度过，就会死去。这种发作的难以预测性更增加了受害者的焦虑，因此他们会避开失去控制感、让自己感到无助或曾经发生过惊恐发作的情境。

(三)恐怖症

多数人都会非常理性地回避某些特定事物，如蜘蛛和蛇，这些回避通常不对我们的生活产生严重影响，相反，如果这种回避变为某个人的重要应激来源并妨碍了他的日常生活时，就能断定他患有恐怖症。恐怖症的特征是长期非理性地恐惧某种事物或活动并伴随着对其强烈的抵抗情绪。恐怖症类型有：特殊恐怖症、社交恐怖症和广场恐怖症。在美国社交焦虑障碍的终身患病率为13.3%，女性较男性常见，平均发病年龄为15岁，平均发病12年后才进行首次治疗，而80%的患者从未接受治疗。特定恐惧的终生患病率，美国为11.3%，平均发病年龄为15岁，女性患病率是男性的2倍多，患者很少寻求治疗。

1. 特殊恐怖症

特殊恐怖症是一种对特定事物或情境的高度恐惧，也是最常见的恐怖障碍类型。恐惧的对象包括动物，尤其是狗、蛇、蜘蛛和昆虫。其他特定恐怖症包括恐高症，即害怕高处，还有幽闭恐怖症，即害怕密闭空间。大多数特定恐怖症源于童年时期，并且在没有接受治疗的情况下就消失了。但是，如果延续到成年期的恐怖症仍旧比较强烈，那么没有寻求专业帮助的话基本上不会自动消失。

2. 社交恐怖症

社交恐怖症是害羞的极端表现，包括长期非理性的社交恐惧，并极力避免被他人关注的情境，并因此会影响人的日常生活。如果不可避免地要进入社交场合，有社交恐怖症的人会体验到极度的焦虑并且尝试避开。社交恐怖症的例子有：害怕在公共场合说话、表演、用餐、到公共浴室或者被别人看着写字。尽管这种心理障碍很少造成社会功能损坏，却给生活带来不便，如抗拒需要使用公用卫生间的旅行，为了缓解焦虑，患者可能用酒精或者药物使自己冷静下来。

3. 广场恐怖症

广场恐怖症是一类不同的恐惧的集合。它们都会引起对人群和开放空间的强烈焦虑，如商店、电梯、隧道和公共交通工具。广场恐怖症通常导致严重的恐惧反应，是人们最经常寻求治疗的心理障碍。这种恐惧症往往发生在青春期后期或20岁初，也有可能更迟。在广场恐怖症发作期间，受害者会拒绝出门，只想宅在家中。即使他们最终出去了，也会十分谨慎地避开可能引发恐惧的情境。

(四)强迫症

是否有一首歌曾短时间地在你耳朵里不停地回响？很令人恼火不是吗？当这种情形出现时，如果有一种简单的动作能让那首歌停止播放(如咬手指)，那么你可能会这样做。现在想象一下，如果同样的歌曲每天成百上千次地出现在你的脑海中，然后你每次咬手指让它停下来，那会怎么样？这时，你便进入了一个强迫症患者的世界。强迫症的本质特点包括强迫观念(被令人不愉快的想法萦绕)和强迫行为(对于某个不必要动作非自愿性的重复)。

强迫症一般包括担心感染疾病(如被病菌传染)，担心造成伤害(如没有关火炉或没有关门)，迷信(某件事必须做一个特定的次数)，或者一种对于顺序和完美的追求(如地毯上的条纹都要对齐)。由于这种不想要的侵入想法造成的焦虑，会使个体会陷入重复或者仪式性的行为，以摆脱这些想法。实施这些强制行为也可以避免这种强迫思想的再次发生。这些强制行为可以分为以下几类：囤积者，他们收集几乎任何东西而且不能摆脱这种习惯；重复者，这些人认为他们必须在某件事上重复一定的次数；排序者，他们认为他们的物品必须以一个固定的规则放置。强迫症的循环每天可能持续几小时，因此会对人们参与日常活动的能力产生显著的干扰。

大约一年以前，17岁的吉儿还是正常的青年人，才华横溢，兴趣广泛。后来他变成了一个孤独的旁观者，被他的心理问题隔绝于社交生活之外。具体来说，他得了一种强迫性的清洗症。“自己是脏的”这一信念在他脑中挥之不去，尽管他的理性告诉他事实并非如此。他开始花大量的时间来洗掉自己想象的污秽。开始，他的仪式化清洗只在周末或者晚上出现，但不久就占据了他所有的时间，迫使他不得不退学。

强迫症分为强迫观念和强迫行为。强迫观念指的是一些思维、意象或冲动反复出现或持续作用，尽管个人要努力抑制这些观念。强迫观念是对意识的一种侵入，它们似乎全无意义或令人讨厌，而且对于正在经历着的人而言它们也是难以接受的。你可能有过轻微的强迫体验，比如，有时会冒出一些小的担心，“我是不是真的锁了门”或者“我是不是关了灯”。强迫症患者的强迫观念更加不可抵挡，有可能引起更多的痛苦，而且可能干扰他们的社交和工作。强迫障碍的基本特征是患者表现为来源于自我的强迫观念与强迫行为，多数患者认为这些观念和行为是没有必要或异常的，是违反自己意愿的，强迫与反强迫的强烈冲突使患者感到焦虑和痛苦，但无法摆脱，病程迁移患者可表现出仪式行为，此时焦虑和精神痛苦减轻，但社会功能严重受损。强迫障碍在男性和女性中患病率相同，在美国终生患病率为2%～3%。患者常有强迫性格，起病多在童年或成年早期。

强迫行为指的是重复的、目的性的动作，根据特定的原则或仪式化方式对于某种强迫观念进行反应。做出强迫行为是为了减少或预防与某些可怕的情境相联系的不适感，但是其本身显然不合理，或者多余。

至少一开始，强迫症病人是会抵制强迫行为的。当他们平静下来之后，他们把自己的强迫行为看作毫无意义的。但当焦虑来临时，为了释放紧张，仪式化的强迫行为似乎有一种不可抵抗的力量。有心理问题的人体验到的痛苦在一定程度上是因为他们认识到强迫观念是非理性的或多余的，但没有能力消除这些观念所导致的挫折感。

(五)创伤后应激障碍

创伤后应激障碍是一种严重的焦虑障碍，它的症状包括焦虑和回避行为，这种障碍通常来自不同寻常的应激事件，如遭受身体伤害或者性侵。创伤后应激障碍同样可能是由于目击了战争的惨烈、自然灾害、飞机失事、恐怖袭击、悲惨的交通事故和谋杀等。正如这一系列事件所显示的，创伤后应激障碍是由经历了创伤事件或者目睹了这些创伤事件引发的。因此，一些特定职业的人比其他人更容易患上创伤后应激障碍，如士兵、火警、警察以及抢救和医护人员，他们最容易受到创伤后应激障碍的侵害。另外，在电视上观看过多的创伤性事件(如校园枪击事件)也可能引发创伤后应激障碍。

创伤后应激障碍一般被分为极度害怕、闪回(创伤性事件在头脑里反复出现)以及噩梦三种类型。患有创伤后应激障碍的其他症状还包括情绪波动、易怒、低落、经常哭泣、注意力有限、注意力难集中、困惑、工作或学业成绩差、服用毒品或酒精、头痛、失眠以及胃部疾病等。

二 心境障碍

大部分人都会经历一段看似身边什么事都很不顺利的阶段。我们也许会说“我们很沮丧”，但是常常并没有达到可以诊断为心理障碍的程度。我们的情绪处于一种和缓的沮丧和悲伤中，而且它一般会在持续几天后消失。但是，当这种情绪困扰变得更加严重和长期的时候，它会变成一种心境障碍。有两种主要的心境障碍：抑郁障碍和双相情感障碍。前者表现为普遍的消极情绪，后者表现为夸张的情绪波动，即在严重低落和极度兴奋之间摇摆。我们将具体分析一下这两种心境障碍。

（一）抑郁障碍

1. 抑郁症

抑郁症症状主要表现为强烈的、不切实际的悲伤和无意义感。除了这些症状之外，抑郁症还可能表现为精力下降、对于日常活动的兴趣缺失、缺乏食欲、不满足感、间歇性哭泣和态度悲观。在很多例子中，人们经历低落的症状处于中等程度，因为他们可以继续他们的日常活动。对于其他人来说，抑郁症会严重阻碍人们从事日常工作和生活的能力，最终会导致需要一段时间住院治疗。在一些患者中，甚至仅仅是起床这一简单动作也变得不可思议的困难。值得一提的是，在那些经历过抑郁的人中，超过一半的人在两年内会再次患上抑郁症。

抑郁症的成因有很多，从基因和生物化学等原因到社会和文化的影响都有。例如，抑郁症有家族遗传的趋势，说明生物性的缺陷是可以被遗传的。然而，抑郁症也可能发生在并没有家族遗传历史的人身上。无论是否遗传，抑郁症一般与大脑结构以及大脑功能的变化有关。另外，认知理论家指出，消极的思考方式或者悲观的认知风格会导致抑郁。

有趣的是，女性患上抑郁症的可能性比男性大。而且生物性的影响(如激素水平)也在其中起作用。例如，脑成像研究发现，受抑郁影响的大脑区域的大小在女性中是在男性中的8倍。但是，与抑郁症同样重要的是男女性别之间在社会角色和责任以及压力管理方面的差异。例如，职业女性以及已婚女性比起男性要处理多样的任务而且要承担过重的工作。事实上，有研究显示，家庭操劳的程度、家务事的参与和抑郁症状三者之间有一定的关系。女性比男性在照顾小孩上要花费更多的时间。因此，由于在社会角色和责任方面的差异，女性要比男性承受更大的压力。另外，男性和女性管理压力和情绪的方式也不同。比如，对比于男性，女性可能更易于在她们遇到的问题上细细思考(沉思)而不是采取行动。这些原因都能解释为什么女性患抑郁症的概率要明显高出男性。

重度抑郁症患者做日常的事情似乎也要付出巨大的努力才行。例如，一名患者记得“自己曾在淋浴时因用完了香皂而失声痛哭。我会因为计算机上的一个键卡住了而哭泣。我发现所有事情都极其艰难，例如，举起一个话筒对我而言就像四百斤的重压。我必须要穿上两只袜子和两只鞋，这把我压垮了，所以我只想回床睡觉。”

重度抑郁症的一般标准包括至少两周出现抑郁情绪或丧失对日常活动的兴趣和乐趣，并伴随着至少四种下面列举的症状：

①悲哀、忧郁，没有精力，对日常的大部分事情获得失去兴趣或乐趣。

②感觉到自己没有价值，自责。

③思维和集中注意力的能力下降，健忘。

④在没有节食的情况下，体重显著减少，或体重明显增加。

⑤失眠或睡眠过多，运动显著减缓或激越。

⑥反复想到死，有自杀的念头或举动，或有自杀的计划，尝试过自杀。

被诊断为抑郁的病人，其症状的严重性和病程不同。其中一些人只在一生中的某个时间与抑郁斗争了几个星期，而另一些人则断断续续地或慢性地经历了数年的抑郁。

2. 季节性情感障碍

有些人在某些特定的时间段更容易抑郁，特别是在冬季。他们遭受的这种特别的心境障碍叫作季节性情感障碍。原因还不清楚。由于超过 2/3 的具有这种症状的人有亲戚也同时患有心境障碍，所以部分原因可能是基因遗传。另一种理论是，冬天阴沉的气候会扰乱身体的生物钟，影响了人体 5-羟色胺和褪黑素的产生。在黑暗的时候，人脑中的松果体会分泌大量的褪黑素荷尔蒙，从而让人昏昏欲睡。光线会抑制这种化学物质的分泌。虽然在冬天分泌过多的褪黑素不会影响大部分人身体内的化学物质平衡，但是对于那些有季节性情感障碍的人来说，实在是过多了。有趣的是，不是所有人都会在冬天患上季节性情感障碍。比如，冰岛人很少患上这种抑郁。如今，患有季节性情感障碍的人可以通过光线疗法来减轻症状。在冬季，他们每天可以花点时间在“太阳箱”上，这种装置配备了强大的荧光灯，可以发射出全光谱的自然日光。

3. 心境恶劣障碍

心境恶劣障碍是一种长期的轻度抑郁，不会影响人的生活和工作功能。但是，它会使人无法感到快乐或者无法达到最佳工作状态。心境恶劣障碍的症状类似于抑郁症，只是程度更轻。如果上述的心情低落连续两年以上就可以被诊断为心境恶劣障碍。

(二)双相情感障碍

一些人高兴和抑郁频繁交替出现，就叫作双相情感障碍，也就是躁郁症。通常，双相情感障碍最先表现为狂躁(变得情绪高涨，感到激动或者有快感，增加社交活动、健谈、睡眠需求变少、行为莽撞)。在狂躁时期，个人行为可能会危害到个人的社会关系(变得好斗或者性冲动)、财务状况(他们可能入不敷出)和自尊(在狂躁期过后对自己的行为感到尴尬和悔恨)。狂躁期之后就是一段严重的抑郁期，其典型表现是无望感和绝望。

除了狂躁期外，还有几个特征也可以把双相情感障碍和抑郁症分开。第一，双相情感障碍并不如抑郁症那么常见，发生率不到抑郁症的1/3。第二，双相情感障碍在男性和女性中一样普遍。第三，双相情感障碍的流行率、结婚与否并没有差异。第四，抑郁症在人生中的任何阶段都有可能发生，但是双相情感障碍通常出现在30岁之前，而且持续时间较短，但是次数比较频繁。第五，双相情感障碍在家族内的遗传性更强，这表明基因在双相情感障碍中扮演的角色比在抑郁症中要更重要。

虽然DSM收录了从冲动性赌博到幻想的上百种心理障碍，但我们难以在一章中全部囊括，所以我们将描述三种被普遍误解或在大学生中比较常见的心理障碍：饮食障碍、性格障碍和精神分裂。

三 饮食障碍

20岁的小兰有些胖，她想变得有吸引力，害怕变得更胖，便实行了严格的节食计划。小兰崇拜那些超瘦的模特和演员，结果她在不到一年的时间里从80kg减到了48kg。与小兰不同，海蓝身高172cm，且体重身高比很健康。但是，在过去几年里她开始暴饮暴食，然后又吐出自己吃进去的食物。比如，她会狼吞虎咽地吃下一大盘巧克力蛋糕和一大杯冰激凌，几乎没有咀嚼。每次开始吃东西，她就觉得自己失去控制，不能停止。之后，她又会悄悄地把食物吐出来。呕吐减轻了暴食带来的痛苦，于是她又开始不停地吃，整个过程都伴随着自责(“我为什么吃的那么多”)和抑郁(“我停不下来，我是个失败者”)。尽管两者表现不同，但她们都患了饮食障碍，这是一种日常饮食习惯的严重异常，如吃得过多或过少，将伴随着对自己体重或体型的严重焦虑或担忧。下面将讨论三种饮食障碍：神经性厌食症、神经性暴食症和暴食症。

(一)神经性厌食症

神经性厌食症是指有意节制饮食，导致体重明显低于正常标准的一种进食障碍，1868年首次由英国医生威廉·格尔(William Gull)正式命名。该病多见于青少年女性，发达国家发病率较高。据美国报道，女中学生和女大学生的患病率达到0.5%。临床资料显示，厌食症患者中90%以上是青少年女性，男性仅占5%～10%。由于患者常常不认识此病，否认病症，因而到目前为止我国的发病率仍然不详。随着生活水平的不断提高，饮食内容的不断丰富，以及与“以瘦为美”审美标准的日益冲突，神经性厌食症的发病率已有增高的趋势。

小兰的情况属于神经性厌食症，表现为严重的无食欲和体重下降。它的基本特征是恐惧变胖、身形扭曲、拒绝保持正常体重。换句话说，患者会无止境地追求纤瘦。进食障碍不应归为一种意愿或者习惯上的失败，它确实是一种可治疗的疾病，是患者在自己生活中呈现出来的一种饮食上的失调模式。当只有正常体重的85%，并且伴随着其他一些生理症状，如月经周期暂停等，这些通常可以作为诊断这种疾病的充分证据。体重的下降通常伴随着食物摄入总量的减少，尤其是那些碳水化合物和脂肪含量高的食物摄入量的减少，还有对泻药和利尿药物的使用，以及有时进行过多的激烈运动。人群中有1%的人(大多数是女生)正遭受着这种病的困扰，他们担心自己变胖或感觉自己变胖，他们没有意识到自己正在瘦得太过危险，即使是在镜子面前他们也感觉不到。“瘦得太过危险”不是一个误述，因为在患有进食障碍的人中，多达20%的人由于过于消瘦而死亡。

(二)神经性暴食症

海蓝的情况属于神经性厌食症。它的症状是严重的过量饮食或者不加控制地进食，然后自行呕吐。这种疾病和厌食症有密切关系，但是又与厌食症不同，它更常见。厌食症患者的目标是减体重，而神经性暴食症患者是想吃东西却不想增加体重。这种疾病的基本特征是对自己短暂地放纵，疯狂进食，但同时意识到自己的这种进食模式是不正常的，即对自己不能主动停止这种进食模式的担心和沮丧的情绪以及自我轻视的想法。“你一点也没有自控能力，真为你感到羞耻!”神经性暴食症患者的脑海中存有这种小声地批评。神经性暴食症患者也和厌食症患者一样对自己的身体意象不满意，但是与厌食症患者不同，神经性暴食症患者通常处在一个健康的体重范围或者稍微过重的状态，而不是过轻。神经性暴食症患者有时候在两次放纵之间会过度节食。

（三）暴食症

暴食症患者特征是在不连续的一段时间内吃过多数量的食物，以及对过量饮食无法自控。鉴于大多数超重的人通常摄入的卡路里比他们每天行程中消耗的卡路里要多，强迫性暴食者在很短的时间内摄入大量的食物，但没有后续的故意排泄或者减少饮食。为避免失去控制带来的尴尬，暴食者通常一个人吃饭。在那些正在实行体重控制计划的人中，大概有 1/3 或者更多的人报告他们经常有难以自控的过度进食经历。强迫性暴食者的心理问题发生率比平均水平要高，特别是抑郁症的发生。过度的进食通常和积极或者消极的情绪状态有关，强迫性暴食者在一天中也趋于经历更大的情绪波动。暴食症通常由紧张、饥饿、无聊、食用特定食物、对特定食物的渴望以及孤独或寂寞引起。

四 人格障碍

人格特质是一个人在多种不同情境下显示出来的持久一致的模式，包括思考、感觉、行动以及和其他人交往。但是，当一个人显示出顽固或者适应不良的人格特质，因而对社交生活和职业生活造成显著损害时，他就有可能有人格障碍。这些障碍通常是长期存在的，并且是一种偏离公认的社会规范的模式，他们非常顽固，抗拒改变。与很多其他精神病理学的模式不同，人格障碍是非常独特的，对患者本人造成的压力小于对患者身边一起工作或生活的人造成的压力。因此，这些患者抗拒专业的帮助。科学家相信，接下来讨论到的人格障碍大多是由童年受到虐待和忽视引起的。

（一）自恋型人格障碍

自恋型人格障碍的特征是过度自负，且经常伴随着自卑感。尽管一定程度的自我中心可能保护他们避开批评和失败带来的影响，但是过度的自我中心可能会造成适应不良，特别是当对别人喜爱和安慰的渴望变得不知足的时候。有这种障碍的人通常在行为或者幻想中展现出一种浮夸的自负，而且通常伴随着一种自卑感。他们夸大自己的天赋和成就，并且虽然没有相应的成就却想要被特别地对待。此外，自恋者在他们的生活、工作和学习中很可能会撒谎与欺骗，但他们并不会感到内疚或懊悔。然而，他们对别人的评价过分敏感，从而会用自大和蔑视应对批评。他们相信自己是独一无二的，只有特定的人才能理解他们。

(二)反社会人格障碍

一种最令人不安的人格障碍是反社会人格，特征是长期不变的、适应不良的、违反社会规则的想法和行为习惯，以前叫作心理变态人格或者社会病态人格。这些人有长期的反社会行为的经历，在这些行为中他们毫不关心其他人的幸福，常常利用他人或无情地对待他人。这些有反社会人格的人也易于冲动，如会偷一包烟或者一罐饮料，或偷任何容易偷到的东西。尽管如此，大多数反社会人格的人不会违法。然而，他们喜欢操纵别人并且是不负责任的，他们可以按照这种方式做事但是不会有道德上的负担，不会为他们的拙劣行为感觉到内疚和懊悔。你也许会问，“人们怎么能做到在做了这些可恶的事后逃脱惩罚”，其中一个解释是他们外表的魅力、泰然自若以及狡猾，所有这些消除了他们的罪行。此外，西方社会对名声和成功的赞美可能会鼓励反社会倾向，所以外表的魅力和对其他人关心的缺乏可能会帮助反社会的人获得成功。在许多案例中，反社会人格的人在一个社会化不足的家庭中长大，并且父母也表现出反社会行为，如严厉的惩罚、虐待或者频繁的情感排斥。

(三)边缘型人格障碍

那些有边缘型人格障碍的人表现为冲动的行为、不稳定的社会关系以及不稳定的自我毁灭性行为。有这种障碍的人也可能用自我毁灭的威胁或者令人绝望的自残行动去俘获那些可能抛弃他们的人的注意。此外，这些有边缘型人格障碍的人的情绪是不稳定的，易怒、焦虑、好斗，甚至可能有佳音恐惧(对听到好消息的恐惧)。这些症状发生在各种环境，如工作场所或者家里。因为对其他人的态度会有急速的转变(如从高度赞赏到极度的不喜欢)，以及难以控制的情绪，这种障碍令与其比较亲近的人很烦恼。它经常将人际关系弄到快要破裂的地步。精神治疗医师通常发现治疗这些障碍者是一件困难的事，因为这些有边缘型人格障碍的人有非常喜欢支配人的倾向，不管在白天还是晚上，他们所有时候都想要获得帮助。

(四)偏执型人格障碍

这种障碍的特征是对别人怀有一种根本上的不信任。但是，这种不信任和怀疑通常是没有根据的。

(五)分裂型人格障碍

表现为社会孤立和肤浅的感情。有这种障碍的人趋于缺少亲近的朋友或知己。

(六)表演型人格障碍

表演型人格障碍的特征是寻求关注和过度的情绪化。有这种类型的人格障碍的人会使用戏剧化的行为和外表打扮去吸引别人对自己的注意。

(七)回避型人格障碍

回避型人格障碍，表现为社会退缩、低自尊以及对消极自我评价的极度逃避。

(八)强迫型人格障碍

与强迫症不同，强迫型人格障碍的特征是对维持控制和秩序的需要。他们对于完美、细节、规则等的过度关注干扰任务的完成。

五 精神分裂症

精神分裂症患者在每个国家的发病率是非常接近的，大概是人口总数的1/100。在发达国家，精神分裂症排在引起精神残疾原因的前十位。在精神分裂症患者中自杀的风险是很严峻的。大概1/3的精神分裂症患者需要长期住在精神治疗中心。过去，精神分裂症患者被认为是恶魔或者鬼魂缠身。实际上，当我们想到“发疯”的时候，浮现在脑海中的通常就是精神分裂症患者的形象。

(一)精神分裂症的症状

1. 言语障碍

精神分裂症患者一个最突出的特征是他们对语言的奇怪的使用方式，不管是他们思考或说话的形式还是内容。他们的思想和他们杂乱无序、支离破碎的语言之间的联系是十分松散的。一些实际上没有联系但是发音相似的词常常会被并列在一起。语言可能变得不连贯——患者会说出一些没有关联的和自编词汇的“语词杂拌”，也有的患者可能一声不吭。

2. 扭曲的信念

扭曲的信念是指在思考内容上的混乱，包括妄想，即相信那些现实中没有依据的事情。比如，患者可能会觉得他们正在被暗中监视，或者被家人暗算。

3. 扭曲的知觉

精神分裂症患者感知到的世界似乎和其他人感知到的不太一样。他们很难将注意力集中在他们所处环境的一个特定方面，同时筛除掉其他的信息。相反，他们的内在世界是被无差别的感觉上的信息模块充斥着，这导致了他们奇怪的联想、内在的混乱以及错乱的语言。另外，许多精神分裂症患者体验到幻觉，即在缺乏相应外在刺激的情况下产生的感官知觉。最常见的幻觉是听到一些特别的声音，这些声音命令他们去做一些被禁止的事，或者控诉他们犯了可怕的罪行。

4. 迟钝的或者不恰当的情绪

精神分裂症患者的特征有迟钝的情绪效应，或者在严重的例子中缺少情绪。精神分裂症患者可能会毫无表情地呆视，或者用单调无变化的声音说话，或者他们也可能表现出不恰当的情绪，如在谈论一些痛苦经历时傻笑。

5. 社会退缩

最终精神分裂症发作的人都趋向于孤独，他们宁可要动物、自然或者一些没有生命的物体而不是人来陪伴他们。也许他们全神贯注于他们的内在世界，或者他们认为自己经常不能被他人理解，所以他们宁可让自己一个人待着。当其他人在场的时候，他们会避免眼神的接触，或者倾向于坐在一个距离别人远得多的地方。他们在情感上也是疏远的，很难与别人建立满意、亲近的关系。

心理学家将精神分裂症状分为阳性症状和阴性症状。在精神分裂症的急性期或活跃期，阳性症状(幻觉、妄想、思维不连贯、紊乱的行为)是突出的。在其他时间，阴性症状(社交退缩和淡漠情绪)变得更加明显。有些人经历了一个或多个精神分裂症的急性期后恢复到正常的生活。另外一些人常常被描述成慢性病人，他们经历了多次的急性期和短期的阴性症状扩展期。即使最严重的病人，也不是总处于急性的妄想状态的。

(二)精神分裂症的主要类型

因为精神分裂症的一些特征性症状非常广泛，研究者们并不将它看作单一的障碍，而是看作几种不同类型的集合体。五种最常见的亚类型分别如下。

1. 瓦解型

个体表现出不连贯的思维模式和非常怪异、紊乱的行为。病人的情绪很单调呆板或并不适合于当时的情境。一个人常常做出傻气的或孩子气的行为，如无缘由地傻笑，言语变得不连贯，满是不寻常的词和不完整的句子，无法与他人进行正常交流。如果出现妄想或幻觉，他们也不能把妄想或幻觉的内容组织成一个连贯的主题。

2. 紧张型

个体的主要特征是动作的紊乱，有时这类病人就好像处于昏迷的僵化状态。

在很长的时间内，病人都保持不动，维持一个奇怪的姿势，对环境中的任何事物都很少反应或没有反应。在其他时候，这些病人显示出过多的活动性，漫无目的且不会受外界刺激的影响。紧张型的另一个特征是极端违拗，即对所有的指示都表现出明显的、原因不明的抗拒。

3．偏执型

偏执型精神分裂症病人有复杂且具有系统性的妄想，围绕着以下几个特定主题。

①被害妄想：病人觉得他们总是在被侦查、被密谋，他们面临着死亡的危险。

②夸大妄想：病人相信他们自己是重要的或至高无上的人物，如百万富豪、大发明家或像耶稣那样的宗教人物。被害妄想可能与夸大妄想一起出现，如认为自己可能是一个伟人，但是一直被邪恶势力所迫害。

③嫉妒妄想：在没有正当理由的情况下，病人相信对方不忠实。他们拼凑资料迎合自己的理论，以"证明"其妄想的真实性。

偏执型精神分裂症很少表现出明显的紊乱行为。相反，他们的行为多半是激烈的和非正式的。

4．未分化型

未分化型是精神分裂症的"杂物袋"类型，此类人表现出不止一种类型特征，他们出现妄想、幻觉、不连贯的言语，或者非常紊乱的行为。这些个体所体验的症状不能被很清楚地分化到各种精神分裂症的反应中去。

5．残留型

被诊断为残留型的病人通常受到了上一次精神分裂症发作的影响，但目前没有诸如幻觉和妄想这类阳性症状。这种障碍的特征是次要的阳性症状，或诸如情感失调这类的阴性症状。残留型的诊断表明病人的疾病进入了缓解期，或暂时停止了活动。

精神分裂症的最初发作通常发生在青春期或者成年期的早期。精神分裂症可能会突然出现，在大约几天或者几个星期内发生显著的行为变化，也可能会是许多功能的逐渐恶化。在这些最初的阶段，精神分裂症患者通常会有社会性退缩。他们显示出迟钝或者肤浅的情绪，并且与别人的交流会有障碍。他们会忽视个人的卫生、学业或者工作。在这个时候，这些个体可能会开始显示出奇怪的行为和精神病症，作为活跃期开始的信号。这种症状的活跃期通常是由巨大的心理压力促成的，如失去一份工作，在爱情中被拒绝，或者父母中有人死亡。在这个时期，精神症状变得突出，精神分裂症患者开始产生幻觉，出现妄想，以及显示出无条理、不合逻辑的想法和奇怪的行为。每个患者显示出或多或少不同的模式。

在残留期，精神分裂症患者可能在大约几个星期或者几个月中从急性的爆发中恢复。一些如幻觉和妄想等的精神症状会存留下来，尽管它们不再伴有强烈的情绪。这些患者可能继续表现出古怪的行为和奇怪的想法，如相信自己可以通过魔幻思维来控制事件。因此，他们中的很多人还不能履行日常职责，如工作或者料理家务。

（三）精神分裂症的原因和后果

尽管科学家进行了大量的研究，精神分裂症的原因还没有完全确定，这些原因包括不健全的家庭环境和生理因素。近些年越来越多的证据显示，遗传的、神经学的和生物化学的因素在精神分裂症的病因中扮演着更重要的角色。在同卵双胞胎中，当其中有一个患有精神分裂症，那另一个也有这种疾病的概率大概是1/2。然而，有精神分裂的倾向并不足够发展成精神分裂症的。素质—应激假设认为精神分裂症是遗传的风险和环境的压力共同作用的结果，即精神分裂症患者可能遗传了对特定种类压力的更低阈值，如果这种压力很强，可能就促成精神分裂症的猛烈发作。如果个体能将他受到环境的压力保持在一个特定的阈值之下，即使他有遗传的倾向，他也可能永远不会成为精神分裂症患者。

关于经历过精神分裂症爆发的人的未来，存在着相当不同的观点。传统上，临床医生坚持三分原则，即大概有1/3的精神分裂症发作的人恢复得很好；另外1/3的人部分恢复，偶尔会复发；还有其他1/3的人依旧会长期受到损害。然而，随着治疗方法的改善和更有效的抗精神病药物的出现，大量的精神分裂症患者至少部分痊愈了。

自我成长

1. 在现代社会心理障碍已经是一个很普遍的问题了，请回忆一下，你是否接触过这样的人，请具体举出一个让你印象最深刻的人。

2. 抑郁症是大学校园内日益增长的最常见的心理障碍之一。请回忆一下，抑郁症的诊断标准是什么？如果当你同寝室里的同学出现了这样的情况，你会如何做呢？

3.《天才在左，疯子在右》是一名心理疗愈师在认真倾听各种精神病后总结的案例集。他尽可能深入这些人的内心世界，帮助他们恢复健康。感兴趣的同学请阅读这本书，并写下对你有所触动的地方。

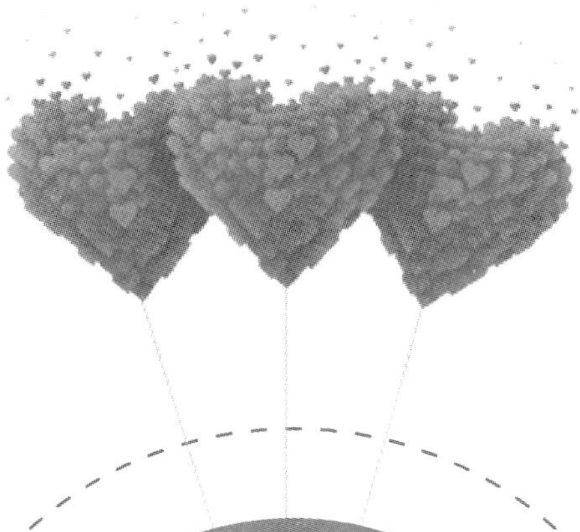

第十二章

寻求心理帮助

愿有人照顾你的身体，也愿有人照顾你的心灵。

——未名

自我评估

请依据个人的真实情况，这些描述符合自己的记1分，不符合的记0分。

1. 最近我为自己的状态或某些行为、感受而担忧。

2. 在过去的几周，我因为上述行为或感受，导致状态越来越不好。

3. 我曾想靠自己消除或减少上述行为或感受对自己造成的负面影响。

4. 我能靠自己有效遏制上述行为或感受对自己造成的负面影响。

5. 我的问题若要解决，需要得到朋友和家人的支持。

6. 最近我觉得对抗这些不适比往常更困难。

7. 最近我在工作中(学习中)难以集中注意力。

8. 我最近不想找个人好好谈谈我的烦恼，要么就是自己把这些烦恼好好理清楚。

9. 为解决让我不适的情况或感受，我已和某些专业人士讨论。

10. 我已将这些不适的情况或感受，告诉我的朋友或亲人。

11. 为了搞清楚这些让我不适的情况或感受，我已读过一些书籍或上网查过一些资料。

12. 我曾接受心理咨询的帮助，并觉得较有收获。

13. 最近我自觉睡眠质量不高，次日感到精力不足。

14. 最近我比往常更爱发脾气，容易看人不顺眼，甚至想找人打一架。

15. 最近我情绪低落，感到前途迷茫；或工作、学习、娱乐都提不起精神和兴趣。

16. 我感到身体有某种不适或疼痛，觉得身体有病，但检查结果说没病，我怀疑是误诊或漏诊，心中也老想着此事。

17. 最近我比往常对噪音和强光更敏感，而且不愿出门，怕拥挤。

18. 我最近希望交到新朋友，但是我在他人面前总感到特别紧张或不自在。

19. 我最近觉得比往常更容易疲惫，容易忘事。

20. 最近我会突然心悸，虽然持续时间不长，但是有濒死感；或胸闷气短，觉得吃不下饭。

21. 虽然以上情况都没有，但我心里因为别的事情感到难受或难过。

这个简单又省时的问卷结合约翰·M. 戈霍尔博士(Dr. John M. Grohol)的问卷，可帮您自测自己的现状是否需要一位心理咨询师的帮助。注意，您需要根据自己上一个月的真实近况如实回答，以便结果更接近您的真实需求。

成长故事

小丽进入大学后第一次住校，一开始大家相处得很融洽，渐渐地因为一些生活习惯，如作息时间不同步等问题开始产生了困扰，她尝试沟通却一直没有得到解决，觉得室友不可理喻，自己每天没有办法好好休息，于是感到寝室开始形成小团体，她被孤立了，为此每天闷闷不乐，影响到睡眠休息与学习。她很想和室友搞好关系，但不知道如何解决。周围有同学建议她去学校心理辅导中心寻求帮助，可她觉得去咨询是一件挺没面子的事，会让别人看到自己有心理问题。再说，她对心理咨询是否真的能带来改变也不确定。直到有一天，班里有同学去了心理辅导中心，她也抱着试试看的心态去了。在接受一段时间的咨询后，她慢慢认识到自己的一些问题，并开始学习逐步提升沟通能力。因为有心理咨询中心老师的陪伴，她每一次的尝试沟通都让她觉得很有安全感。渐渐地，室友也了解了她的真诚，寝室关系开始缓和。

每一个人都希望拥有幸福快乐的生活，但由于心理问题的产生具有一定的偶然性，因此无论我们自己还是周围的同学或亲友都有可能遇到这样或那样的心理问题，有时甚至是比较严重的心理问题。那么当自己真的在某个方面出现问题的时候，又该到谁那里去寻找打开心理之锁的钥匙呢？想一想，把你想到的结果写在下面。

当我的学习方面遇到问题时，我可以去求助____________________

当我在爱情与性方面遇到问题时，我可以去求助__________________

当我在人际关系方面遇到问题时，我可以去求助__________________

当我在个人发展方面遇到问题时，我可以去求助__________________

当我在其他方面遇到问题时，我可以去求助____________________

曾听见两个同学这样的对话：

—“你去找过心理老师聊天没有?”

—“我又没心理问题，为什么要去找心理老师!”

—“我们班某某去咨询过了呢!”

—“不会吧，那他不是心理有问题?”

其实在远古时候，人们有困扰需要别人给予答疑解惑时，会求助酋长或者长者。后来，出现了一些思想家为人们指点迷津，如古希腊时期的苏格拉底，我国先秦道家思想的代表人物之一庄子。这些思想家可以说是最早的“心理咨询师”了。

心理咨询作为高校心理健康教育中心为大学生提供的心理服务机构，使每个大学生在校期间遇到心理困惑时都可以向其寻求帮助。大学生加强对心理咨询的了解，一方面能提高心理知识储备，另一方面也为开发自身心理潜能提供资源。

第一节　考虑咨询前

一　什么是心理咨询？有效吗？

说到心理咨询，你可能会问：做心理咨询，是不是意味着自己心理有病，得找医生看病吃药？

仅这个问题，就有好几个概念被混淆了。

任何人都有可能在某个阶段遭遇某些方面(如读书考学、婚恋情感、职业发展、人际关系、亲子教育、自我认知等)的不顺、挫折或打击，由此而产生相应的困惑、烦恼和痛苦。种种负面情绪披着一件叫作“压力”的外套，张牙舞爪地攫夺你的身心健康，令你感到沮丧、厌倦、易怒、疲惫、不自由、失去活力和创造力，饮食与睡眠均受到影响，并且好长一段时间都没有改善。那么，可能你需要找一位心理咨询师交流一下。

心理咨询师与来访者是工作联盟关系。我们通常所说的心理咨询，是指心理咨询师运用专业的心理学理论和方法，通过与来访者建立相互信任的人际关系，通过语言、文字等信息媒介，首先帮助来访者在一定程度上舒缓负性情绪和压力，然后帮助来访者发现自己的问题，找出引起心理问题的原因，分析问题的症结及其根源，进而寻求摆脱困境和解决问题的条件、对策，改变原有的认知结构和行为模式，恢复来访者的心理平衡，提高对环境的适应能力，维护和增进身心健康，促进来访者的个性发展和潜能开发。用简单的一句话概括一下，心理咨询能帮助人们以更好的状态去学习、工作和生活。据此我们可以打消这样的顾虑：本来自己没病，一看心理咨询就变成有病了。

二　我需要心理咨询吗？

“有病”才需要找心理咨询吗？不是的。大多数来做心理咨询的人，都是和你我一样的普通人。

在面对生命的各种不确定、遗憾、失望、孤独感、无意义感的时候，人们需要对自己有更多的了解；需要寻求支持、帮助；需要有人能够协助自己移除成长障碍。心理咨询的目的是帮助来访者减轻他们因内心世界出现矛盾冲突而带来的情绪和行为的困惑，并帮助他们在自我认识和自我完善中达到心理的健全与成熟。

三 怎么判断我是否需要心理咨询？

你的困扰对你的生活和工作造成了影响，这些影响包括没有食欲、失眠、起床困难、难以集中注意力、情绪低落烦躁，影响人际关系和工作等。心理咨询是帮助一个人了解自己的一个很好途径。如果你愿意探索自己的人际关系、职业生涯、家庭、感情，心理咨询都能给你和你的生活带来变化。其实，当你觉得需要帮助的时候，就是求助心理咨询的时候了。

四 该找精神科医生还是心理咨询师？

精神科是做药物治疗的，心理咨询是做谈话咨询的。心理咨询师没有处方权，不可以开药。如果你想先问一问，可以打电话。如需要做诊断，建议去三甲医院的精神科。

（一）重度精神疾病

在精神疾病发作的时候，社会功能丧失，一定要接受精神科的药物治疗。心理咨询无效。

如果一个人已出现诸如幻觉、错觉、妄想、哭笑无常、行为怪异、社会功能严重退化等症状，这可能是真正意义上的精神疾病，必须尽快去医院救治，否则很危险。心理医生或精神科大夫具有处方权，会辅以药物治疗。

在治疗后期社会功能恢复的时候，建议辅助心理咨询。普遍来说，精神类疾病药物治疗有一定的复发率，配合心理咨询能够降低复发率。

（二）一般心理障碍/成长问题

每个人都有可能出现一般心理问题，并且都可以寻求心理咨询师的帮助。心理咨询师也会评估来访者的状态，如有需要，会建议去医院就诊。每个人，包括心理咨询师和精神科大夫本人都是如此。因此，你完全不必将做心理咨询等同于“家丑外扬”。心理健康的灰色区域，见图 12-1。

感冒，可治可不治，视主观意愿、难受程度、病情发展而定；一般心理问题，亦然。

感冒，来了会好，好了会再来，谁也无法保证自己终身免疫；一般心理问题，亦然。

感冒，过于忽视，有可能导致肺炎、心肌炎等更严重的疾病；一般心理问题，亦然。

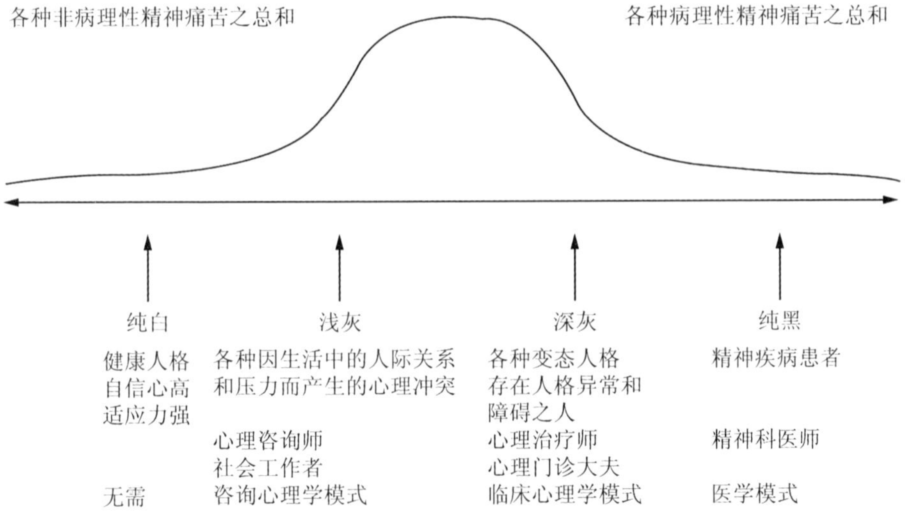

图 12-1 心理健康的灰色区域

五 我可不可以自我咨询?

就像一个身体上很健康的人也最好每年做一次全面的身体检查一样，每一个正常人都应该每年花一点时间去看心理咨询师。看心理咨询师不仅仅解决自己的心理疾患，而且使自己的心态更加健康，从而提高自己的生活质量。在西方发达国家，上到国家元首，下至平民百姓，均把看心理咨询师视为一种正常的精神消费。

生活里有很多办法可以帮助我们了解自己，大到哲学，小到旅行、读书、看电影、逛街、与朋友聊天等，都能够帮我们认识自己。而当以上的方式都不能帮助到你的时候，心理咨询可以提供一份特殊的“人际关系”，你可以在这个关系中进行“修复性的情感体验”。心理咨询是帮助自己的方式之一。

心理专家曾奇峰老师曾指出，当你遇到如下情况，可以考虑找心理咨询：

第一，在某些时候觉得孤独或者想找人说说话。

第二，当学习、生活、情感压力过大，如失恋、学习挑战太大、同学相处不良。

第三，遇到自然灾害、威胁等突发事件之后一个月，如果继续经常被这些事件的记忆干扰生活。

第四，对于某些特定的物体和行为害怕，如怕动物、场所恐怖。

第五，如洗手、关煤气等行为表现出十次以上的反复，或者对于某一事物的思维反复顽固的出现而无法摆脱。

第六，物质依赖也可以是一个参加心理咨询的原因，如吸烟。

第七，或许你没有任何困扰，你丰衣足食、家庭幸福，你的生活已经有了一定质量，但你觉得需要一些精神层面的成长或回顾。

…………

不管什么原因，如果觉得自己被某种不良心情压抑超过两周时间，并且这一情况还在持续，那时候就建议寻求心理咨询。

六 该怎么选择“靠谱”的咨询师呢？

咨询师如是说：你是自己生命故事的讲述者，我是不带批判色彩的聆听者；你是奋力走出困境的探路者，我是为你加油鼓气的陪伴者；你是精彩生活蓝图的绘制者，我是充满喜悦赞叹的欣赏者。

如何识别你的“心理咨询师”是否专业合格？你有权力了解你的心理咨询师的如下信息。

①学历背景：本科专业？研究生专业方向？本科是心理学或临床医学最好，研究生是临床心理学或者咨询心理学方向最好。

②专业受训背景：是否接受过系统的专业训练？有哪些？系统接受过培训的更好。比如，德中心理治疗学院的各类培训班(简称中德班)、中国—挪威精神分析培训班、林孟平教授主持过的心理咨询博士生研修班，中美精神分析协会(CAPA)培训班。或者参加过被以下有口碑的国际组织认可的培训项目。比如，国际精神分析协会(IPA)、国际心理治疗联盟(IFP)、美国心理咨询协会、美国心理学会咨询心理学分会、中国心理学会临床与咨询心理学分会。

③这位心理咨询师被个体督导的小时数？被团体督导的小时数？督导有哪些是被行业认可的督导师？系统接受过被权威专业社团认可的督导师[名单见：

中国心理学会临床与咨询学专业注册系统(www. chinacpb. org)]的个体督导的小时数越多越好，其次是团体督导小时数。

④这位心理咨询师在督导下实习的咨询或治疗小时数(指和病人面对面做咨询的时间)越多越好。不应该少于200个督导下与病人面对面做咨询的时间。

⑤这位心理咨询师自我体验(被心理治疗)的小时数(与他的治疗师面对面做咨询的时间)一般来说越多越好，好的心理咨询师被治疗的小时数不会少于200小时。完全没有此项的心理咨询师，我们最好不要接受其服务。

⑥这位心理咨询师的专业资质？具有国家劳动部颁发的心理咨询师资格证书不能成为考虑指标，因为他们通常仅仅具有3～6个月的应试性培训，不具有连续从事心理咨询的能力。通常判断心理医生合格与否需要看以上①～⑤的问题是否符合。中国心理学会临床与咨询心理学专业注册系统(www. chinacpb. org)被认为是行业内的ISO-9000(质量认可系统)，如果是被其认可的注册心理师或督导师更具有专业质量，同时他们接受《中国心理学会临床与咨询心理学专业伦理守则》的约束，会按照这个伦理守则做专业的事情，如果出现伦理问题也有专门的伦理工作委员会进行调查核实给予相应处分。

初次见面的时候，来访者对心理咨询师的观察也是一个指标。遇到以下情况可以立即判断出这个心理咨询师不够专业：

第一，建立咨询关系后，要求与你交朋友或类似行动(如约私下见面喝咖啡等)。

第二，第一次见面整个过程中这位心理咨询师说的话比你还多。

第三，咨询前你无法获知以上①～⑥问题的任何信息，见面询问①～⑥问题时也不给予正面回答的。

第四，咨询场所(或咨询设置)不安全，如随时有电话或人进来打扰；咨询地点经常更换；因为咨询师的原因你们咨询时间经常不稳定老更改。

第五，如果你确定找的是心理咨询师(不是精神科医生)见面就推销各种产品(包括药品)的情况。

第六，第一次咨询后要求你一次性付清所谓一个“疗程”的费用的。合格的心理医生会采用后端收费原则，如在每次咨询后收取费用；如果是长期的心理咨询，一般是每月或每周最后一次收取当月或当周的费用。

第七，长期为你做心理咨询工作，而没有书面的“心理咨询服务协议”或者类似书面协议的，这个协议一般会规定好以下方面：知情同意、保密的界限、收费、转诊、伦理依据、休假等议题。

此外，经常在各类媒体(电视、广播、网络等)大肆谈论自己的来访者信息，在媒体暴露下从事心理咨询工作的“心理专家或大师”，此类人在业内被戏称为“专门害人的家伙”，遇到还是早点避开为好。

第二节 接受咨询中

一 第一次咨询要做什么准备？

在第一次咨询前，你唯一需要做的事情就是放轻松，然后准时出现在咨询室。有人在来咨询之前将自己的问题写在纸上，见了咨询师就照着念，这并不好。咨询师希望跟您有直接交流，而不希望跟您隔着点什么，哪怕是一张稿纸。

二 心理上要做什么准备？

不需要做什么特别的准备，按照你自己的方式去就好，真实最重要。你自己的任何情绪，无论是担心、犹疑、紧张甚至是不屑一顾都是真实的。

在第一次咨询中，咨询师一般会做基础评估，并和你明确咨询过程的设置。你在期间有任何疑问，尽管问和表达就是。开始咨询时，你可以跟咨询师说出任何你的想法，如果对咨询本身有任何疑问，也都可以跟你的咨询师讨论。

三 我可以与咨询师沟通自己对咨询的感受吗？

当然可以。你自己的感受最重要。在咨询中，咨询师是随时欢迎你来讨论自己的真实感受的(包括对他的失望/愤怒等)。在咨询的过程中，任何时候当你对咨询产生负面或者正面情绪的时候，都鼓励你对咨询师表达。

同时，在咨询开始的阶段，咨询师是应该有能力使来访者对咨询(即便看起来似乎没有什么变化的)工作保持信心的。如果确实不合适，靠谱的咨询师也会为你提出转介的建议。但前提是：你要让他知道你的真实感受。

四 我感觉咨询没效果，可以跟咨询师说吗？

心理咨询开始的头几次大多数都是评估、建立关系的过程。这个过程里面往往来访者说的很多，而咨询师讲话很少。当你感受到失望、不满的时候，请一定和咨询师表达你的真实感受，也许这恰恰是能够使得你和咨询师一起继续工作的契机。

五 心理咨询或咨询对什么样的人效果最好?

①来访者愿意接受心理咨询，希望自己在感受和行为上做出改变，而且希望从咨询中获得帮助。

②来访者是一个能够充分表达和反思自己经历的人。动机比较高的人在咨询中颇为合作，与咨询师坦诚交流，而且承担来访者角色的不同方面。在心理咨询中，这些人最可能获益，而且也确实获益最多。

六 心理咨询中的基本原则与注意事项

我能在咨询以外的时间跟心理咨询师联系吗，如打电话、传呼?

最好不。您和您的心理咨询师是咨询关系，最好只在咨询时间接触。要尽可能避免发展咨询以外的任何关系，如朋友关系等。但是，在经过讨论之后，咨询师也可能会根据情况给出他的联系方式。在咨询时间之外，您如果有非常严重的问题需要立即跟咨询师谈一谈，您当然可以跟他联系。若不是非常重要的事，那最好是在咨询时间谈。您也最好将您的联系方式告诉咨询师，以便他在非常特殊的情形下能跟您联系，如他因故不能上班，预约必须推迟，等等。

七 我的咨询师可以随叫随到吗?

不能。咨询师会和你在咨询初期商定相对固定的见面频率(常见的是每周1～2次，传统精神分析可能会增至每周4～5次)，和咨询师的见面和沟通都在这个框架内。(特殊情况：当来访者处在自杀/自伤或伤人危机中，咨询师会联系必要的社会机构给予帮助。)

八 我可以和咨询师做朋友吗?

在咨询进行中是一定不可以的。“双重关系”会使得心理咨询失去工作的有效性。为了保护来访者的利益，有一些流派甚至会要求咨询师在和来访者咨询结束三年之内都不能发展朋友关系。

九 我可以和咨询师讨论什么？

什么都能讨论。

十 咨询师会为我保密吗？

这可能是来访者最关心的问题之一。为来访者保密，是对心理咨询师的职业道德的最基本要求。在保密的内容上，有以下三个层次：

①绝对保密的内容：任何您个人所独有的资料都是绝对保密的，如您的姓名、住址、工作单位、电话号码、身份证号码等。所有这些内容没有您的允许，咨询师没有任何权利告诉第三者。

②相对保密的内容：指并非您独有的那些材料，这些材料即使有人知道了也无法据此判断那就是您。例如很多心理问题的表现，都是成千上万来访者所共有的，没有人能通过这些表现来确定那就是您。心理咨询师有时需要将您的这方面的情况与他的同行讨论，以便给您提供更好的咨询。

③不承诺履行保密义务的内容。其一，触犯相关法律(如可能对自己或他人构成危险，有虐待儿童、老人或需要依靠您生活的人的嫌疑等)。其二，您的情况比较严重，并涉及自身的安全(如自杀、自残、严重的抑郁等)，我们会在必要时通知您的亲属或监护人，并同时征求您的意见，以确保您的安全。

十一 咨询流派简介

(一)精神分析

主要的技术有澄清、抱持、解释、梦的分析、自由联想、对阻抗和移情的分析等，帮助来访者了解他们的无意识冲突以及个人成长各个阶段可能的缺陷，引起内省、领悟和自我对新经验的最终接纳，帮助来访者更自由更有意识地生活。

主要理论流派为经典精神分析、自我心理学、客体关系及自体心理学，拉康精神分析以及荣格分析心理学。根据对来访者心理动力的评估，咨询在支持性和领悟性两端占有不同比重，咨询关系及情感联结在咨询中处于核心位置。

代表人物为弗洛伊德、荣格、克莱因、温尼科特、科胡特、比昂与拉康等。

(二)心理动力学

心理动力学治疗又称精神分析式心理治疗。理论背景与精神分析相同。它和精神分析的区别在于会谈频率、所应用的技术、目标等方面有差别，每周1～2次的面对面会谈。

南希·麦克威廉斯(Nancy McWilliams)在书中写道，心理动力学治疗有以下特征：①聚焦于情感和情绪表达；②探索来访者努力避免的某些特定话题或介入那些阻滞治疗进程的活动(如与阻抗工作)；③识别来访者行动、思维、情感、体验与关系(客体关系)中的模式；④强调过去的体验；⑤关注人际体验；⑥强调治疗关系(移情和工作联盟)；⑦探索愿望、梦与幻想(内心动力)。

(三)认知行为

认知行为疗法强调思维、决策、疑问、行动和再决策的过程，认为错误的思维导致情绪行为混乱。个人的信念体系是产生心理问题的主要原因，并且内部对话在人的行为上扮演重要角色。咨询师帮助来访者找出不合理信念及非适应性思维过程，找出并改变僵化的信念及自动思维，提供可替代的生活准则。来访者获得对自己的问题的内省，明确需要积极练习(如咨询外的作业)对自我挫败的思维和行动来进行改变的想法。

认知行为疗法广泛应用于抑郁、焦虑、压力管理、技能训练、物质滥用、惊恐发作与社交恐惧等。作为疗法的分类，这里包含了认知疗法及理性情绪疗法等，代表人物分别是贝克、埃利斯。

(四)人本主义

人本主义疗法提供一个安全且有利于来访者自我探索的氛围，使他们能够认识到成长的障碍，体验到以前所否认或歪曲的有关自我的某些方面。帮助来访者更开放，对自己更信任，并将成长看作一个过程，增强生活的主动性和活力。治疗技术包括积极倾听，对情感的反应和澄清等。

相比其他疗法，人本主义更强调咨询师的态度和状态，而不是技术。来访者通过在咨询关系中体验到咨询师的真实性、共情、尊重，在咨询中开放自己的体验，并将新的体验迁移到其他关系中。关注的焦点在于当前时刻、体验和表达情感。人本人义的代表人物为卡尔·罗杰斯等。

(五)艺术治疗

跟以语言为主要媒介的心理治疗不同，艺术治疗主要是以提供艺术素材、活动经验等作为治疗的方式，包括音乐、绘画、舞蹈和心理剧等。

艺术治疗具有两种取向。一种为心理分析导向的艺术治疗模式。此模式中，艺术成为非语言的沟通媒介，配合当事人对其创作的一些联想和诠释来缓解痛苦、处理压力或创伤体验等。另一种取向则倾向于艺术本质，通过艺术创作缓和情感上的冲突，提高当事人对事物的洞察力或达到净化情绪的效果。

（六）存在主义

存在主义疗法的关注点在人类的生存状态，包括自我认知能力，决定自己的命运的自由选择、独处和与他人联结、责任、焦虑、寻找意义、面对孤独和死亡的现实。

该疗法认为个人发展基于每个人的独特存在，强调行动前的自我觉悟，从而帮助人们意识到自己对责任和自由的逃避，并面对现实。存在主义的咨询关系以此时此地为基础，强调来访者与咨询师关系的现实性。治疗师准确捕捉来访者在当前的状态，与来访者建立个人的真实的咨询关系。

也有存在主义治疗师认为存在主义并不是一个单独的流派，所有心理治疗都有共通的存在层面议题。存在主义的代表人物有罗洛·梅、布根塔尔与欧文·亚龙。

（七）完型治疗（格式塔疗法）

完型治疗也称格式塔疗法，帮助来访者获得当前时刻的体验，扩展决策能力，目标在于整合而不在于分析，放开感受并让来访者接触当前体验，强调我—你关系和咨询师关注的质量。

完型治疗认为过去未完成的事情妨碍个人当前功能，咨询师倾向于不为来访者做解释，而是帮助他们寻找一种方法做出属于自己的解释并完成那些未完成的事。完型治疗设计了很多实验以增强体验并整合冲突的情感，也可以共同对话并创造新的实验。完型治疗应用于危机干预，各种身心障碍，行为问题与教学，以及心理健康从业者的觉醒训练等。完型治疗的代表人物为皮尔斯。

（八）超个人心理

超个人心理是在现代心理学框架下整合个人体验中的灵性和超越部分的学派。

“超个人”从定义上是指个人的自我和自我同一性扩展到个体之外的更广阔空间，涵盖人类、生命、精神及宇宙，也被定义为超越传统的个人层面之上的发展阶段。超个人心理学考虑的问题有灵性的发展、超越自我、高峰体验、神秘体验、灵性危机、灵性演变、宗教转化、意识转变状态及其他不寻常的生命扩展体验。该学科尝试在现代心理学理论之上整合灵性体验，并构想出涵盖这些体验的新理论。

(九)沙盘游戏

借助沙盘、玩偶等工具，通过游戏的方式，来帮助来访者处理心理问题。

(十)家庭治疗

家庭治疗关注点在于家庭中的言语和非言语交流方式以及人际关系问题在代际间的传递。心理问题与症状被看作成员间沟通方式的一部分。

家庭治疗认为当前比探讨过去的体验更重要，帮助家庭成员认识到无效的人际关系模式，建立新的交往方式以减少痛苦。有些方法强调咨询师专家的角色，有些强调咨询师参与家庭咨询过程中此时此地发生的事。家庭治疗的技术可以是体验性的、领悟性的或认知行为取向的，多数强调较短时间产生改变。治疗过程中会使用家谱图、重建家庭结构及划定界限等技术。应用于婚姻问题、成员间交流问题、家庭中的危机及增强家庭功能等。家庭治疗的代表人物有米纽琴等。

(十一)团体咨询

一般是由1～2名治疗师主持，治疗对象可由8～15名具有相同或不同问题的成员组成。治疗以聚会的方式出现，可每周1次，每次时长1.5～2小时，治疗次数可视求助者的具体问题和具体情况而定。在治疗期间，团体成员就大家所共同关心的问题进行讨论，观察和分析有关自己和他人的心理与行为反应、情感体验和人际关系，从而使自己的行为得以改善。

该方法的主要特色在于随着时间的进展，团体成员自然形成一种亲近、合作、相互帮助、相互支持的团体关系和气氛。这种关系为每一位求助者都提供了一种与团体其他成员相互作用的机会，使他们尝试以另一种角度来面对生活，通过观察分析别人的问题而对自己的问题有更深刻的认识，并在别人的帮助下解决自己的问题。

第三节　完成咨询后

第一次咨询结束了，我有一些问题……

在第一次咨询过后，你可能萌生出了新的担心和疑问。不是每个人都会经历这些问题，关键的是遇到了问题或有什么想法，记得和你的咨询师聊一聊，记得哦。

一 我对我的咨询师不满意怎么办?

当你选择这个咨询师时，他的受训背景是你所接受的，这就完成了你们双方未来合作的第一步。但在接下来的咨询工作中，有可能并不会完全那么顺利，而且，心理咨询的过程也不完全是舒服的。这种不舒服有可能是由于咨询所带来的早年创伤体验的激活，如果你能够坦诚地和咨询师讲你体验到的情绪，很多时候这恰恰是咨询深入下去的契机。所以，当你选择了一个咨询师后，尽量坚持与他进行一段时间的连续工作，并尽量将你所感受的内容告诉咨询师，这会让你们双方都更好地相互了解，对咨询也会有帮助。

二 咨询师总是很少讲话，我不知道是怎么了?

在最初的几次咨询中，咨询师更多的是在了解来访者，所以更多的时候会将讲话的空间留给来访者。如果这让你觉得不满，你可以直接和咨询师谈论你的感受。但如果当你多次讲出你的感受，咨询师不予回应，或者是他的回应无法给予你继续和他工作的信心的话，你可以和咨询师讨论结束咨询，咨询师会给出转介的建议。

三 我需要做多少次才能有效果呢?

对于这个问题，并没有一概而论的答案。在咨询过程中，咨询师一般会根据你的具体情况，进行咨询的设置。这里的设置包括咨询的时间、地点、密度等等，这个工作框架是咨询师和你进行工作的基础。就该问题，你可以向咨询师了解更多信息。

四 咨询师为什么会跟我谈设置，设置的作用是什么?

设置是一整套工作的框架，包括咨询的时间、地点、收费、密度、休假的处理、咨询时段的临时调整的处理等。设置是咨询师与你一起进行专业工作的基础和参考系。设置的存在，保证了咨访双方在工作的框架之内各自承担相关的责任，同时也提供了一套参照系，当有设置的框架被冲击的情况发生时，双方可以清晰地看到哪些地方是需要被特别关注的，双方也可以有机会去探索设置被冲击时，在来访者内心所发生的事情是什么。对这些情况的处理是可以帮助来访者更清晰地了解自己的。

五　为什么咨询师建议我不要在咨询时间以外与他联系？

对于以情感探索为主要工作方式的咨询(如精神分析)来说，来访者的情感体验是非常重要的工作素材。这些情感只有被充分讨论并获得理解后，才能帮助来访者获得对自己更加深入的理解，所以这些情感需要在咨询过程中充分表达出来。来访者若在咨询室之外与咨询师讨论这些情感，就会将压力释放在咨询室之外，这样反而会在咨询过程时，因为压力已经在咨询室之外释放而受到影响。所以，咨询师通常会建议求助者在咨询时段之外尽量不要与咨询师发生生活化的联系。

六　咨询进行阶段，我感觉不舒服时，还该不该信任这个咨询师？

如果你选择这个咨询师时，他的受训背景是你所接受的，这就完成了你们双方未来合作的第一步。但在接下来的咨询工作中，有可能并不会完全那么顺利，而且，心理咨询的过程也不完全是舒服的。这是因为，人是非常复杂的情感物种，当你与咨询师进入深层工作后，一些早年的创伤性体验有可能被重新激活，而这些体验出现在你与咨询师的工作中时，可能会带给你各种困难的体验，然而，去讨论这些感受和体验，对你是会有帮助的。所以，当你选择了一个咨询师之后，尽量坚持与他进行一段时间的连续工作，并尽量将你所感受到的内容告诉咨询师，这样就可以给你们双方去理解你的内心世界的机会。

在咨询室里，你有充分的权利去讲出你内心的所有内容，哪怕是很尴尬的、愤怒的，或者是让你感觉无关紧要的，当你讲出这些时，就给了咨询师了解你的素材，也给了你自己多一些了解自己的机会，因为有些我们觉得没必要说的话题后面，可能隐藏着非常重要的内容。而如果当你讲出你的感受，咨询师的回应仍无法给你继续和他工作的信心的话，可以跟咨询师去讨论结束咨询，咨询师会给出转介的建议。

七 心理咨询是怎么起作用的？

不同的流派理论对此有不同的理解和解释。但相对统一的基础是“助人自助”。依靠咨询师和来访者之间建立的安全关系，咨询师帮助来访者更多地理解和探索自己(的行为和感受)，并倚靠自己的力量选择自己解决问题的方式。

自我成长

1. 在对心理咨询有所学习后，如果你会去心理咨询，那么你希望你的心理咨询师是一个什么样的人呢？你觉得心理咨询是一个什么样的过程呢？

2.《心灵捕手》描述一个天才少年在数学方面有着过人天赋，但他却是一个叛逆的问题少年，后来在教授辛·马奎尔和朋友查克的帮助下，他重新审视了自己的生活，开始了新的人生之路。请观赏这部影片，然后写下对你有所触动的地方。

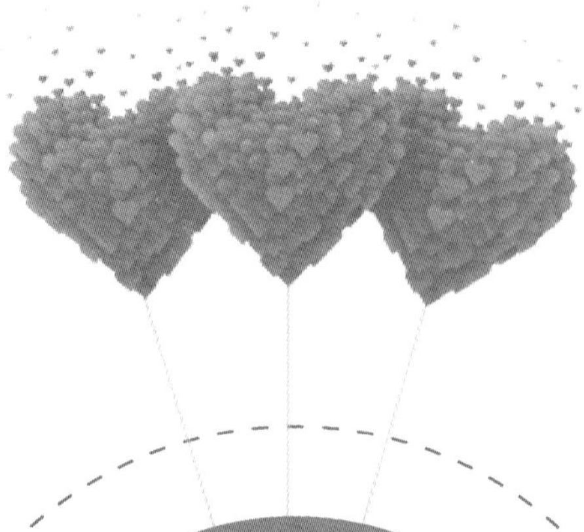

第十三章

珍爱生命

当你年轻时，以往什么都有答案，可是老了的时候，你又发现原来什么都没有答案。

——堕落天使

自我评估

普鲁斯特问卷

著名的普罗斯特问卷(Proust Questionnaire)由一系列问题组成，问题包括被提问者的生活、思想、价值观及人生经验等。因著作《追忆逝水年华》而闻名的马塞·普罗斯特(Marcel Proust)并不是这份问卷的发明者，但这份问卷因为他特别的答案而出名，并在当年时髦的巴黎人沙龙中颇为流行，因此后人将这份问卷命名为“Proust Questionnaire”。

普鲁斯特问卷的答案并非一一对应的。因为问卷总是随着时代的变化而变化发展，但总的目的是不变的，希望能较为全面地展示答卷者的价值观、兴趣爱好及特质。答完这28道题，你会对自己有新的认识。

1. 你认为最完美的快乐是怎样的？
2. 你最希望拥有哪种才华？
3. 你最恐惧的是什么？
4. 你目前的心境怎样？
5. 还在世的人中你最钦佩的是谁？
6. 你认为自己最伟大的成就是什么？
7. 你自己的哪个特点让你最觉得痛恨？
8. 你最喜欢的旅行是哪一次？
9. 你最痛恨别人的什么特点？
10. 你最珍惜的财产是什么？
11. 你最奢侈的是什么？
12. 你认为程度最浅的痛苦是什么？
13. 你认为哪种美德是被过高地评估的？
14. 你最喜欢的职业是什么？
15. 你对自己的外表哪一点不满意？
16. 你最后悔的事情是什么？
17. 还在世的人中你最鄙视的是谁？

18. 你最喜欢男性身上的什么品质？
19. 你使用过的最多的单词或者是词语是什么？
20. 你最喜欢女性身上的什么品质？
21. 你最伤痛的事是什么？
22. 你最看重朋友的什么特点？
23. 你这一生中最爱的人或东西是什么？
24. 你希望以什么样的方式死去？
25. 何时何地让你感觉到最快乐？
26. 如果你可以改变你的家庭一件事，那会是什么？
27. 如果你能选择的话，你希望让什么重现？
28. 你的座右铭是什么？

成长故事

黄竹一直是班上默默无闻的男生，看上去很文气很老实。但是有一次班上大扫除的时候，同学们突然看到了他手上有一道明显的伤痕。后来，找了一个机会，细问了下才知道，这个男生在初中的时候就已经是“混社会”了，甚至在高中的时候还参加了当地一个小团体。后来因为自己的哥们和其他人发生了口角，就找人一起打了一架。原先他以为这只是他以前打过架中的一起，他不知道的是，对方不仅带了很多人，而且带了刀。他的手臂受了很重的伤，而他的哥们被砍死了。后来，在他哥们的追悼会上，两位白发苍苍的老人跪下来求他们，不要再打架了，回家吧。那个场景就像是烙铁一样烙在他的心里，从此，他和那个团体切断联系，回学校念书，似乎和过去完全不同，只是那道抹不去的伤痕和心中的场景不断提醒他，到底什么才是生命。

第一节　生命的故事

认识生命的话题，从来绕不开“生与死”。

认识生命的起点是从认识生命开始的，认识生命的意义常联系到生命的终结。

我们到底为什么活着？我们到底为谁而活？

一 生命的起源

小的时候我们大概都问过大人这样的问题：我是从哪里来的？你还记得大人们的回答吗？听到这些回答，你是什么样的感觉？

生命是如何产生的，不同学科有不同的生命起源说。从心理的层面，生命是从创伤开始的。

在高倍显微镜下，人类受精卵形成的那一瞬间极其壮观。精子仿佛是一条巨龙，用头部穿破卵子的外壁，并且留下了一个巨大的创口。在精子进入之后，这个创口自动愈合，一个伟大的生命就开始慢慢生长了。

我们无法得知精子给卵子造成的“创伤”会对每一个个体的心理造成什么影响，我们只知道，不管从事实还是从象征层面上来说，这一过程都显示，生命是从创伤开始的。

但大多数人认为生命是从出生开始的，因为他们会在每一年的生日庆祝，而不会去纪念阴阳之精华相遇的那个事件。即使是这样，生命也是从创伤开始的，因为生产对母体和胎儿都是巨大的创伤，子宫壁上的创面、婴儿腹部上的伤疤和殷红的鲜血就是明证。某些心理学派用特殊的方法可以让人回忆起出生时经过狭窄产道的挤压感和恐惧感，这更是纯粹的心理的创伤了。

这还仅仅是开始。从子宫温暖、安全的环境中来到这个冷暖不定、灾祸莫测的世界上，创伤简直就是家常便饭。成长的每一步都是与创伤伴随的。或者说，没有创伤就不会有成长。

生命从创伤开始，也会以创伤结束。在肉体的生命的灰烬上，精神的生命也化为一缕青烟而去，世界又回到了没有这一生命出现过的从前；当然也不完全是这样，这一生命也许并没有真正离去，因为他至少部分地会以创伤的形式永远地留在亲友的心中。

二 生命的意义

(一)生之有限，死之必然

生命是有限的，人的寿命一般是七八十岁，最多百十来岁。生命也是无常的，生老病死，旦夕祸福等都不可预测，任何人都逃脱不了，都必然会走向死亡。生命的存在也不能离群索居，不食人间烟火，每个人都需要别人的帮助、支持和关怀。正是生命的有限性，才促使人去努力思考、发奋创造、积极生活，以实现自己生命的意义。

课堂活动

科学家公布了一套寿命计算题，算一算你能活多久。美国坦普尔大学神经学系教授、心理学家戴安娜·伍德拉夫设计了这套题。

世界卫生组织公布，中国人平均寿命为76岁。在此基础上通过测试增减，如果不考虑飞来横祸，据说它能让我们算出自己大概能活多少岁。虽然不是百分百准确，但也能反映自己的健康问题。

答题须知：基础年龄。

第一题：习惯篇

长寿是一种习惯，寿命掌握在自己手里。

抽烟	每天抽超过2包	−12岁
	每天抽1～2包	−7岁
	每天抽20支以下	−2岁
睡眠	超过10小时 或不足5小时	−2岁
体态	肥胖	−2岁
	不良姿势	−2岁
身体状况	已有慢性病或常得小病	−5岁
运动	每周锻炼3次	+3岁
饮食	爱吃果蔬	+2岁
情趣	养宠物	+1岁
得分		

点评：因生活方式引起的慢性病已成为我国居民健康的最大杀手。如果也列出“最要命的生活方式排行榜”，吃得太咸、太油、运动不够、吸烟、不吃早餐绝对位居前列。

第二题：婚恋篇

婚姻状况	已婚	+1 岁
	超过 25 岁未婚的男性	−2 岁
	之后每增加 10 岁的男性	−2 岁
	超过 25 岁未婚的女性	−1 岁
	之后每增加 10 岁的女性	−1 岁
	离婚并独居的男性	−9 岁
	离婚并独居的女性	−5 岁
性生活	和谐	+4 岁
生育	女性不生育或 40 岁后无子	−0.5 岁
得分		

点评：美国杜克大学研究发现，已婚者长寿的概率是单身者的 2.3 倍，离婚对健康的影响也很大。中国人的婚姻现状是：有稳定婚姻的不多，即使稳定，感到幸福的也不多。要想营造幸福婚姻，夫妻心灵的契合度要高，要接受对方的不完美，也要互相信任和扶持。

第三题：心理篇

性格	自卑	−4 岁
	固执	−2 岁
	抑郁	视情况−1～3 岁
	乐观	+1～3 岁
兴趣	爱冒险(如开快车)	−2 岁
友情	有分担烦恼的朋友	+1 岁
状态	多数时间感觉快乐、满足	+2 岁
信仰	坚定	+7 岁
得分		

点评：急躁、要强、忧郁是最伤身伤心的性格。想要获得好心态，要做到以下四点：①目标要实际，在能力和理想间达到平衡；②多交朋友，朋友能帮你排解苦恼、度过困境、分享喜悦等；③多和大自然亲近，多养花草，参加户外活动；④坚持锻炼。

第四题：职业篇

工种	技术工人	+0 岁
	销售人员	+0 岁
	从事重体力劳动	−4 岁
	专业研究人员	+1.5 岁
退休	60 岁仍工作	+2 岁
	65 岁仍工作	+3 岁
工种	在大城市工作（或度过大半生）	−1 岁
	在城郊乡镇工作	+1 岁
得分		

点评：会缩短寿命的职业有一些共性，即压力大、风险高、功利性强，如医护人员、记者、商人等；可增加寿命的职业多能"养心"，如书法家、音乐家等。

退休后的生活品质也很重要。目前，有些人一退休就宅在家里，社会交往变少，衰老加速，不妨把退休当成"第二春"，七八十岁仍可自组乐队、自办活动等，从中找到自我价值。

第五题：环境篇

噪音	长时间受噪声污染	−1 岁
视野	居住的地方视野开阔	+2 岁
得分		

点评：研究发现，3%的心血管疾病与长期处于噪声环境有关，而开阔的视野能缓解压力。如果你的窗外没有风景，可挂一幅风景画。

第六题：遗传篇

家族	母亲活到 80 岁以上	+4 岁
	父亲活到 80 岁以上	+2 岁
	祖父母活到 80 岁以上	+1 岁
疾病	直系亲属中有人 50 岁前死于心脏病	−3 岁
	直系亲属中有人死于胃癌	−2 岁
	有女性近亲死于乳腺癌	女性−2 岁
	有近亲 60 岁前死于自杀或其他疾病	−1 岁
得分		

点评：虽然遗传是我们无法改变的因素，但有疾病遗传家族史的人一定要培养出良好的生活习惯，每年定期体检。一旦发现检查指标高于正常值，要引起重视。

(二)生之为何，死之为何

有一个同学在论坛上发了这样一个问题，没想到问题火了，有17000多人关注，8800000多人浏览，也就是说，这么多朋友都在面临相同困扰。这个问题是这样的：我迷茫了，每天上课、吃饭、睡觉、打游戏，觉得自己没有积累什么，总是陷入一种无聊和无所事事的状态，到最后对上网也变得不再有兴趣，是不是很多大学生都有这样的感觉呢？

归根结底，就是想问如何解决空虚感。感到空虚本身就是因为找不到生命的意义感。存在主义心理治疗大师欧文·亚隆提到，根据心理大师荣格的回忆，有至少三分之一的来访者是因为跟生命的意义相关的问题开始求助于心理咨询的。来访者的问题五花八门，形式不一："我对任何事情都没有激情!""活着有什么意义""我觉得十分空虚，每天晚上看电视让我觉得自己毫无目的，毫无用处。""即使我现在50岁了，我仍然不知道自己想要什么"这些都是对生命意义感进行的探索，对你来说生命的意义是什么呢？你活着，是为了什么？中国有句话叫"好死不如赖活着"，大家又如何看待呢？

生命真的有意义吗？存在主义认为，存在是一种状态，本质是存在以后慢慢找到的，没有人可以决定你的本质，除了你自己。所以假设生命没有意义，值得活吗？文学作品里经常有这样一些无意义的人，但是他活着。例如，卡夫卡《变形记》用一个变成甲虫的人来反问我们，如果有一天我们变成一只昆虫，或是鲁迅的《狂人日记》所说，人就是昆虫，那么生命有没有意义？毕淑敏曾说，人生本没有意义，每个人必须要为自己的人生确定意义。

课堂活动

请思考：

1. 当你想到自己的死亡时，你有什么体验和感觉？
2. 你喜欢自己现在的生活方式吗？请列出一些你想做但没有做的事情。
3. 如果你的生命只剩下6个月的时间，你会做哪些和现在不同的事情？
4. 死亡的事实会让你更明白生命的意义吗？如果会，是怎么样的感受？

5. 你觉得，对死亡的恐惧是如何影响了你现在做出的一些决定吗?

生命线

画一条线，左边起点写上0，代表出生，右边终点写上自己打算活到的岁数，代表死亡。在横线上找到现在年龄的坐标，然后在已经活过的日子里，写下自己做过最出色的事情，在还没有活过的日子里，写下今后最想做的三件事。

生命不因外在而宝贵，一个人要爱自己，要看到自己的长处。也许我们的个子不够高，长得不够英俊，或头发不够黑，皮肤不够白，我们会有种种不如意，但我们既然是独立的个体，有自己的大脑，就可以决定自己的生命放射出怎样的光芒。

我的五样

1. 请回忆自己生命中重视的、重要的、不可或缺的一些人、事、物、有形的或无形的东西，然后在纸上认真写下其中最重要的五样。

2. 相互交流分享各自最重要的五样东西。

3. 选择与舍弃。现在，你的生活中出现了一个变故，五样中的一样保不住了，你必须舍弃一样，请选择。选好了之后，用黑色的签字笔将它彻底盖住。或者一个方块，或者一个洞，总之你再也看不到它，同时，它在你的生命中，也将不复存在。

现在你的五样只剩下四样。注意，你的生活又面临一次严峻的挑战，现有的四样也保不住了，还要再舍弃一样，请选择。

看着你的三样。生活再次和你开了个不大不小的玩笑，你必须再放弃一次。请慎重选择。

现在你的面前只剩下宝贵的两样了。我们再做最后的、最艰难的选择。请大家保留其中一个。

好了。现在你的纸上只剩下宝贵的一样了。

思考：

1. 纸上最后剩下的一样是否是自己最先写出的那一样?(如果不是，说明什么?)

2. 自己依次舍弃的都是什么？谈谈自己的想法。

3. 自己最终保留了什么？它为什么对你如此重要?

三 生命的终结

(一)对死的恐惧

在1994年，学者杨国枢在大学首次开设了死亡学，他想可能没有人来听，所以贴出海报说有100人就开课，没想到来了300人。为什么现代人对死亡越来越关注？我们这个民族是不喜欢谈死亡的，他总结了四点原因：①人类永远对死亡充满了好奇；②现代人的苦闷；③现代社会压力太大；④许多人探索死亡是为了探索生命的意义。

死亡为什么会让我们感到恐惧，除了它会让我们有不洁的联想等生理上的因素外，最核心的恐惧就是丧失。其实人生有许多丧失，如失恋、失去友谊，这些都是小的、局部的丧失，而死亡就是最后一次丧失，只有面对死亡，你才会有勇气面对人生当中的一个个坎坷和丧失。

(二)死亡在哪里

死亡是什么？毕淑敏在一次演讲中讲到，死亡是一个自然现象，在前工业社会，老人在家里死去，死亡是整个生活结构的一部分。但现在死亡到哪里去了呢？死亡都被送到医院里去了，临终的人身上插满了管子，这是一种工业化的死亡。在美国有一些研究死亡的机构和临终关怀医院，他们正发起一个运动，让死亡回归家庭。让一个人在他非常熟悉的环境中安然地、有尊严地结束自己的生命，周围亲人也用安详的态度来接纳这个过程。

课堂活动

(一)
我的墓志铭

请想象自己坐在一架客机上，宽敞平稳，飞机在万米高空翱翔。突然，机身发抖，像个咯血的肺结核病人一样连续抖动，颠簸如此厉害，空姐要求大家把安全带系好。广播里传来机长的声音。他通知大家说飞机发生了严重的机械故障，正在紧急排除。但为了预防最危急的情况，现在将由空姐分发纸笔，你有什么最后的话要向家人交代，请写在纸上。一切要尽快，空姐会在三分钟后收取大家的纸条，然后统一密闭在特制的匣子里，这样即便飞机坠毁，遗言也可完整保存下来。按照飞机现在的飞行高度，在完全失去动力的情况下，还可以滑翔极短暂的时间……

空姐托着盘子走过来，惨白的面颊上，职业性的微笑已被僵硬的抽搐所代替。盘子里盛的不是饮料，不是纪念品，也不是航空里程登记表，而是纸和笔。人们无声地领取这特殊的用品，有抽泣声低低传来。

你领到了半张纸和一支短笔。现在，面对着这张纸，你将写下三份悼词：第一份，写真正的悼词——一份如果可能，你希望在葬礼上被使用的悼词；第二份，写一份你害怕的悼词——一份包含他人对你负面评价的悼词；第三份，写一份你希望的悼词——一份包含了对你正面评价的悼词。

写完这些，请想想在这个过程中，你自己的感受和自己明白的内容。你是否已经有了一些具体的步骤来改善自己的生活？想想你现在要做些什么事情才能带给你你所希望的那份悼词。此外，你可以把悼词装进信封，收藏起来。然后在一年之后，重复这些步骤，再比较这两次写下的悼词有什么不同。这样你就可以看到自己对生活的态度发生了什么改变。

（二）

不久之前，星球大战中"莱雅公主"的扮演者卡丽·费希尔(Carrie Fisher)去世。生前长期受抑郁症困扰的她，要求把自己的骨灰放在了巨型的百忧解药丸(抗抑郁药)的模型中，一起埋葬。整场葬礼都没有想象中的哀伤和悲切，而是尊重 Fisher 对于葬礼的设想，认为这是一段值得庆祝的生命。

越来越多的人不想再把死亡看得那么沉重，不想再与家人告别时留下只有哀伤。人们开始正视它，谈论它，琼瑶阿姨也发布了"计划自己的美好告别"。你理想中的葬礼是怎样的呢？想把骨灰装在什么容器里？又想要怎样的仪式来纪念此生？

形式不限，可写、可演、可画……

第二节　尊重生命

尊重生命包括珍爱自己的生命，尊重别人的生命，尊重自然界的其他生命。

生命对每个人都只有一次，珍爱生命是人的天职。著名作家史铁生在双腿残疾后经常去地坛，死亡的感觉一直笼罩在他的心头。也许一般人都考虑过生与死的问题，但是没有像史铁生那样贴近死亡。即便如此，他最终还是选择了让自己的生命延续下去。在《我与地坛》一文中，他说："一个人出生了，这就不再是一个可以辩论的问题，而是上帝交给他的一个事实；上帝在交给我们这个事实的时候，已经顺便保证了它的结果，所以死是一件不必急于求成的事，死是一个必然会降临的节日。”

有生命才有希望，有希望，人活着才有意义。

大部分人是尊重自己的生命的，也不会做出不尊重自己的事情，但是我们很难确定我们身边的人在遇到困难，尤其是抉择生命意义的时候能和我们一样懂得活着的意义，下面我们来谈一谈主动结束生命的话题——自杀。

自杀是一项重要的公共健康议题，在美国每年大约 40000 人死于自杀，在 15～34 岁年龄段的人群死亡率中，自杀排名第二。自杀行为虽然分析起来很复杂，它的发生让人扼腕，但实际上是可以有效预防的。了解自杀倾向或自杀行为的预警信号以及如何去寻求帮助对自杀的预防是十分重要的。

一 自杀：总在身边发生

每年的 9 月 10 日是世界预防自杀日，2017 年的主题是“用您一点时间，挽救一个生命”，强调作为社会的一分子，我们每一个人都有责任帮助那些正在自杀中挣扎的人，为他们提供支持、鼓励。

也许你没有目睹过自杀，或者认为自杀离你很遥远，然而，当你翻阅报纸或打开电脑、手机时你会发现，媒体上几乎每天都有自杀案例的报道。

林肯公园主唱查斯特·贝宁顿在 2017 年 7 月 20 日在洛杉矶家中上吊自杀。他说：“我努力过，但终究一切徒劳。”众所周知，因为此类事件自杀的名人还有一位，就是台湾知名美女作家林奕含于 2017 年 4 月 27 日上吊自杀。2016 年 9 月 17 日，乔任梁在上海因抑郁症去世。

其实，自杀行为总在发生。如果你去医院看看，一家县级医院的急诊科可能每月都得抢救十几例自杀者。据统计，国内每年因服毒药农药、割腕等自杀行为到医院救治的人数不低于 500 万。国内每年有 25 万人自杀死亡，200 万人自杀未遂。换言之，国内每 3 分钟就有 1 人自杀死亡，8 人自杀未遂。除此之外，具有潜在自杀风险的人不在少数。人群中 1.4％的人承认在近一年内“经常”出现自己死了才好的念头，6％的人承认“有时”存在自杀的念头，而过去任何时候曾经想过自伤或自杀的人比例高达 9.1％。自我伤害、自杀行为是严重的公共卫生问题。

二 走出自杀与防治的迷思

自杀是一个普遍存在但很多人不愿意去深思的话题。但在我们面对这个话题的过程中，每个人都有着自己的想法和态度。那么就让我们来看看那些深藏着我们内心深处的想法是什么。

课堂活动

关于自杀的讨论

我对自杀的印象与想法？

我有哪些迷思？

何以有此想法？

正确的想法是什么？

小组活动，查资料，破迷思。

1. 一般人不会有自杀念头？
2. 通常会谈论自杀的人不会做？
3. 大部分自杀的发生先前无征兆？
4. 对有自杀危险的人不能提及自杀？
5. 有药瘾或酒瘾的人情绪有宣泄的管道，自杀可能性较低？
6. 自杀危机改善后就不会再有问题？
7. 只有心理卫生专业人员可以预防自杀？
8. 自杀倾向是遗传所造成的？
9. 想自杀的人都有精神方面的问题？
10. 自杀与气候有关？
11. 自杀普遍发生在低社会经济团体？
12. 发生自杀或公开自杀事实就会被贴上标签？
13. 能力高功课好的人，问题较少也比较没有自杀的危险？
14. 自杀者很少寻求医疗协助？
15. 企图自杀的人都是真的想死？

三 导致个体自杀的危险因素

自杀行为或倾向是不分性别、年龄和种族的。自杀行为或倾向的产生原因极其复杂，不是一个单独因素可以解释清楚的。事实上，很多种不同的因素共同作用导致个体自杀行为。那些高危自杀人群具有某些共同的特征，以下是主要导致个体自杀的危险因素。

①患有抑郁、其他心理疾病或物质滥用。

②患有特定生理疾病。

③患有慢性疼痛。

④先前有过自杀行为。

⑤有心理疾病或物质滥用的家族史。

⑥家族中有自杀而死亡的人。

⑦经历过家庭暴力，包括身体虐待和性虐待。

⑧家中有伤害性的武器。

⑨目睹或间接了解到别人的自杀行为，包括家庭成员、同龄人或社会名流。

许多人也会有上述导致个体自杀的危险因素，但从来没有自杀行为或倾向。值得注意的是，自杀不是一种正确应对压力的反应。当个体出现自杀行为或倾向时说明他们在经受极大的痛苦，而不是为了吸引注意，不应该被忽视。通常来说，家人和朋友是最先可以发现个体有自杀倾向的人，他们首先可以帮助个体寻求专业人士的帮助。

四 自杀信号和症状

在自杀行为实施之前，有自杀想法的人几乎都经历过挣扎、犹豫、求救、失望。这就给了我们发现和预防自杀行为的机会。

世界卫生组织(WHO)指出，大部分自杀行为发生之前都有一些警告信号，发生以下情况，一定要引起注意。个体有自杀倾向的信号包括：

①总是表达想死或是想结束生命等类似内容。

②总是表达感觉很空虚、自觉无能、没有活下去的理由等类似的话。

③为自杀制订计划或选择自杀的方式(如上网搜索、存储药物)。

④自觉内疚和羞愧。

⑤总是谈及自己有一种被束缚住的感觉，却没有解决方法。

⑥感到难以忍受的痛苦(情绪上或身体的疼痛)。

⑦感觉自己是别人的累赘。

⑧饮酒、过量用药行为频繁。

⑨表现出焦虑、易激惹。

⑩对家人，朋友有退缩回避行为。

⑪饮食和睡眠习惯改变。

⑫易怒或总有报复他人的想法。

⑬冒险做一些危及生命的活动(如车速极快)。

⑭经常谈论或思考死亡。

⑮表现出心境的剧烈起伏，从悲伤突然地转变为平静或兴奋。

⑯对重要财物失去兴趣(如捐赠、放弃重大财物)。

⑰莫名地向朋友和家人告别。

⑱将事情安排得井井有条，订立遗嘱。

如果你或你认识的某人有以上预警信号，要迅速寻求帮助，特别是最近才出现上述异常行为的人群。

五　当认识的人想自杀怎么办

①询问："你最近是否想过自杀?"研究显示，向有自杀倾向的个体询问与此类似的问题并不会增加自杀行为和倾向。

②创造一个安全的环境：询问自杀者是否有了一个明确的自杀计划或者为自杀做了准备。询问有自杀倾向的个体是否有什么计划以及移除致命物品可以有效预防自杀。减少有自杀倾向的个体接触危险物品或地方的可能性，这是自杀预防中很重要的一部分。

③陪伴在他们身边：认真倾听和了解个体的想法和感受。研究显示，承认有自杀观念或与他人谈论自杀想法可以降低自杀倾向。倾听他们并且告诉他们自杀的想法只是暂时的，他们的问题可以解决。不要说类似"你得为很多东西活着""你死了会伤害你的家人"的话。

④立即寻求专业的帮助：如果有需要，了解你有关机构心理急救的联系方式，陪试图自杀的人去危机干预中心或急诊室，通过电话或网络尽快联系自杀防护热线。最重要的是，不要把他们单独留下。如果他们拒绝和人交谈也不去医院，要做好报警的准备。

⑤保持联系：在遭遇过危机或刚从护理机构出院时，与他人保持联系可以

及时地帮助有自杀倾向的个体。研究证实，有自杀倾向的个体身边有密切关注其情况的人，可有效预防自杀的发生。

六 针对自杀行为和倾向的治疗方法

研究显示导致自杀倾向的因素有许多，这些因素包括年龄、性别、生理或心理的幸福感以及个人经历。所以，针对不同的自杀倾向人群，有不同的治疗方式。美国国家精神卫生研究所(National Institute of Mental Health，NIMH)针对由抑郁症和焦虑障碍引发的自杀倾向和行为的干预效果良好。

(一)心理治疗

多种心理社会干预方式被证实对自杀倾向和行为的人群有效。这些干预方式可能会避免个体再一次实施自杀行为。心理治疗是心理社会干预方式的一种，可有效降低自杀风险。

(二)药物治疗

药物治疗对有自杀倾向的患者有一定的帮助。医生和患者需要一起制订最优的药物治疗计划，包括服用剂量。许多有自杀倾向或行为的个体都存在精神病性症状和药物滥用问题，结合药物和社会心理干预可能更有益于自杀倾向的个体。

(三)服用处方药注意事项

①和你的医生或药剂师沟通确保了解你所服用药物的副作用。

②未经医生允许不可停止服用药物。突然停药可能会导致症状加重或反弹，也可能会导致令人不适的戒断反应。

③立即告知医生你想要避免的药物副作用，医生可能会改变用药类型或剂量。

④如果你服药后有严重的副反应，请立即向主治医师反映。

自我成长

1. 至少在每周中的一天，花些时间想想自己什么时候最有活力，什么时候最“死气沉沉”。你可以发现一些规律吗？

2. 假如你知道自己将要死去，你希望自己的生活发生什么变化？你会放弃一些什么？

3. 假设你现在躺在病床上等待死亡来临，你希望哪些人陪伴你？你希望他们说些什么，而你又想对他们说些什么？

4. 思考一下，如果自己所爱的人去世，这会给你带来怎样的影响。分别对每一个你爱的人都思考同样的问题。如果他们没有出现，你的生活又会是怎么样的。

参考文献

1. [美]史蒂文 J. 基尔希，[美]卡伦·格罗弗·达菲，[美]伊斯特伍德·阿特沃特. 心理学改变生活[M]. 何凌南，何昊明，译. 北京：机械工业出版社，2015.

2. 雷雳，张国华，魏华. 青少年与网络游戏 一种互联网心理学的视角[M]. 北京：北京师范大学出版社，2018.

3. [美]克里(Corey G.)，克里(Corey M. S.). 心理学与个人成长[M]. 胡佩诚，译. 北京：中国轻工业出版社，2007.

4. [美] 盖瑞·查普曼. 爱的五种语言：创造完美的两性沟通[M]. 王云良，陈曦，译. 南昌：江西人民出版社，2010.

5. 叶琳琳. 大学生心理健康教育与心理素质训练[M]. 北京：北京师范大学出版社，2016.

6. [美]理查德·格里格. 心理学与生活 第16版[M]. 北京：人民邮电出版社，2016.

7. 吾漫漫. 重口味心理学实验[M]. 天津：天津人民出版社，2013.

8. [美]伯格. 人格心理学[M]. 陈会昌等译. 北京：中国轻工业出版社，2000.

9. 纪元. 哪有没时间这回事[M]. 北京：北京联合出版公司，2017.

10. [美]罗兰·米勒，丹尼尔·珀尔曼. 亲密关系[M]. 王伟平，译. 北京：人民邮电出版社，2015.

11. [美]罗纳德·B· 阿德勒，[美]拉塞尔·F·普罗科特. 沟通的艺术：看入人里，看出人外(插图修订第14版)[M]. 黄素菲，李恩，译. 北京：世界图书出版公司北京公司，2015.

12. 樊富珉，费俊峰. 大学生心理健康十六讲[M]. 北京：高等教育出版社，2013.

13. 黄丽. 校园成长列车——献给大学新生的心灵礼物[M]. 杭州：浙江科学技术出版社，2009.

14. 李梅，黄丽编. 大学生心理健康十二讲[M]. 北京：北京师范大学出版社，2012.